페
다
고
지

PEDAGOGY OF THE OPPRESSED: 50TH ANNIVERSARY EDITION

ⓒ Paulo Freire, 1970; 1993

Introduction ⓒ Donaldo Macedo 2018.

Afterword ⓒ Ira Shor 2018.

This translation is published by arrangement with Bloomsbury Publishing Plc. All rights reserved.

Korean translation copyright ⓒ 2018 by Greenbee Publishing Company.

Korean translation is published by arrangement with Bloomsbury Publishing Inc. through EYA(Eric Yang Agency).

페다고지(50주년 기념판)

초판1쇄 펴냄 2002년 05월 01일
3판1쇄 펴냄 2018년 09월 30일
3판6쇄 펴냄 2022년 06월 10일
3판7쇄 펴냄 2023년 09월 14일

지은이 파울루 프레이리
옮긴이 남경태, 허진
펴낸이 유재건
펴낸곳 그린비
주소 서울시 마포구 와우산로 180, 4층
대표전화 02-702-2717 | **팩스** 02-703-0272
홈페이지 www.greenbee.co.kr
원고투고 및 문의 editor@greenbee.co.kr

편집 이진희, 구세주, 송예진, 김아영 | **디자인** 권희원, 이은솔 | **마케팅** 육소연
물류유통 유재영, 류경희 | **경영관리** 유수진

學問思辨行: 배우고 묻고 생각하고 판단하고 행동하고

독자의 학문사변행을 돕는 든든한 가이드 _그린비 출판그룹

그린비 철학, 예술, 고전, 인문교양 브랜드
엑스북스 책읽기, 글쓰기에 대한 거의 모든 것
곰세마리 책으로 통하는 세대공감, 가족이 함께 읽는 책

그린비 크리티컬 컬렉션 05

페다고지

50주년 기념판

파울루 프레이리 지음
남경태 · 허진 옮김

그린비

억압받는 사람들과
그들의 편에서
힘겹게 싸우는 이들에게

차례

| 일러두기 |

1 이 책은 Paulo Freire, *Pedagogy Of The Oppressed: 50th Anniversary Edition*, Blooms-bury Publishing Inc., 2018을 번역한 것이다. 프레이리의 『페다고지』는 1968년 처음 출간되었다. 국내에서는 그린비출판사에서 『페다고지』 30주년 기념판을 2002년에 번역 출간한 데 이어 이번 50주년 기념판을 출간하게 되었다.

2 50주년 기념판에서는 30주년 기념판 권두에 붙어 있던 영어판 편집자의 「30주년 기념판 발간에 부쳐」와 도나우두 마세두의 「파울루 프레이리와 페다고지」를 제외하고, 마세두가 새로 쓴 「50주년 기념판 발간에 부쳐」를 삽입하였다. 권말에는 이라 숄의 후기와 「현대 학자들과의 인터뷰」가 추가되었다. 추가된 부분은 모두 허진의 번역이며, 이 외의 부분은 모두 남경태의 번역이다.

3 단행본·정기간행물의 제목에는 겹낫표(『 』)를, 논문·기사의 제목에는 홑낫표(「 」)를 사용했다.

4 외국어 고유명사는 2002년에 국립국어원에서 펴낸 외래어표기법을 따르는 것을 원칙으로 하되, 관례가 굳어서 쓰이는 것들은 관례를 따랐다.

50주년 기념판 발간에 부쳐

도나우두 마세두

(미국 보스턴 매사추세츠 대학)

뉴욕 시에서 1000달러짜리 베이글을 선보인 다음 날, 같은 지역의 한 식당은 2만 7000달러짜리 초콜릿 선데 아이스크림을 내놓았고…… 가장 비싼 디저트로 기네스 기록에 올랐다.

—『로이터스 비즈니스 뉴스』, 2007년 11월 7일[1]

21세기 들어 세상이 새로운 암흑기로 접어들면서 지난 반세기 동안 점점 더 시의적절한 저작이 된 파울루 프레이리의 명실상부한 고전 『페다고지』의 서문을 쓰는 것은 더없는 영광이다. 그동안 놈 촘스키, 지그문트 바우만, 헨리 지루, 아룬다티 로이, 에이미 굿맨, 토마 피케티와 같은 선도적인 지식인들은 현명하게도 극우 권력 헤게모니를 견제하지 않으면 그 비참한 결과(기후 변화 부정, 지긋지긋한 경제적 불평등, 잠재적인 핵 재난)로 인해 우리가 알고 있는 인간성이 종말을 맞이할지도 모른다는 경고를 전 세계 사람들에게 끊임없이 보내 왔다. 그러므로 이제 다른 정치적 경로

---

1) Vivianne Rodrigues, "New York's $25,000 Dessert Sets Guinness Record", Reuters, November 7, 2007. http://www.reuters.com/article/us-dessert- idUSN0753679220071107.

를 택해야 할 뿐 아니라 새로운 정치에서는 이 세상에서 우리가 세상과 어떤 상태에 있는지 비판적 의식을 발전시키는 것을 중심 의제로 삼아야 한다. 『페다고지』에서 프레이리는 바로 이러한 자세를 주장하며, 이를 바탕으로 명석하고 통찰력 뛰어난 이상을 정립한다. 즉, 『페다고지』에서 프레이리의 주요 목적은 혁신적인 방법론을 제안하는 것이 아니라(그럴 경우 틀에 박힌 교육 모델에 대한 비판과 모순된다) 해방 교육학 과정을 시작하여 학생들이 글을 읽는 중요한 능력을 통해 비판적으로 성찰하는 태도로 그들이 살고 있는 세상을 뛰어넘는 법을 배우도록 초대하고 도전하는 것이었다. 이를 통해 아직도 진행 중인 억압자와 피억압자 관계에 내재된 긴장과 모순을 드러내고 해결할 수 있다. 그러므로 『페다고지』에서 프레이리의 중심 목적은 피억압자 주변화에 책임이 있는 권력 관계를 드러내고, 밝히고, 이해하는 데 필요한 피억압자의 지식, 창의성, 부단한 비판적 성찰 능력을 일깨우는 것, 그리고 이러한 인식을 바탕으로 프락시스를 통해 해방 프로젝트를 시작하는 것인데, 이 역시 부단하고 끝없는 비판적 성찰과 행동이 필요하다. 이제 점점 더 많은 교육자들이 프레이리의 이론을 받아들이고 있다. 그러나 일부 자유주의자와 진보주의자를 포함한 많은 사람들은 억압 상황을 비난하면서도 애초에 억압적인 구조를 만든 지배 구조에 순응하는 일관성 없는 모습으로 비판적 담론을 배반했다. 이 문제는 나중에 다시 살펴보기로 한다.

1997년 5월 2일에 파울루 프레이리가 세상을 떠나기 약 한 달 전, 프레이리와 나는 뉴욕 5번가를 걸으며 풍요로운 뉴욕 시의 모순에 대해서 이야기를 나누고 있었다. 노숙자가 수천 명에 달하고, 어린 아이를 키우는 가족이 자동차나 다리 밑, 또는 미어터지는 쉼터에서 잠을 청하는가 하면, 누군가는 고급 레스토랑에서 2만 7000달러짜리 초콜릿 선데 아이스크림을 먹으며 부를 과시한다는 것은 명백한 모순이었다. 이러한 모순을 설명하는 것이 프레이리와 내가 1997년 가을 하버드 교육 대학원에서 공동으로 맡은 수업의 주된 목표였다. 우리는 학생들을 비판적인 대화로 초대하여 윤리학, (최근 도널드 트럼프의 성공적인 대통령 선거에서 목격했듯이) 4년마다 한 번씩 돌아오는 카니발 같은 선거를 넘는 민주주의의 실체, 엄밀한 이데올로기 연구와 글과 세상을 읽을 때 이데올로기가 하는 역할 등 일반적으로 학계에서 강조하지 않는 지식에 대한 이야기를 나누기로 합의했다. 우리가 5번가를 산책하는 동안 프레이리는 선진국과 개발도상국에서 신자유주의가 발휘하는 파괴적이고 억압적인 힘에 대한 우려를 나누고 자기 생각을 더욱 강조하기 위해 잠시 걸음을 멈추자고 종종 부탁했다. 우리는 으리으리한 건물 외벽에 기대어 언제나처럼 정신없이 쏟아져 나오는 사람들을 피했다. 그들은 보고 있으면 어지러울 정도로 서두르며 다른 사람들보다 앞서가려 했지만 때로는 최신 기기와 패션 제품이 끝없이 늘어서서 유혹하는 유리 진열대 앞에서 소비자로서의 호기심을 충족시키기 위해 발걸음을 늦추기도 할 것이었다. 그것은 강박적인 소비 사회, "돈이 모든 것의 척도이며, 이윤이 주요한 목적"인 사회의 표시였다. "억압자가 중요하게 여기는 것은 피억압자의 것을 **빼앗아**서라도 가급적 좀더 많이 소유하는 것이다. 그들에게 **삶**이란 곧 소유이며……"(74쪽). 이제 생각해 보니 프레이리가 걸음을 멈추자고 자주 요청한 더 큰 이유는 아마도 ─다른 사람들에게 거의 알리지도 않고 불평도 하지 않았던─심장 질환으로 인한 피로였으리라는 생각이 든다.

프레이리는 가능성으로서의 역사라는 관점에 항상 진실했고, 덜 차별적이고 더 정의로우며 덜 비인간적이고 더 인간다운 세상이 가능하다는 흔들림 없는 희망을 지켰지만, "피억압자에게 자유의 믿음을 '주입해서' 그들의 신뢰를 사려는" " 해방적 선전"을 항상 비판했다. 따라서 프레이리는 "올바른 방법은 대화에 있"고 "해방을 위해 싸워야겠다는 피억압자의 신념은 혁명 지도부가 가져다주는 선물이 아니라 그들 자신의 의식화에서 비롯된 결과"라고 믿었다(85쪽). 이 길고 즐거운 산책을 하는 동안 프레이리는 반쯤 농담으로 "지배 계급은 절대 코파카바나로 휴가를 보내 주지 않을 겁니다. 코파카바나에 가고 싶으면 그것을 위해 싸워야 해요"라고 말했다. 마지막으로 함께 긴 산책을 하며 대화를 나눌 때 프레이리는 변절한 일부 진보주의자가 신자유주의 신학을 받아들인 것과 관련하여 그가 종종 말하는 '정당한 분노'에 가까운 괴로움을 드러냈다. 그의 친구이자 브라질의 전 대통령인 페르난두 엔히케스(Fernando Henriques)도 그러한 사람들 중 하나였는데, 엔히케스는 브라질인 수천 명을 고문하고 죽인 신나치 군부 독재 때문에 프레이리처럼 칠레로 망명했다. 사실 페르난두 엔히케스 정부 치하에서 실시된 브라질의 신자유주의 실험은 이미 잔인했던 상황을 더욱 악화시켜 브라질인 수백만 명을 굶주림과 비참함, 절망에 빠뜨렸고, 정부 부패가 만연하면서 경제 및 교육 불평등이 더욱 커졌다. 슬프게도 당시 서구의 사회주의 정부 대부분은 사회적 정의, 평등, 공정함의 약속을 저버리고 더 나은 세상을 열망하는 사람들의 희망을 무너뜨렸을 뿐 아니라 포르투갈, 스페인, 그리스의 경우에는 노골적인 부패로 정부가 무너졌다. 그리스의 경우 요르요스 파판드레우(George Papandreou) 총리가 이끄는 사회주의 정당은 부패를 전염병처럼 퍼뜨렸다. 예를 들어 그리스 사회당(PASOK)은 미국에 사는 그리스인들이 사회당에 투표하겠다고 약속하면 그리스까지 오는 비행기 탑승권을 제공하여 말 그대로 표를 돈으로 사기도 했다. 이러한 행동은 서구 민주주의 국가들이 '제3세계 바나나 공화국'이라고 경멸조로 칭하며 선거 조작이 퍼져 있다고 비판하는 나라들의 전략을 떠올리게 한다. 여러 나라에서 노골적인 부패 스캔들이 어느 정도 원인이 되어 사회주의 정부가 권력을 잃자 대부분 중도 우파와 극우 정부가 부상했는데(급진 좌파 연합이 선거에서 승리한 그리스는 예외이다), 이러한 정부를 선출한 것은 권리를 빼앗기고 불만을 가진 유권자들이었지만 이들은 신자유주의 긴축 정책의 희생자가 되었다.

프레이리는 또한 소비지상주의 중독을 숨기고 종종 학계에서 피난처를 찾는 소위 말하는 비판적 교육자들과 말 잘하는 자유주의자들이 비판적인 척 내세우는 자세를 비난하고 그들의 비판적 담론을 신자유주의 시장 신학이라고 공격함으로써 "정당한 분노"를 드러내는 데 주저함이 없었다. 프레이리에 따르면 말 잘하는 자유주의자들과 소위 말하는 교육자들의 취향이나 존재 방식은 그들이 비판적 담론에서 글로만 비난하는 신자유주의 시장의 해결책과 결합된 경우가 너무 많았다. 일상적인 실천에서 말 잘하는 자유주의자와 소위 말하는 비판적 교육자들은 자신들이 주장하는 정치 프로젝트를 "지연되는" 행동 ─ 즉, 현재 신자유주의가 자행하는 치명적인 시장의 신격화를 공정함, 평등, 진정한 민주주의적 실천으로 이어지는 새로운 민주주의 구조로 변화시키기 위한 행동 ─ 을 넘어서야 한다는 모호한 담론으로 화석화함으로써 프락시스가 요구하는 행동을 종종 배신한다. 다시 말해서, 말 잘하는 자유주의자들과 소위 말하는 비판적 교육자들은 마르크스주의를 보란 듯이 드러냄으로써(보통 글이나 안전한 학계에서만 드러낸다) 좌파로서의 경력을 뽐내고, 때로는 마르크스의 제안을 넘어 마오쩌둥주의 ─ 그들이 생각하기에는 더욱 급진적인 자세 ─ 에 가까울 정도로 급진적인 정치 성향을 가지고 있다고 자랑하고 싶은 충동을 느낀다. 그 결과 학계에서 좌파라는 꼬리표는 이국적인 정치적·문화적 유행으로 전유되었고, 상아탑의 마르크스주의자가 되면 높은 지위를 얻지만 그것은 사실 세련된 브랜드에 지나지 않는다. 실제로는 공허한 이름과 꼬리표가 상징적으로 오가는 거래에 의해 유지되는 소비지상주의의 전형일 뿐이다. 본질적으로 학계에서 일부 비판적 교육자에게 '마르크스주의자'라는 꼬리표를 붙임으로써 윤리적·정치적 행위는 볼거리로 전락했고, 좌파적 관점은 사실상 일용품이 되었다. 이처럼 일용품이 된 자칭 '급진적' 입장과 꼬리표에 진보적인 내용은 하나도 남지 않아 원칙에 따른 행동과 결별할 지경에 이르렀다. 이러한 결별은 비판적 사고에 바탕을 둔 집단적 사회 참여를 방해하고 그 대신 열정적이고 치열한 경쟁을 제공하는 신자유주의 시장 신학을 재생산하는 근본이 된다. 비판적 담론과 행동을 결별시키는 교활한 과정은 '말한 대로 실천'하지 않는 것을 정당화한다. 따라서 상아탑의 자칭 마르크스주의자는 예를 들어 인종차별에 반대한다고 주장할 수 있는데, 이때 인종차별 반대는 백인 우월주의 이데올로기를 비판할 교육학적 공간을 제공하지 않는 힘 빠진 클리셰에 불과하다. 그 과정에서 진보적인 입장이 종종 흡수·동원되어 소위 말하는 진보주의자들은 비판적인 글에서만 인종차별을 비난하고, 확고한 제도적 인종차별이 제공하는 특권을 누리면서 제도적 인종차별의 존재를 의도적으로 인정하지 않고 그것을 해체하기 위한 행동에 참여하지 않게 된다.

그러므로 상아탑의 마르크스주의자들은 2016년 미국 대통령 선거 당시 우리가 충분히 목격한 인종차별의 정치적·체계적 영향을 무시했다. 아이러니하게도 백인들은 스스로 받아들인 신자유주의 정책 때문에 발생한 상황에 대해 국가가 아닌 사람에게 분노했고, 도널드 트럼프가 이러한 분노에 불을 붙이기 위해 계산된 발언을 할 때마다 인종차별의 영향은 점점 더 무시무시해졌다. 본질적으로 트럼프의 대통령 당선은 "인종차별은 끝났다"는 구호—최초의 흑인 대통령 버락 오바마의 당선으로 형태를 갖춘 구호—뒤에 숨어 있던 거짓말을 드러냈다. 또한 빈민가가 확대되고, 대부분 흑인과 라틴아메리카계인 아이들이 학교를 졸업한 뒤 감옥에 들어가는 경로가 일상화되고, 인종차별의 부산물로서 인간적 비참함이 널리 퍼지는 동안 인종차별의 참화를 인정하지 못한 것 자체가 인종차별 행위이다. 상아탑의 자칭 마르크스주의자와 마오쩌둥주의자가 인종차별이라는 추상적 개념에는 반대하면서 글에서만 비판할 것이 아니라 우리 사회와 제도를 인종적으로 민주화시킬 행동을 실천하라는 지성적·사회적 압력에 저항한 것은 인종차별이다. 예를 들어 대부분의 학과가 상징적인 유색인 교수와 얼마 안 되는 비백인 학생들을 제외하면 사실상 모두 백인으로 구성된 대학이 인종적으로 얼마나 민주적이라고 말할 수 있을까? 예를 들어, 고전학과 교수진과 학생들 중에 아프리카계 미국인이 거의 없다는 현상에 인종차별이 한 가지 역할을 할까? 아니면 아프리카계 미국인은 고전 연구에 소명을 느끼지 않도록 유전적으로 구성되어 있기 때문에 고전 연구를 싫어하는 것일까? 더욱 해로운 것은, 상아탑의 자칭 좌파가 자신의 말과 행동에 깊이 배어 있는 인종주의를 보지 못할 때이다. 예컨대 다양성을 자랑하는 도시지역 대학 소속의 자유주의 백인 교수는 이렇게 말한다. "우리는 이 흑인 아이들이 학습 방법을 배우길 바랄 뿐이다." 이 말은 프레이리가 『페다고지』에서 통찰력 있게 논의했던 것처럼, 앎의 행위에 대한 민족 중심적 개념을 나타낼 뿐 아니라 이런 말을 하는 사람들이 백인 우월주의 이데올로기에 여전히 매여 있음을 보여 준다. 즉, 특정 인종과 문화의 아이들은, 예를 들어 아프리카계 미국인들은 천성적으로 배움이 불가능하기 때문에 교육자들이 미리 포장된 수업 계획을 구찌 가죽 가방이나 서류가방에 넣어 다니면서 가난한 피억압자들에게 배움의 방법을 나눠 주기 전까지 학습 능력이 없다는 신화와 믿음에는 백인 우월주의 이데올로기가 심어져 있다. 이러한 비백인 아이들이 잔인한 상황에서 살아남았다는 사실 자체가 조너선 코졸(Jonathan Kozol)이 여러 저작에서 통렬하게 설명한 것처럼 "야만적인 불평등" 상황에서 살아남기 위한 학습 능력이 얼마나 뛰어난지를 증명한다. 상아탑 마르크스주의 교육자들의 아들딸이라면 이토록 뿌리 깊은 사회적 불평등의 참화를 견뎌 내고 고부담 시험에서 상처 하나 없이 우수성을 보여 줄 수 있을까? 아마 아닐 것이다. 그러므로 빈민가의 아이들이 가장 무서운 형태의 인종차별, 분리주의 정책, 성차별 및 계급차별에서 살아남았다는 사실은 그 아이들의 높은 지적 능력을 나타낼 뿐 아니라 서구 중심적 '지능' 개념을 넘어서는 하워드 가드너의 다중 지능 개념에 신뢰성을 더한다.

　프레이리는 말년이 되면서 나와 나눈 마지막 대화에서 '비단 속옷'을 입은 일부 비판적 교육자들을 비난하며 드러냈던 '정당한 분노'를 창의적 힘으로 바꾸었는데, 이는 마지막 저작인 『자유의 페다고지』(Pedagogy of Freedom) 등의 글과 전 세계에서 했던 강연과 대화에서 잘 드러난다. 프레이리는 사회정의를 위한 정치 프로젝트를 추구하는 척하지만 지적인 비일관성으로 가짜임을 증명하는 사이비 비판적 교육자에게 반대했고, 또 그가 신자유주의 시장 '윤리학'이라 부르는 것에서 동력을 얻는 무신경한 출세주의에 반대했다. 다시 말해서 비판적 교육자들의 지적 비일관성 때문에 그들의 정치 프로젝트는 결국 신자유주의의 무신경한 출세주의로 규정되고 한정된다. 그러나 프레이리가 무신경한 출세주의를 경멸했다고 해서 커리어를 쌓는 것 자체에 반대했다는 뜻은 아님을 반드시 짚고 넘어가야 한다. 프레이리가 종종 말했듯이, 더 원숙하고 덜 불공평하고 더 민주적인 세상을 꿈꾸는 도구적이지 않은 정치 프로젝트 안에서 커리어를 쌓는 것과, 정치 프로젝트를 개인적인 출세 수단으로 여기고 탐욕과 궤변을 일삼으며 공정함과 평등, 진정한 민주주의를 거의 항상 희생시키는 출세주의 사이에는 큰 차이가 있다. 즉, 출세주의자의 정치 프로젝트는 결국 출세를 위한 도구이며, 무신경한 출세주의자는 자신의 커리어를 위해서 "대화, 성찰, 의사전달을 시작할 수 없게 되며(혹은 그 의무를 방기하게 되며), 구호, 성명, 일방적 대화, 지침만을 사용하게 된다. 해방의 대의에 피상적으로 전향하는 것은 이러한 위험을 수반하고 있다"(84쪽). 위험은 말하자면 실제 굶주림을 실제로 경험하는 것과 학계라는 안전지대 안에서 굶주림에 대해 쓰는 것의 간극에, 또는 부르주아 가치관에 얽매인 채 구찌를 버리기 거부하면서 "나는 마오쩌둥주의자"라는 구호를 외치는 것에 있다. 부르주아 가치관은 신자유주의 프로젝트 대부분을 떠받치면서 사물을 전유하고 축적하는 것을 인간성을 확장하는 것보다 더 중요하게 여긴다. 프레이리가 『페다고지』에서 통찰력 있게 주장했듯이 "피억업자의 해방은 사물의 해방이 아니라 인간의 해방이다. 따라서 그 누구도 혼자만의 노력으로 스스로를 해방시킬 수는 없지만, 그렇다고 해서 남의 도움으로 해방될 수도 없다. 인간적 현상인 해방은 반(半)인간적 방식으로 얻어지지 않는다. [백인 우월주의와 가부장제와 같이] 민중을 반인간으로 간주하는 것은 실상 민중을 비인간화시키는 것이나 다름없다"(84쪽). 인간이 아닌 사물에만 관심을 갖는 반인간은 해방으로 이어지는 문맹퇴치를 결코 제공할 수 없으며 제공하려 하지도 않는다. 반대로 타인을 평가절하하고 틀에 박힌 역할만 주면서 인간의 **타자화**를 추구하는 반인간은 이미 인간성을 잃었기 때문에 타인에게서 인간성을 보지 못한다.

따라서,

프레이리에게 문맹퇴치는 학생들을 종속적 노동이나 '커리어'의 세계에 대비시키는 수단이 아니라 자주적으로 관리하는 삶에 대한 준비였다. 자주 관리는 사람들이 교육의 세 가지 목표를 완수했을 때에만 가능했다. 자기 성찰, 즉 유명한 시적 구절 '너 자신을 알라'의 실천은 경제적·정치적 차원, 그리고 마찬가지로 중요한 심리적 차원에서 자신이 살고 있는 세상을 이해하는 것이다. 특히 '비판적' 페다고지는 학습자가 그 순간까지 자신의 삶을 지배한 힘, 특히 자신의 의식을 형성한 힘을 깨닫도록 돕는다. 세 번째 목표는 새로운 삶과 새로운 조건을 만들어 나가기 위한 상황을 설정하도록 돕는 것이다. 새로운 삶에서는 자연과 자신을 변화시킴으로써 사회적 세계를 만들어 내는 사람들에게 권력이 옮겨 가거나, 적어도 그러한 경향을 나타낸다.[2]

프레이리는 『페다고지』에서 인종 관계 문제를 언급하지 않는다고 종종 비판받았기 때문에 우리가 함께 맡았던 1997년 하버드 교육 대학원 과정에서 그가 세운 주요 목표 중 하나는 『하버드 에듀케이셔널 리뷰』에 「대화: 문화, 언어, 그리고 인종」이라는 제목으로 발표한 우리의 대화를 확장하는 것이었다.[3] 이 대화에서 프레이리는 스스로를 비판하면서 『페다고지』를 쓸 당시 브라질 억압 상황의 역사적 맥락 때문에 인종 관계보

---

2) Stanley Aronowitz, "Forward", ed. Sheila L. Macrine, *Critical Pedagogy in Uncertain Times: Hope and Possibilities*, New York: Palgrave MacMillan, 2009, p. ix.
3) Paulo Freire and Donaldo Macedo, "A Dialogue: Culture, Language, and Race", *Harvard Educational Review*, vol. 65, no. 3, Fall 1995, pp. 377~402.

다 계급 억압에 몰두한 이유를 설명했다. 당시의 억압으로 프레이리 가족은 중산층으로서의 지위를 잃고 도시로 이주하여 모후 다 사우지(Morro da Saude)라는 가난한 지역에서 살아야 했다. 프레이리의 억압 비판은 말 잘하는 자유주의자들과 사이비 비판적 교육자들의 경우와 달리 단순한 지적 활동이 아니었다. 그가 모후 다 사우지에서 보낸 가난한 어린 시절과 청소년기를 회상할 때 드러나듯이, 억압 구조를 비판하는 프레이리의 용기와 지적 명석함은 아주 실제적이고 물질적인 경험에 뿌리를 두고 있다. 그는 경제적 기반을 상실한 중산층 출신으로서 겪은 굶주림의 경험을 바탕으로 "도시의 가난한 변두리에 사는 아이들의 연대감"[4]을 이끌어 낼 수 있었으며 다음과 같은 귀중한 사실을 깨달을 수 있었다. "굶주림은 우리에게 연대감을 주었고 …… 생존방식을 찾는 과정에서 굳건하게 결합할 수 있도록 해주었지만, 빈민 아이들의 놀이를 보면 마치 우리는 우연히 저들 세상에 와서 살게 된 이방인처럼 여겨졌다."[5] 이러한 계급적 경계를 깨달으면 필연적으로 프레이리와 같이 계급기반 사회에 대한 근본적인 거부와 비난으로 나아가게 된다.

일부 포스트모더니즘 계열에서는 『페다고지』에 나타난 프레이리의 상세한 계급 분석을 무시해 버리는데, 그것은 학술적인 사기까지는 아니라 해도 우리가 지금 무계급 세계에서 살고 있는 것처럼 위장하려는 크나큰 실수이다. 프레이리는 "피억압 집단을 지배의 논리에 묶는 물질적 억압과 정서적인 포위는 워낙 복잡하므로 단지 계급투쟁의 논리로만 모

---

4) Paulo Freire, *Letters to Cristina: Reflections on My Life and Work*, New York: Routledge, 1966, p. 21.
5) *Ibid*.

든 것을 설명할 수는 없다"[6]라는 사실을 아주 잘 이해하고 있었다. 그러나 그는 억압을 철저하게 이해하려면 반드시 어떤 형태로든 계급 분석을 수행해야만 한다고 일관되게 주장했다. 동시에 정체성 정치를 지나칠 만큼 중요하게 여기는 포스트모더니즘의 경향은 본질주의로 이어질 뿐 아니라 억압의 씨앗을 품고 있다. 예를 들어 진보적인 매사추세츠주 상원의원 엘리자베스 워렌은 아메리칸 인디언 조상으로부터 몇 세대나 떨어져 있을 뿐 아니라 보호구역의 억압적인 삶과는 완전히 동떨어져 백인으로 살았지만 자신이 아메리칸 인디언이라고 주장한다. 워렌 상원의원은 하버드 법학 대학의 교수 후보로서 인종이라는 카드를 기회주의적으로 이용했고 하버드 대학은 그녀를 고용하면서 이를 다양성의 증거로 내세웠는데, 이는 지배 제도가 상징적인 대표자 이외에는 비백인 집단의 존재를 환영하지 않는 배타적 정책을 강화하기 위해서 상징에 얼마나 의존하는지 증명할 뿐이다. 실제로 인종이나 성별이라는 카드를 기회주의적으로 사용하면 공민권법의 정신이 무력해진다. 이것은 또한 분리주의자들이나 가부장제 및 백인 우월주의의 혜택을 받는 자들이 인종이나 성별을 이유로 배제하지 못하도록 금지하는 반차별법을 무시하고 비판할 무기를 제공한다.

프레이리는 세상을 떠날 때까지 역사의 종말이나 계급의 종말 같은 허구적 관념을 강조하는 신자유주의적 입장을 단호하게 비판했다. 그는 사회가 진화의 종점에 이르렀고 역사가 의미를 잃었다는 생각에 반대하여 역사적 의식은 인간의 향상을 위한 지속적인 조건이라고 여겼고, "역

---

6) Henry A. Giroux, "Radical Pedagogy and Educated Hope: Remembering Paulo Freire", Typewritten manuscript.

사란 항상 이미 결정되어 있는 것이 아니라 가능성으로 가득하며, 미래는 숙명적으로 정해져 있는 것이 아니라 변화의 여지가 충분하다고 인식할 때"[7] 더 나은 미래의 가능성이 열린다고 생각했다. 마찬가지로 프레이리는 계급투쟁의 종말이라는 허구적 주장을 일관되게 거부했다. 그는 자신의 계급 분석을 꾸준히 수정하면서도 억압의 상태를 올바로 이해하기 위한 연구에서 중요한 이론적 범주인 계급을 포기하지도, 저평가하지도 않았다. 프레이리가 뉴욕을 마지막으로 방문했을 때 우리가 나눈 오랜 대화에서——결과적으로 그것이 우리가 함께 일한 마지막 시간이었다——그는 비록 모든 것을 계급으로 환원할 수는 없지만 계급은 여전히 억압의 여러 형태를 이해하는 데 중요한 요소라는 점을 되풀이해서 강조했다. 후기구조주의자들은 계급 분석의 종말을 선언하고 싶겠지만, 프레이리가 말했듯이 브라질 북동부의 어느 가족이 쓰레기더미에서 먹을 것을 찾고 "잘려진 사람의 가슴 살덩이를 일요일 점심으로 먹을"[8] 만큼 끔찍한 생활 조건에 대해서는 그들도 결코 무시할 수 없을 것이다.

　　나는 프레이리의 수많은 저작을 영어로 번역하다가 나중에는 그와 함께 책을 쓰면서 16년 동안 파울루와 함께 일하는 큰 행운을 누렸고, 『페다고지』를 수없이 읽고 또 읽으면서 매번 우리가 현재 살고 있는 세상——만들어진 전쟁과 커져만 가는 인간의 불행, 노골적인 탐욕에 시달리는 세상——을 더욱 올바로 이해하는 새로운 통찰을 얻었다. 겸손을 떨지 않고 말하자면 나는 『페다고지』를 특징 짓는 프레이리의 선구자적 아이디어와 미묘함, 뉘앙스를 가장 잘 이해한다고 항상 자부했다. 그러나

---

7) Ibid.
8) Paulo Freire and Donaldo Macedo, Typewritten manuscript.

나는 브라질 북동부 헤시피(Recife) 외곽의 가난한 모후 다 사우지를 방문한 후에야 프레이리 철학을 겹겹이 둘러싼 복잡성을 진정으로 파악할 수 있었다.

앞서 언급한 것처럼 프레이리 가족은 그들 발밑에 깔려 있던 중산층이라는 카펫을 인정사정없이 빼앗아간 1930년대 경제 몰락 이후 헤시피로 이주했다. 경제 상황이 악화되면서 헤시피에서 집을 빌릴 형편이 되지 못하자 프레이리 가족은 모후 다 사우지의 수수한 집으로 이사했고, 파울루와 형제자매들, 부모님, 기타 가까운 친척들은 그 집을 피난처로 삼았다. 그곳에 도착한 나는 『페다고지』의 존재 이유와 새로운 차원을 즉시 깨닫기 시작했다. 나는 그 수수한 집으로, 작고 어두운 방으로, 실내 화장실도 없고 천장도 있으나 마나 한 집으로 들어가면서 프레이리가 삶이라고 불리는 새로운 학교를 맞닥뜨렸을 때 어떤 트라우마에 압도되었을지 알아볼 수 있었다. 그것은 수백만 브라질 사람들을 절반의 시민권과 인간 이하의 삶으로 무참히 몰아낸 잔인한 시스템에 의해 만들어지고 유지된 삶이었다. 나는 프레이리와 친구들이 목욕을 하고 동네 여인들이 매일 종교 의식을 행하듯 빨래를 했던, 점점 가늘어진 강으로 짧은 산책도 나갔다. 그때 프레이리의 젖은 피부를 닦아 주는 수건은 태양밖에 없었다.

프레이리는 새로운 친구와 이웃을 만나면서 심리적인 계급 장벽이 새로운 현실을 감싸고 있음을 빠르게 깨달았다. 그는 가난을 '숨기기'에 집착하는 나테르시아 이모에게 공감할 수 있었고 "가족들이 루르드의 독일 피아노를 포기하지 않고" 아버지가 작업장에서 잡일을 하면서도 "넥타이를 포기하지 않는 이유"[9]를 이해할 수 있었다. 그러나 프레이리는 중

---

9) Freire, *Letters to Cristina*, p. 23.

산층의 상징과 관습에 대한 집착도 그들의 고통을 완화시키지 못한다는 사실을 곧 깨달았다. "거의 항상 모멸적인 언어로 박대당하는 고통 …… [갚을 능력이 없었기 때문에 식료품점에서 외상을 거부당한 어머니는] 다른 가게를 찾아 나섰지만, 다음 가게에서는 이미 당한 고통에 새로운 모욕이 더해졌다."[10] 프레이리는 일상적으로 존엄성에 상처를 받는 어머니를 위해서 종종 이웃집 뒷마당에 들어가서 닭을 훔쳤는데, 그것이 온 가족의 유일한 끼니인 날이 많았다. 그즈음 시내의 상인들은 프레이리 가족에게 외상을 주지 않으려 했기 때문이었다. 그는 가족의 중산층으로서의 감수성을 보호하기 위해서 뒷마당 절도를 '이웃집 뒷마당 습격'이라고 돌려 말하곤 했다. 프레이리의 어머니는 가톨릭 신자였고 그러한 '습격'이 자신의 도덕적 원칙을 어기는 행위라고 생각했지만, "[프레이리를] 크게 혼내고 아직 따뜻한 닭을 이웃 사람에게 돌려주라고 하거나 닭고기로 특별한 저녁을 준비하는 것 중에서 선택"할 수밖에 없음을 분명 깨달았을 것이다. "상식이 이겼고, 어머니는 아무 말 없이 닭을 받아 들고 파티오를 가로질러 부엌으로 들어가 오랫동안 하지 않았던 일에 몰두했다."[11] 프레이리의 어머니는 이웃집 닭을 훔치는 것이 도덕적으로 잘못된 일이고 범죄에 해당한다는 사실을 알았지만, 사회가 저지른 선험적 범죄도 존재한다는 사실 역시 알았다. 사회의 범죄란 바로 굶주림을 초래한 것이었다. 프레이리의 회상에 따르면,

[사회적 불평등이 만든] 굶주림의 문제는 …… 딱히 어느 날부터 시작되

---

10) *Ibid.*, p. 41.
11) *Ibid.*, p. 24.

었다고 말할 수도 없는 현실적이고 구체적인 굶주림이었다. 그 반대로 우리의 굶주림은 미리 기별도 하지 않고 일방적으로 찾아와서 특별한 목적도 없이 마냥 머물려는 유형이었다. 그 굶주림은 달래지지 않으면 우리의 몸을 차지해서 바싹 여위게 만들 것이었다. 다리와 팔, 손가락이 점점 가늘어진다. 눈구멍이 깊어지면서 눈이 거의 보이지 않는다. 급우들 대부분이 이런 굶주림을 경험했고, 지금도 수백만의 브라질 사람들이 매년 그 굶주림으로 죽어 가고 있다.[12]

프레이리는 이러한 폭력에 맞서 분노와 연민을 느끼며 『페다고지』를 썼다. 솔직히 나는 프레이리가 계급 이탈과 굶주림을 경험하지 않았다면 『페다고지』가 이 세상에 나오지 못했으리라 생각한다. 프레이리가 살던 모후 다 사우지의 가난한 집을 다녀온 후 프레이리의 통찰을 읽고 또 읽을수록 비인간적인 상황에 대한 그의 비난과 "변화는 어렵지만 가능하다"라는 주장이 내 안에서 복잡한 감정을 일으켰고, 그의 죽음이 우리에게 얼마나 큰 상실인지 새삼 재확인하게 되었다. 그것은 "고뇌, 의심, 기대, 슬픔"[13]으로 가득한 상실이었다. 그러나 동시에 그동안 출간되지 못했던 프레이리의 저작이 나올 때마다, 또 그의 인간 해방 이론에 관한 책이 나올 때마다 "우리는 [프레이리의] 귀환을 기쁘게 축하"[14]할 수 있다. 그는 우리가 덜 잔인하고 더 정의로우며 더 민주적인 세상을 꿈꾸도록 계속해서 에너지를 주고 격려하기 때문이다. 그러나 프레이리가 글을 통

---

12) Freire, *Letters to Cristina*, p. 15.
13) Ana Maria Araújo Freire, "Prologue", *Pedagogy of Indignation*, Boulder, CO: Paradigm Publishers, 2004, p. xxvii.
14) Ibid., p. xxvii.

해서 그토록 열정적으로 주장했듯이, 더 정의롭고 인간적인 세상을 선언하기 전에 먼저 차별과 인간의 불행, 비인간화를 생성하고 형성하는 지배 세력을 비난해야 한다. 정신을 마취시키고 길들이는 교육 방법, 프레이리가 '은행 저금식' 교육이라고 불렀던 단순한 정보 전달 방법을 통해서는 억압적 사회 세력을 비난할 수 없다. 그러나 단순한 방법에 대한 프레이리의 비난은 끊임없이 오용되고 왜곡된다. 학자들이 프레이리의 **방법론**이 통하는지 따져 묻고 마치 변명을 하듯이 **실제 성공한** 프레이리식 학교의 실례를 드는 것에는 심오한 아이러니가 있다. 예를 들어 2013년 5월 하버드 대학 애스크위드 포럼(Askwith Forum)에 놈 촘스키, 브루노 데 라 키에사(Bruno de la Chiesa)와 함께 프레이리에 대한 패널 토론에 참석한 하워드 가드너는 프레이리의 지적 공헌과 주요 이론들을 통속화했다. 프레이리의 선구적인 이론적·철학적 생각들을 공공연하게 하나의 방법으로 환원시키는 것은 가드너가 내세우는 '다중 지능' 이론이 편협함에 취약하다는 사실을 증명하는데, 특히 프레이리의 이론을 '적절하지 않다'라고 무시할 때는 더욱 그렇다. 그러한 무시는 분명 이데올로기에 의한 것이다. 그러므로 가드너가 놈 촘스키, 브루노 데 라 키에사, 청중들에게 프레이리의 방법이 통한다는 구체적 증거를 제공하라고 요구[15]했을 때, 그러한 요구는 사실을 설명한다기보다 감추는 역할을 한다. 우리가 『페다고지』에 실린 프레이리의 생각과 이론에 대해서 진정으로 던져야 할 질문은, 포럼에서 놈 촘스키가 가드너에게 대답한 말처럼, 프레이리의 문맹퇴치를 단순한 교육 방법으로 보는 것이 옳은가라는 것이다. 촘스키에

---

15) https://www.youtube.com/watch?v=2Ll6M0cXV54.

따르면 프레이리는 문맹퇴치를 "의식을 고양시키는 한 가지 수단"[16]으로 이용했다. 간단히 말해서 촘스키는 모든 교육자들, 특히 비판적 교육자들에게 방법의 페티시화에서 벗어나라고 촉구했다. 그러한 태도가 바로 북아메리카 교육자들의 사고, 혁신, 창의성을 마비시키는 것이었고, 릴리아 I. 바르톨로메는 『하버드 에듀케이셔널 리뷰』에 발표하여 고전이 된 「방법론 페티시를 넘어서: 인간화 페다고지를 향하여」에서 이러한 현상을 통찰력 있게 분석했다.[17]

결과적으로 프레이리의 이론을 보고 이해할 때 우리는 문맹퇴치라는 교육 방법을 넘어 의식화 개념을 비판적으로 깨달아야 한다. 의식화는 프레이리를 따른다고 주장하는 비판적 교육자들도 종종 오해하는 개념이며, 프레이리의 주된 이론적 목표에서 대화적 방법만을 분리해서 전용하고 그를 단순한 교육방법론자로 환원하려고만 하는 교육자들이 편리하게 무시하는 개념이다. 프레이리의 원개념인 콘시엔치자사우(conscientizacao)를 정의하기 어려운 이유는 많은 교육자들의 '방법 페티시즘' 외에도 포르투갈어 단어를 발음하기 어렵다는 사실(포르투갈어 사용자들 역시 그것을 발음할 때 다양한 어려움을 겪는다)과 통찰력 뛰어난 개념의 정의가 대부분 그렇듯이 프레이리의 생각을 제대로 반영하지 못한다는 사실에 있다. 프레이리는 의식화를 정의하기에 앞서 이 개념의 본질에 따라서 다음과 같은 질문을 던져야 한다고 항상 주장했다. "무엇에 반대하고, 누구를 위하고, 누구에게 반대하는 어떤 정의인가?" 이 질문에

---

16) https://www.youtube.com/watch?v=2Ll6M0cXV54.
17) Lilia I. Bartolomé, "Beyond the Methods Fetish: Toward a Humanizing Pedagogy", *Harvard Educational Review*, vol. 64, no. 2, Summer 1994, pp. 173~194.

대답을 하려고 노력해 보면 프레이리의 사상을 추종하는 많은 이들 역시 의식화 개념에 발음이라는 장애물 이상의 어려움이 있음을 깨닫게 된다. 프레이리는, 적어도 처음에는, 의식화라는 개념을 영어로 번역하지 않겠다고 거부하며 이렇게 말했다. "거절하고 싶습니다. 왜 이 용어를 받아들이지 않습니까? 저는 '스트레스'라는 단어를 꼭 받아들여야 하는 것은 아니었지만 받아들였습니다. 왜 당신들은 '콘시엔치자사우'를 받아들이지 않습니까?"[18] 결국 프레이리는 대략적인 번역어 '의식화'로 번역하는 것에 동의했다.

프레이리가 볼 때 의식화의 설명에는 목소리를 내는 과정으로서 피억압자가 스스로의 언어를 되찾는 것이 반드시 포함되어야 했는데, 그는 이것이 "목소리에 대한 권리, 자신의 언어를 말할 권리의 정복이라는 제3세계의 근본적인 주제 ——어렵지만 불가능하지 않은 임무"[19]라고 생각했다. 피억압자가 자신의 언어를 말하기 위해서 되찾아야 할 것은 바로 이러한 권리, "[그들] 자신이 되고 자기 운명의 방향을 정할 권리"[20]이다. 지배 세력이 피억압자의 언어를 빼앗음으로써 없애려고 애를 쓰는 것도 바로 이러한 권리이다. 피억압자의 언어는 억압의 기제를 드러내며 왜곡되고 억압된다. 헨리 지루에 따르면 "역사적·사회적 망각 속에서 흥청대는 사회에서는 정치와 공동체의 언어를 훔쳐서 무기로 사용하기 훨씬 더 쉽기 때문에 민주주의와 자유, 정의, 사회 국가 같은 단어는 의미를 잃고 공

---

18) Paulo Freire, *The Politics of Education: Culture, Power, and Liberation*, New York: Bergin & Garvey, 1985, p. 185.
19) Paulo Freire, *Cultural Action for Freedom*, Cambridge, MA: Harvard Educational Review, 1970, p. 4.
20) *Ibid*, p. 4.

허해진다."[21] 학술 담론과 주류 미디어에서 남용되는 완곡어법은 억압적인 지배 세력이 언어를 어떻게 빼앗는지, 심지어는 다수를 대표하면서 "소수자에게 힘을 주"고 "그들에게 목소리를 준다"고 선전하는 자유주의 교육자들이 언어를 어떻게 빼앗는지 잘 보여 준다.

완곡어법은 현실을 감추고 왜곡하는 언어 형태일 뿐 아니라 또한 지배 세력(언론, 정치 전문가, 교육 받은 계층)이 점점 더 커지는 소득 격차, 치명적인 중산층의 축소, 못 가진 자들의 전반적인 소외 등 사회를 병들게 하는 진정한 문제로부터 사람들의 관심을 돌릴 때 많이 사용하는 기법이다. 아룬다티 로이에 따르면 언어의 억압이나 왜곡이라는 전술은

> 말을 강탈하여 무기처럼 사용하고 …… 그것을 이용하여 의도를 감추고 기존 의미의 정반대 뜻으로 쓰는 것으로, 새로운 체제의 독재자들이 거둔 가장 명석한 전략적 승리 중 하나였다. 그들은 또한 이 방법을 이용하여 비방하는 자들을 주변으로 몰아내고 비판의 목소리를 내지 못하도록 언어를 박탈할 수 있었다.[22]

지배 세력은 박탈이 통하지 않으면 더욱 가혹한 조치를 취하는데, 이는 애리조나주 투산 공립학교가 프레이리의 『페다고지』를 교실에서 읽지 못하도록 금지한 사건에서 잘 드러난다. 애리조나 교육감의 말에 따르

---

21) Henry Giroux, "The New Extremism and Politics of Distraction in the Age of Austerity", *Truthout*, January 22, 2013. http://truth-out.org/opinion/item/13998-the-new-extremism-and-politics-of-distraction-in-the-age-of-austerity.

22) Arundhati Roy, "What Have We Done to Democracy?", *The Huffington Post*, September 27, 2009. http://www.huffingtonpost.com/arundhati-roy/what-have-we-done-to-demo_b_301294.html.

면 "우리는 [아이들에게] …… 자신이 피억압자라고 가르쳐서는 안 되"[23] 기 때문이었다. 다시 말해서, 의식화 ── 학생들이 억압을 내면화하는 대신 제도 권력이 어떻게 작용하여 평등한 대우와 접근권, 정의를 거부하는지 이해하기 위해 필요한 비판적 사고의 습득 과정 ── 는 투산 공립 학교의 목표가 아니다. 투산 공립 학교에서 인종 관계, 윤리학, 이데올로기와 같은 문제를 다루는 과목은 금지되고, 교사들은 학생들(이 경우 하류 계층 멕시코계 미국인 학생들)을 더욱 쉽게 길들일 수 있는 커다란 거짓말의 교육학을 추구하도록 권장받는다. 억압과 싸우기 위해 현실에 이름을 붙이는 언어를 강탈하고 책을 검열하는 제도에 관한 공적인 외침이 미국에 전혀 존재하지 않는다는 사실은 "우리가 맞이할 파멸의 핵심으로 판명날지도 모른다".[24] 나는 무척 놀랍게도, 이름을 붙이기 위해 가려진 현실을 드러내고 지배적인 언어를 파괴하는 모든 담론에 공격적으로 반대하면서 완곡어법에 참여하는 학자들을 목격하고 있다. 그러나 더욱 놀라운 것은 자유주의 교육자들이 언어의 말소 ── 예를 들어 '피억압자'라는 용어에서 의미를 비워 내는 행위 ── 에 공범으로 참여하는 한 피억압자가 의식화 과정을 통해서 "변화 가능한 역사적 현실"로서 "상황에 대한 심화된 의식"(107쪽)을 깨달을 수 없다는 명백한 불가능성을 자칭 프레이리를 따르는 자들이 보지 못한다는 사실이다. 수많은 자유주의자들이 피억압자를 언급할 때 '혜택을 받지 못한 자', '권리를 갖지 못한 자', '경제적으로 주변화된 자', '소수자', '위험군'과 같은 완곡어법을 열렬히 옹호

23) Tom Horne, interview by Allison Keyes, *Tell Me More*, National Public Radio News, May 13, 2010. http://www.npr.org/templates/story/story.php?storyId=126797959.
24) Roy, "What Have We Done to Democracy?".

하지만, 그렇게 함으로써 피억압자들이 "완전한 인간성을 추구"[25]하면서 억압자를 비난하고 억압자와 싸우기 위해서 "상황 밑에 잠겨 있다가 수면 위로 솟아올라 상황 속에 개입하는 '지금 여기'"[26]를 설명하는 진정한 역사적 상황을 파악하기 힘들게 만든다. 이와 같은 언어의 박탈로 사람들은 억압자와 피억압자 사이의 변증법적 관계를 이해할 가능성을 빼앗긴다. 피억압자가 있으면 반드시 억압자가 존재한다.

그러므로 언어는 논쟁의 장일 뿐 아니라 의식화의 중심인 비판적이고 성찰적인 해명과정에 빼놓을 수 없는 도구이기도 하다. 프레이리는 소위 말하는 제1세계 진보적 교육자들이 이러한 과정을 단순한 방법으로 통속화하고 환원하여 소비하는 것을 거부했다. 소위 말하는 진보적 교육자들은 대부분 "방법과 기법의 신비화에서, 그리고 의식화를 라틴아메리카 성인 문맹퇴치 운동이 사용하는 특정한 방법과 기법으로 환원하는 것에서"[27] 벗어나지 못하기 때문이다. 그러므로 앞서 말했듯이 프레이리의 주요 목표는 전 세계의 피억압자들이 보편적으로 사용할 수 있는 문맹퇴치 방법을 만들어 내는 것이 아니었다. 프레이리의 주된 목표는 문맹퇴치와 그가 성인 집단을 위해 개발한 후속적인 방법을 이용하여 사람들을 의식화로 이끄는 것이었다. 다시 말해서, 출신과 상관없이

우리는 모두 객관적 현실과 변증법적 관계 속에서 사고하는 존재로서 영구적인 의식화 과정에 참여한다. [인간이 자신의 현실을 의식하고] 자신

---

25) Freire, *The Politics of Education*, p. 172.
26) *Ibid.*
27) *Ibid.*, p. 172.

이 무엇을 아는지 이해하면서 그 현실을 드러낼 수 있게 될 때 …… 의식화의 내용, 방법, 목적은 시간과 공간에 따라서 달라진다.[28]

의식화에 대한 또 다른 중대한 오해는 이 개념이 "일종의 이국적인 주제, 전형적인 제3세계의 주제"라는 생각인데, "사람들은 의식화가 '복잡한 사회'에서는 불가능한 목표라고 말한다. 제3세계 국가들은 복잡하지 않다는 듯이 말이다."[29] 소위 말하는 제1세계와 제3세계라는 허구적인 이분법은 또 다른 언어 박탈을 보여 주는데, 이는 일종의 신비화로 이어지도록 설계되어 있다. 즉, 주의를 다른 곳으로 돌려 낭만화된 유럽 중심적인 가치의 중심이나 핵심을 만들어 내면서 다른 문화적 표현은 주변부로 몰아내는 것이다. 현재 이슬람과 이슬람교도 전반에 대한 공격은 서구 언론, 정치 전문가, 학자들이 종교-문화 극단주의자들을 하나로 싸잡고 모든 이슬람교도를 극단주의자로 일반화하여 잠재적 테러리스트라고 모함하는 좋은 예이다. 동시에 우리는 편협한 증오와 여성에 대한 끊임없는 공격을 은폐하는 복음주의자 팻 로버트슨과 같은 서구의 극단주의자들은 편리하게 무시한다. 로버트슨의 다음과 같은 발언을 보자. "페미니즘 의제는 여성의 동등한 권리에 대한 것이 아니다. 페미니즘은 여성에게 남편을 버리고, 아이들을 죽이고, 마법을 부리고, 자본주의를 파괴하고, 레즈비언이 되라고 부추기는 사회주의 반가족 정치 운동이다."[30] 만약 로버트슨이 아니라 탈레반 성직자가 "사회주의" 대신 "자본주의"라는 단어

---

28) *Ibid.*, p. 171.

29) *Ibid.*, p. 172.

30) "Timeless Whoppers-Pat Robertson", *The Nation*, January 10, 2013. http://www.thenation.com/timeless-whoppers-pat-robertson.

를 넣어 똑같은 말을 했다면 서구의 정치가, 언론인, 기타 비이슬람 종교 지도자들은 수십억 명에 달하는 이슬람교도들이 다양한 문화와 계급, 민족 출신이라는 사실을 무시한 채 이슬람과 급진주의의 야만성을 신나게 공격할 것이다. 그러므로 서구와 세계 대부분의 제도적 메커니즘은 소위 말하는 야만적인 제3세계 문화를 제한하도록 기능한다. 이러한 제3세계 문화는 지배 문화가 끝없이 늘어놓는 말 때문에 종종 침묵을 강요당하고, 따라서 이처럼 "말없는 문화"는 보이지 않게 되거나 적어도 공적 토론이나 논의의 바깥으로 내몰린다. 프레이리의 의식화 과정에 참여하면 서구 문화가 수면 아래의 문화들을 보이지 않게 유지하고 서구의 극단주의를 감추는 사회적 구성에 참여하는 경향을 드러낼 수 있다. 서구 극단주의는 결코 이슬람 극단주의보다 폭력성이 약하지 않다. 아프가니스탄, 이라크, 베트남에서 "불필요한 고문, 사격 연습 살인, 영유아 살해라는 극도의 타락으로 확장된"[31] 미국의 야만 행위 ——낙태에 반대하는 팻 로버트슨 같은 자들이 편리하게도 윤리적 정치적 관점에서 언급하기를 거부하는 행위——를 달리 어떻게 특징 지을 수 있을까? 우리는 의식화 과정에 참여하지 못하거나 참여하기를 꺼리기 때문에 페미니즘에 대한 팻 로버트슨의 뻔뻔한 거짓말을 쉽게 받아들이고 제1세계와 제3세계의 구분에 심어진 허구적 이분법을 받아들인다. 이러한 이데올로기적 구분은 "야만적이고 원시적인" 제3세계 문화라는 서구의 주장을 재생산하고, 따라서 서구가 제3세계 사람들을 그들 자신으로부터 구하기 위해 "영유아를 살해"할 "윤리적 책임"이 있다고 부르짖는다. 해병대의 고위 간부는 "유감스럽지

---

31) Jonathan Schell, "The Real American War in Vietnam", *The Nation*, February 4, 2013. http://www.thenation.com/article/172264/real-american-war-vietnam.

만 이 아이들이 자라서 베트콩이 된다"[32]라는 말로 살인을 정당화했다. 또 여성의 권리와 자유의 옹호자를 자처하는 미국이 '드론'과 '스마트 폭탄'을 이용해서 아프가니스탄과 파키스탄에서 여자와 아이들을 무차별적으로 살해하는데도 너무나 많은 미국인들이 침묵한다. "1996년에 이라크 어린이 50만 명——'대량 살상 제재 조치'로 인한 사상자——이 죽었다는 보고에 대해 '그럴 가치가 있었다'는 매들린 올브라이트 전 국무장관의 전형적인 대답"[33]에는 서구 극단주의가 잘 드러나 있지만 서구 언론과 정치 전문가, 대부분의 학자들은 이에 관해 침묵을 지킨다.

미국의 외교 정책에 못 본 척하는 사회적 구조는 일부 학자와 연구자들에게서 볼 수 있는 현상과 그리 다르지 않다. 일부 학자들은 보조금을 받기 위해서 예컨대 아이티의 문맹퇴치 연구 및 장려 제안서를 분주히 쓰지만 자신의 대학 주변 공립 학교에서 고군분투하다가 자퇴하는 미국의 아이티인 수만 명에게는 신경 쓰지 않는다. 아이티는 2010년에 발생한 끔찍한 지진과 그 후 UN 군이 퍼뜨린 콜레라 때문에 서구 국가들의 관심의 대상이 되었다. 서구의 반응은 말하자면 자비로운 인종차별로 변한 온정주의라 할 수 있는데, 알베르 멤미(Albert Memmi)의 표현에 따르면 "식민주의와 동질한 부분"[34]이다. 백인 학자와 연구자들이 아이티로 가서 데이터를 수집하고 고통받는 아이티인들을 대상으로 인류학적 연구를 실시한 다음 미국 캠퍼스로 돌아와서 학생과 동료들에게 이국적인 이야기를 들려주고, 연구를 출판하고, 종신재직권을 얻는 동안 수만 명의

---

32) Ibid.
33) Edward S. Herman, "Beyond Chutzpah", *Z Magazine*, February 2013, p. 6.
34) Albert Memmi, *The Colonizer and the Colonized*, Boston: Beacon, 1991.

아이티인들은 그곳에 남아 빈민가와 같은 상황을 견디며 진흙 쿠키를 만들어서 배가 부르다고, 굶주리지 않았다고 위장을 속이려 했다. 게다가 아이티에 가서 아이티인들을 연구하고 데이터를 수집하는 관광 인류학자들은 미국에서 자기 수업을 듣는 아이티 학생들을 종종 차별한다. 1980년대에 연방 지원 연구 프로젝트 때문에 아이티에 자주 가는 백인 미국인 교수에게 왜 대학 주변의 아이티인 수천 명을 연구하지 않느냐고 물었던 때가 기억난다. 그의 대답은 한심한 것까지는 아니더라도 정직했다. "기금을 제공하는 기관에서 미국 내 아이티인들은 충분히 '섹시'하다고 생각하지 않거든요." 제1세계 자유주의 학자인 그가 정직하고 활기찬 의식화 과정에 참여했더라면 비인간성, 야만적인 불평등, 인간적 불행에 매여 고통받는 아이티인 수백만 명을 이용하여 자신의 커리어를 쌓는 것이 그렇게 편안하지 않았을지도 모른다. 그가 출세를 하겠다는 자신의 목표를 미국 외교 정책의 지원을 받아 재생산되는 아이티 내 억압과 연결 지을 수 있었다면 자신의 정직한 대답이 얼마나 한심한지 알아차렸을지도 모른다. 그는 아이티인들을 더욱 깊이 이해하고 현재 아이티의 불행한 상황이 아이티 침공, 점령, 대다수 아이티 사람들의 이익에 반하는 우파 독재자들의 꾸준한 지원이라는 미국의 간섭주의 정책에 의해 대체로 만들어졌음을 이해했을지도 모른다. 백인 미국인 연구자는 정직한 성찰과 자문을 통해 그의 정치 프로젝트가 무엇보다도 자신의 출세를 위한 것임을 깨달았을지도 모른다. 제1세계 학자인 그가 이러한 연관성을 파악할 수 있었다면 클린턴 전 대통령과 아버지 부시 전 대통령이 끔찍한 지진 이후 아이티에서 펼친 인도주의적 행보로 성인에 가까운 대접을 받을 때 그들을 비판했을 것이다. 이 백인 미국인 교육자는 지진이 일어나기 전에 아이티 사람들을 괴롭혔던 무수한 인간적 불행이 부분적으로는 두 전 대통령이 펼친 외교 정책 때문이라는 사실을 이해했을지도 모른다. 지진은 수만 명의 아이티인들이 처해 있던 인간 이하의 상황을 악화시켰을 뿐 아니라, 허리케인 카트리나가 뉴올리언스 아프리카계 미국인들의 구조적인 인종차별과 비인간적 상황을 드러낸 것처럼, 그러한 상황을 널리 알렸다. 아이티 지진의 끔찍함에도 불구하고 제1세계 자유주의 교육자들은 가난한 마을과 판잣집과 텐트가 내려다보이는 사치스러운 '5성급' 로열 호텔에서 하룻밤을 묵으며 1320달러의 요금도 지불하지 않을 것이다. 이 호텔은 "월드뱅크의 국제금융공사가 지불한 750만 달러와 …… 클린턴 부시 아이티 펀드 200만 달러로 건설되었다".[35] 이와 같은 데카당스, 혹은 노골적인 부의 과시가 제1세계 국가들의 인도주의적 관대함을 선전하는 동안 백만 명이 넘는 아이티인들은 지진으로 갈 곳을 잃고 노숙자가 되어 상하수도와 전기도 없고 먹을 것도 충분하지 않은 움막과 텐트에서 인간 이하의 삶을 살고 있다. 만약 제1세계 교육자가 의식화 과정에 참여했다면 클린턴 전 대통령과 부시 전 대통령이 포르투프랭스에서 아이티인 수천 명의 환영을 받을 때 보여 주었던 경애심의 허구성을 알아볼 수 있었을 것이다. 부시 전 대통령이 어느 아이티 남성과 악수를 한 다음 클린턴 전 대통령의 셔츠에 손을 닦으려는 장면이 유튜브를 통해 전 세계로 퍼지면서 그가 아이티인들을 깔보면서 경멸한다는 사실이 명백히 드러났다.

의식화 과정은 블랑[36] [백인이라는 뜻 — 옮긴이]들이 아이티에서 누리는 특권의 베일을 걷었을지도 모른다. 이들은 바로 자신의 식민 욕망과

---

35) Amy Wilentz, "Letter from Haiti", *The Nation*, January 28, 2013, p. 22.
36) Ibid.

욕구를 충족시키기 위해 만들어 낸 이국적인 아이티 이야기 ──많은 면
에서 아이티인들이 매일 생존을 위해 애쓰며 경험하는 현실과는 별 상관
없는 이야기 ──와 사랑에 빠진 백인 또는 외부인/외국인이다. 제1세계
블랑들은, 각자의 정치적 성향과 관계없이, 자신의 개입이 프레이리가 말
하는 피억압자의 페다고지와 전혀 다르다는 사실을 이해하지 못한다. 프
레이리의 페다고지인

> 참된 인간적(인도주의적이 아니라) 관용에 의해 촉발되는 피억압자의 교
> 육학은 인류의 교육학을 대변한다. 억압자의 이기적인 이해관계(이것은
> 가부장제의 허구적 관용으로 은폐되어 있다)에서 출발하며, 피억압자를 억
> 압자가 인도주의를 발휘할 대상으로 전락시키는 교육학은 억압을 유지
> 하고 공고히 한다. 따라서 그것은 비인간화의 도구이다. (68쪽)

비인간화의 구현으로서의 인도주의를 가장 잘 보여 주는 예는 적십
자이다. 자선 단체인 적십자는 지진으로 인해 갈 곳을 잃고 노숙자가 된
아이티인 수만 명의 고통을 덜어 주기 위해 4억 달러 이상을 모금했지만
수백만 달러를 들여서 사치스러운 호텔을 건설했고,[37] 그동안 100만 명
넘는 아이티인들은 계속 노숙자로 생활했다. NGO나 기타 인도주의 봉
사단 단원들이 제1세계의 월급을 마음껏 쓰는 블랑 친구나 동료와 사치
스러운 호텔에서 '친목 모임'을 즐기며 스트레스를 푸는 동안, 수만 명의
아이티인들은 "더 완전한 인간성을 찾고자 하는 개인의 존재론적·역사
적 소명"(70쪽)을 되찾기 위해 비 피할 곳을 찾고 먹을 것을 구하려고 애

---

37) Wilentz, "Letter from Haiti", p. 22.

썼다. 외국에서 온 봉사단은 5성급 레스토랑부터 심리 치료를 포함한 의료 서비스까지 누리는 반면 2010년 지진으로 갈 곳을 잃은 대부분의 아이티인들은 완전한 인간성을 찾는다는 것이 무슨 뜻인지 알기를 갈구한다. 에이미 윌렌츠(Amy Wilentz)의 이야기를 예로 들어 보자.

맥 맥클러랜드라는 인물은 『마더 존스』(Mother Jones)의 인권 기자로, 얼마 전에 성폭행을 당한 아이티 여성이 가해자를 만날지도 모른다는 생각에 무너지는 모습을 보고 외상후 스트레스 장애(PSTD)가 감기 바이러스라도 되는 것처럼 역시 PSTD가 생겼다. 이렇게 해서 트라우마를 갖게 된 맥클러랜드는 자신이 어떤 자가 치료를 선택했는지 발표하는데, 바로 친구에게 최대한 사실적으로 자신을 강간해 달라고 부탁하는 것이었다.[38]

맥클러랜드가 아이티 지진 이후 인도주의적 활동을 하다가 폭력에 노출된 경험을 극복하기 위해서 선택한 치료법은 강렬한 나르시시즘이 느껴지기는 하지만, 자비로운 선물로 포장된 압제자의 인도주의적 개입 안에 존재하는 "가부장제의 허구적 관용으로 은폐된 이기심"도 잘 보여준다. 이 자비로운 선물에는 제1세계 질서의 자기중심적인 자선도 담겨 있다. 이와 같은 자선적 개입은 대체로 (아이티의 경우처럼) 크게 실패했을 뿐 아니라 제1세계 인도주의자들은 억압자와 피억압자 관계에서 긴장과 모순을 해소해야만 해방을 이룰 수 있음을 이해하지 못한다. 그러

---

38) Madison Smartt Bell, "Nine Years in One Day: On Haiti", *The Nation*, January 28, 2013, p. 22.

므로 "피억압자의 목적이 완전한 인간성을 찾는 데 있다면, 단지 모순 관계에 있는 양측의 처지를 서로 뒤바꿔놓는 정도에 만족해서는 그 목적을 달성할 수 없다"(71쪽). 마찬가지로, 억압자가 상황을 바꿔 억압의 폭력을 직접 경험함으로써 피억압자를 해방시키리라 기대할 수 없다. 맥클러랜드의 경우에서 보듯이 그러한 행위는 억압자가 피억압자의 고통조차 전유하려는 욕구의 연장선상에 있다. 맥클러랜드가 선택한 치료법은 수많은 자유주의자 교육자들이 항상 혜택을 누려 왔던 "지배적인 관료제"(72쪽)와의 결별을 선언해야겠다는 생각에 가족과 함께 빈민가로 이주해서 아이들이 입학할 나이가 되기 전까지 잠시 머무는 현상과 마찬가지이다. 프레이리에 따르면 해방은 폭력, 인간의 불행, 노골적 빈곤의 민주화가 결코 아니다. 해방은 억압자와 피억압자의 모순을 해결하는 것이며, "새로운 인간", "억압자도, 피억압자도 아닌 해방 과정의 인간"(71쪽)의 등장에 의해서만 그렇게 할 수 있다.

억압자와 피억압자의 모순을 해결하거나, 연관성을 인식하거나, 프레이리의 말처럼 "당연한 것을 찾는 방랑자"가 되지 못하는 것은 프레이리가 『페다고지』에서 정의한 유명한 '은행 저금식' 교육 모델의 실패와 관련이 있다. 이러한 과정을 통해

교육은 예금 행위처럼 된다. 학생은 보관소, 교사는 예탁자다. 양측이 서로 대화하는 게 아니라, 교사가 성명을 발표하고 예탁금을 만들면, 학생은 참을성 있게 그것을 받아 저장하고, 암기하고, 반복한다. 이것이 바로 '은행 저금식' 교육 개념이다. 여기서는 학생들에게 허용된 행동의 범위가 교사에게서 받고, 채우고, 보관하는 정도에 국한된다. (90쪽)

'은행 저금식' 교육 모델은 주로 가난한 이들을 위한 문맹퇴치 프로그램에서 능력 기반의 기술 저금식 접근법의 형태로 이용되고 있고, 전문 특화 형태의 고등교육(부자를 위한 가장 고등한 형태의 문맹퇴치 프로그램)에서 이용되기도 한다. 두 접근법은 겉으로 보기에는 달라 보이지만 한 가지 공통점이 있다. 바로 우리가 비판적으로 '세상을 읽고' 단순한 사실들이나 짐짓 당연해 보이지만 제대로 이해하지 못하는 것들 뒤에 숨어 있는 이유와 연관성을 이해할 수 있게 해주는 비판적 사고를 방해한다는 점이다. '은행 저금식' 교육 개념을 통한 가난한 이들의 문맹퇴치 프로그램의 특징은 대체로 "별 뜻도 없는 심리학 용어를 흉내 낸 까다로운 표현 쓰기 시험과 다지선다형 시험에 대비하여"[39] 반복적인 연습 문제를 아무 생각 없이 무의미하게 푸는 것이다. 이러한 교육의 '은행 저금식' 접근법과 도구적 접근법은 시인 존 애쉬버리(John Ashbery)가 「시란 무엇인가?」에서 잘 포착한 것처럼 정신을 마취시킨다.

학교에서는
모든 생각을 빗질하듯 찾아 없앴다.
남은 것은 빈 밭과 같았다.[40]

'은행 저금식' 교육 모델을 무비판적으로 수용하는 교사들에게 생각을 없애는 '빗'은 바로 연습 문제와 워크북, 습관을 기록하고 속도를 통

---

39) Patrick L. Courts, *Literacies and Empowerment: The Meaning Makers*, South Hadley, Massachusetts: Bergin & Garvey, 1991, p. 4.
40) John Ashbery, "What Is Poetry", *Houseboat Days: Poems by John Ashbery*, New York: Penguin Books, 1977, p. 47.

제할 뿐 생각이 필요 없는 컴퓨터 연습 문제와 실전 문제이다. 이러한 연습-실전 조립라인은 학생의 사고력을 마비시키고 교사의 지침을 받아들일 빈 땅을 만든다. 여기서

> (교사가 설명자인) 설명은 학생들이 설명된 내용을 기계적으로 암기하도록 만든다. 더 나쁜 것은 학생들을 교사가 내용물을 '주입'하는 '그릇'이나 '용기'로 만든다는 점이다. …… 내용물을 고분고분 받아 채울수록 더욱 나은 학생들로 평가된다. (90쪽)

그런 다음 학생은 고부담 시험을 통해 평가를 받는데, 시험은 대체로 군대처럼 통제된 방식으로 전달된 교사의 설명과 기계적으로 설명된 "내용"의 암기를 반영한다. 그러므로 기계적인 '은행 저금식' 교육의 주된 효과로 인해서 기계적인 암기를 선호하는 교육 구조가 만들어질 수밖에 없고, 따라서 교육의 우선순위를 자본의 실용적 요건으로 환원하며, 학생의 비판적 능력을 마취시켜 "자기 보존을 위해 사회 질서에 적응"[41]하게 만든다.

스펙트럼의 반대편 끝에서는 똑같이 기계적인 접근법으로 부자들을 교육시켜 사회 질서에 적응하게 만드는데, 이 경우에는 초전문화(hyperspecialization)를 이용한다. 초전문화는 수준 높은 기술을 예탁하는 한편, 전문가를 만들어 내는 '순수하고' 전문적인 과학이라는 미명 하에 서로 다른 지식 체계들이 서로 연관되는 것을 방해한다. 스페인 철학자 호세 오르테가 이 가세트에 따르면 전문가는 "자신이 차지하는 우주

---

41) Freire, *The Politics of Education*, p. 116.

의 아주 작은 한구석은 속속들이 알지만 나머지에 대해서는 철저히 무지하다".[42] 사실, 서로 다른 지식 체계들이 연관되지 않으면 어떤 오만함이 생긴다. 예를 들어 어느 유명 대학의 수학 교수는 자신에게 모를 권리가 있다는 말을 했다. 이라크 전쟁 보도에 대한 말이었는데, 그 교수는——아마도 공개적으로 전쟁에 반대하는 동료들의 의견이 불편했기 때문에——갑자기 "나는 뉴스를 모를 권리가 있다"라고 주장했다. 그녀는 모르는 것을 선택할 **권리**가 있지만, 민주 사회의 학자이자 시민으로서 자기 나라의 지도자들이 무엇을 하고 있는지 알아야 할 **책임**이 있다. 예컨대 더없이 야만적인 정책으로 인해 드론을 이용한 목표물 폭격이 허용되고 죄 없는 민간인과 여성, 아이들이 무차별적으로 살육당하면서 인권이 위협받을 때에는 아는 쪽을 선택하는 편이 나을 것이다. 정책 입안자들은 그러한 희생을 '전쟁의 불행한 부분'이라거나 단순한 '부수적인 피해'로 간주한다. 필리핀 대통령 로드리고 두테르테는 "해군과 해안 경비대에게 '납치범들이 도망치려고 하면 모두 폭격하라. …… 인질이 있다고 말할지도 모르지만, 안 됐지만 그것은 부수적 피해'라고 지시"[43]했을 때 독재 정치의 무신경함과 인권에 대한 총체적인 무시를 다시 한번 드러냈다.

또한 엄밀히 정의된 학문적 경계를 통해서 지식을 사회적으로 구성하면 엔지니어, 의사, 교수 등 전문가 계급이 형성되고, 각 전문직은 더욱 한정적인 영역으로 나뉜다. 이와 같은 전문가는 "한 가지 학문에만 정통하고, 심지어 한 가지 학문 중에서도 자신이 활발하게 연구하는 아주 작은 부분만을 안다. 그는 자신이 특별히 경작한 좁은 영역 바깥 부분에 대

---

42) Jose Ortega y Gasset, *The Revolt of the Masses*, New York: W. W. Norton, 1964, p. 111.
43) "Duterte vows to hit militants, captives", *The Boston Globe*, January 16, 2017, p. A3.

한 인식이 없는 것이 미덕이라 주장하고, 전체적인 지식에 대한 호기심에는 '딜레탕티슴'이라는 이름을 붙인다."[44] 각자의 좁은 전문 분야에서 절대적이고 객관적인 진실을 발견해야 한다는 신화적인 필요성 때문에 이러한 딜레탕티슴은 권장되지 않고, 이렇게 길들여진 전문 지식은——문화에 따른 복수의 관점과 지식을 강조하는——사회 및 문화 관계에 대한 철학과 분리될 뿐 아니라 학문적 경계에 의해 엄격히 나누어진 허구의 이분법을 생성·유지하는 이데올로기 뒤에 감춰진다. 이데올로기는 또한 '엄밀한 학문', '객관성', '과학적 활기'를 '가벼운 학문'의 난잡한 데이터와 애초에 이러한 범주를 만들어 낸 사회적·정치적 관습으로부터 분리해야 한다는 관점을 생성한다. 또 '은행 저금식' 교육 모델은 지식을 파편화하여 학생들의 비판적 의식을 축소시키고 주어진 현실을 그대로 받아들이게 만든다. 그 결과 "학생들이 세계의 변혁자로서 세계 속에 개입해야만 얻을 수 있는" "비판적 의식"을 훼손한다. "학생들은 자신에게 부과된 수동적 역할을 완벽하게 수행할수록 점점 더 세계를 있는 그대로 받아들이게 되고 자신에게 저금된 단편적인 현실관에 순응하게 된다"(92쪽). 따라서 가장 많은 부와 기회를 가진 가장 특권적인 계급이 역사의 주체로서 세계를 변화시킬 뿐 아니라 그러한 변화를 고찰하는 존재론적 소명을 포기하는 비참한 결과가 발생한다. 프레이리에 따르면 "은행 저금식 교육은 학생들의 창조성을 위축시키거나 소멸시키고, 학생들을 단순하게 만들 수 있으므로, 세계를 폭로할 필요도, 변혁할 필요도 느끼지 않는 억압자의 이익에 일치된다"(92쪽).

'은행 저금식' 교육 모델은 또한 보수주의 및 자유주의 교육자들의

---

44) Ortega y Gasset, *The Revolt of the Masses*, p. 111.

안전한 피난처로 종종 이용된다. 대부분의 보수주의 교육자와 많은 자유주의 교육자는 프레이리가 말하는 "현재의 교육 풍토에 너무나 흔한 지식의 '소화제' 개념"[45]에 물질주의적이고 소비지상주의적인 자신의 교육개념을 은폐한다. 현재의 교육 풍토란 학생을 "영양 부족" 상태로 간주하고 학생들의 "의식은 '공간적'이며 따라서 무언가를 알려면 '채워야' 한다"[46]는 핑계로 수업에서 다루거나 논의하지 못할 정도로 비현실적인 독서 목록을 교사가 학생에게 제공해야 한다는 강박을 느끼는 것이다. 어떤 교수가 총 80쪽에 달하는 참고 문헌 목록을 강의계획서에 넣어서 학생들에게 주었던 기억이 떠오르는데, 한 학기에 그 책들을 전부 활발히 논의하기란 불가능하다는 사실을 본인도 너무나 잘 알고 있었다. 그것은 분명 질보다 양을 중요시하는 교육학이었다. 그 교수는 학생들에게 40쪽짜리 페이퍼(25쪽이나 35쪽, 38쪽은 왜 안 될까?)를 쓰게 한 다음 광범위하고 통찰력 있는 비평을 해주기는커녕 거의 읽지도 않았다. 어느 학생이 제출한 54쪽 분량의 페이퍼에 대해 이 교수가 제공한 것은 "아주 잘했음", "고급 문화 대 하급 문화", "잘했음", "교육학적 힘" 등 두 단어에서 다섯 단어를 넘지 않는 짧은 비평뿐이었다. 간단히 말해서, 54쪽짜리 페이퍼가 받은 평은 총 43단어에 불과했다. 이러한 '영양학적' 접근법은 "장 폴 사르트르가 '아는 것이 먹는 것이다'라는 생각을 비판하면서 '아, 영양가 넘치는 철학이여!'라고 외치게 만들었던 개념"[47]으로 이어진다. 이 과정에서 "글은 단순한 '어휘의 예금'[교사의 어휘]로 변하고 [학생들이] '먹고 소화

---

45) Freire, *Cultural Action for Freedom*, p. 7.
46) *Ibid*.
47) *Ibid.*, p. 8에서 재인용.

하는' 정신의 양식"[48]은 교사의 지식(즉, 지식의 대상을 제대로 이해하지 못하는 정의 목록, 의식과 분리되어 특히 요즘처럼 신기술에 적용할 경우 어떤 이데올로기가 담겨 있는지 인식하지 못하는 도구로서의 방법, 실천을 경시하는 이론으로 위장한 틀에 박힌 교과서, 풍성한 전문 용어)이다. 사고하지 않는 그릇으로서 정보를 끊임없이 '주입'당하는 학생들은 의무적인 시험에서 그것을 다시 '토하도록' 요청받는다. 이러한 시험은 한편으로는 교사의 우월한 지식/은행 계좌를 확인하고, 또 한편으로는 대부분의 (인간적이 아닌) 인도주의적 접근법에 내재된 동기, 즉 교사의 나르시시스트적 욕구를 충족시키기 위해서 만들어진 것이다. 결국 교육에 대한 '영양학적 은행 저금식' 접근법은, 설령 진보 교육으로 위장한다 해도, 교사의 지식 '예금'을 통해 학생의 뇌를 살찌우는 것이 주요 목적이다. 그러므로 이러한 교육학 모델에서 학생들은 "학습자[로서] ……[자신의] 창의적 노력에 의해 …… 탄생하지 않은"[49] 이해를 흡수할 뿐이다. 이처럼 지식의 대상을 이해하여 새로운 지식을 생산하기보다 사실을 재생산하는 이러한 교육에서 학습자는 교사가 전달하는 지식의 과부하 때문에 인식론적 호기심과 창의성이 마비된다. 교사가 전달하는 지식은 "사실 …… 완전히 소외되어 있고 소외시키며, 학생의 사회-문화적 현실과는 거의 관련이 없다."[50]

근본적으로 프레이리는 『페다고지』에서 프락시스를 바탕으로 혁신적 변화를 일으키기 위한 이데올로기의 로드맵을 우리에게 제공하는데, "이 프락시스가 성찰을 전 단계로 하고 행동을 후속 단계로 하는 식의 이

---

48) Freire, *Cultural Action for Freedom*.
49) *Ibid*.
50) *Ibid*.

분법을 의미하지는 않는다. 행동과 성찰은 동시에 일어난다".[51] 간단히 말해서 프레이리는 가혹한 경제적 불평등, 잔인한 폭력, 비인간화——비난받아 마땅한 비인간화——의 위험한 기억을 잊지 않도록 비판적 사고 도구를 발전시키라고 우리 모두에게 촉구한다. 우리는 이러한 인간의 고통을 비난해야만 지적 일관성을 지킬 수 있고, 또 관광 인류학자로서 굶주림을 연구하는 것과 굶주림을 경험하는 것, 폭력을 한탄하는 것과 견뎌내는 것, '목소리를 주는' 허구적 자선과 제도적으로 목소리를 빼앗기는 것 사이의 중대한 차이를 다른 사람들에게 이해시킬 수 있다. 유색인이나 여성에게 목소리를 '주어야' 한다고 주장하는 사이비 비판적 교육자들은 목소리가 선물이 아님을 깨닫지 못한다. 목소리는 민주적인 권리이며 인권이다.

프레이리는 이러한 권리를 되찾는 것이 해방 투쟁의 존재 이유라고 항상 강조했는데, 자립하지 않으면 권리도 결코 되찾을 수 없다. 또 해방 투쟁에 같이 참여하는 사람들과 진정한 친교를 맺지 못하면 자립할 수 없다. 다시 말해서, 글을 통해서만 사회적 불의를 비난할 뿐 사람들과 함께 하는, 행동하지 않는 비평의 지배 언어는 상황에 따른 친교를 대표한다. 관광 인류학자가 자신의 연구 프로젝트에 쓸 데이터를 수집할 때에만 사람들과 잠시 친교를 맺었다가 곧 고군분투하는 공동체를 홀로 남겨두고 떠나는 것이 바로 그런 경우이다. 피억압자와 친교를 맺는다는 것은 계급적·인종적 자살, 즉 자신이 속한 계급과 인종을 기꺼이 버리겠다는 의지를 뜻하며, 이것은 "억압자에서 피억압자로, 한 공간에서 다른 공간으로 단순히 경계를 넘는 것" 이상을 나타낸다. "계급적 자살은 일종의

---

51) *Ibid.*, p. 128.

부활절이다. 그것은 문화적·이데올로기적 맥락(context)을 통과하는 여정을 문제화한다. 중요한 것은 피억압자와 지속적으로 의미 있는 연대를 유지하겠다는 약속이다."[52] 프레이리가 간결하게 말했듯이,

혁명 과정에서 친교를 부정하고, 민중을 조직한다거나, 혁명적 힘을 강화한다거나, 통일전선을 구축한다는 구실로 민중과의 대화를 회피하는 것은 자유에 대한 공포를 드러낼 뿐이다. 그것은 민중에 대한 공포이거나 신뢰의 부재다. …… 혁명은 지도부가 민중을 위해 하는 것도, 민중이 지도부를 위해 하는 것도 아니며, 양측이 함께 굳건한 연대를 이룸으로써 실현될 수 있는 것이다. 이 연대는 지도부가 겸손한 자세로 애정과 용기를 가지고 민중과 만날 때만 싹틀 수 있다. 모든 사람이 그러한 만남을 할 만큼 용기 있는 것은 아니지만, 그 만남을 회피한다면 모두가 지나치게 경직되고 다른 사람들을 단지 대상으로만 취급하게 된다. 그 경우 삶을 양육하는 대신 삶을 죽이게 되며, 삶을 찾는 대신 삶으로부터 도피하게 된다. 그것은 바로 **억압자**의 특성이다. (157~158쪽)

---

52) Paulo Freire ed., with James Fraser, Donaldo Macedo, Tanya McKinnon, and William Stokes, *Mentoring the Mentor: A Critical Dialogue with Paulo Freire*, New York: Peter Lang Publishing, 1997, p. 316.

저자 서문

『피억압자의 교육학』을 시작하는 이 글은 6년에 걸친 나의 정치적 망명 생활 속에서 관찰한 결과다. 이 관찰은 내가 브라질에서 교육 활동을 하면서 얻은 경험을 더욱 풍부하게 해주었다.

지금까지 나는 의식화(conscientização)[1]의 역할을 분석하는 훈련 과정과 진정한 해방 교육, 즉 이 책의 제1장에서 논의된 '자유의 공포'를 실제로 실험하는 과정에 모두 참여해 왔다. 대개의 경우 훈련 과정 참여자들은 '의식화의 위험'에 주목하면서 자유의 공포를 드러낸다. 그들은 비판적 의식이 무정부적이라고 말한다. 심지어는 비판적 의식이 무질서를 낳을지도 모른다고 우려하는 사람도 있다. 하지만 일부는 이렇게 고백한다. 왜 그것을 부정하는가? 나는 자유가 두려웠다. 그러나 지금은 두렵지 않다!

이런 토론들 가운데 하나로, 한 토론 그룹에서 특정한 불의의 상황에 대한 의식화가 자신들을 '파괴적 광신'으로 몰아가거나, 혹은 '자신들 세

---

1) '의식화'라는 용어는 사회적·정치적·경제적 모순들을 인식하는 법을 배우고, 현실의 억압적 요소들에 맞서 행동하는 것을 가리킨다. 제3장을 보라—영역자 주.

계를 완전히 붕괴시키는 센세이션'을 불러일으키지나 않을까 하는 문제를 놓고 논쟁을 벌인 적이 있었다. 논쟁이 한창 진행되고 있을 때 오랫동안 공장 노동자로 일했던 한 사람이 이렇게 말했다. "나는 여기서 유일한 노동계급 출신인 것 같습니다. 여러분이 지금 말씀하시는 내용을 내가 모두 이해한다고 할 수는 없지만 한 가지는 말할 수 있습니다. 이 과정을 시작할 때 나는 순진했습니다. 내가 얼마나 순진한지 알게 되자 나는 비판적인 자세를 가지기 시작했습니다. 그러나 이런 깨달음을 얻고도 내가 광적이거나 파괴적인 성향을 지니게 되었다고는 생각하지 않아요."

의식화가 가져올 수 있는 결과를 의심하는 바탕에는 의심하는 사람의 명확하지 않은 사고가 전제로 깔려 있다. 이를테면 그들은 불의의 희생자들이 스스로를 희생자로 인식하지 않는 편이 더 낫다고 본다. 하지만 그들이 의심하는 것처럼 의식화는 민중을 '파괴적 성향'으로 몰고 가지 않는다. 그 반대로 의식화는 민중이 역사 과정에 책임 있는 주체[2]로 들어갈 수 있게 함으로써 파괴를 피하고 자기 긍정을 모색할 수 있도록 해준다.

비판적 의식을 자각하면 사회적 불만을 정확히 표현하는 방법을 찾을 수 있게 된다. 왜냐하면 사회적 불만들이야말로 억압적 상황의 실제적인 구성요소들이기 때문이다.[3]

---

2) '주체'라는 용어는 스스로 알고 행동하는 사람을 가리키며, 수동적으로 앎을 얻고 행동하는 '객체'와는 다르다―영역자 주.
3) Paulo Freire, *Educação como Prática da Liberdade*, Rio de Janeiro, 1967[『해방 실천으로서의 교육』]에 부친 프란시스코 웨퍼트(Francisco Weffort)의 서문.

자유의 공포는 자기도 모르는 사이에 허깨비를 보게 만든다. 자유에 대해 공포를 느끼는 사람은 해방과 자유를 위해 모험하기보다는 안전을 확보하기 위해 도피처를 찾는다. 헤겔 말에 따르면 이렇다.

자유는 오로지 삶을 담보로 걸어야만 얻을 수 있다. …… 물론 자신의 목숨을 걸지 않는 사람도 한 '인간'으로서 인정되는 것은 분명하다. 그러나 그 사람은 그 인정의 진리성을 독자적 자의식으로서 확보할 수는 없다.[4]

그러나 사람들은 대개 자신이 지닌 자유의 공포를 좀처럼 솔직하게 인정하지 않고 마치 자신을 자유의 수호자인 양——때로는 무의식적으로——위장하려 한다. 자신의 의심과 불안을 숨긴 채 냉정과 침착을 가장하며 자유를 지키기 위해 애쓰는 척하는 것이다. 그러나 그런 사람은 사실 자유와 현상유지를 혼동하고 있다. 그래서 의식화가 현상유지를 위협할 경우에는 그것을 자유 자체에 대한 위협으로 여기는 것이다.

『페다고지』는 단지 생각과 공부만으로 쓰여진 책이 아니다. 이 책은 구체적인 상황에 뿌리박고 있으며, 교육 활동을 하는 기간 중에 내가 직·간접적으로 관찰한 노동자와 중산층 민중의 반응을 담고 있다. 앞으로 지속적인 관찰을 통해 나는 이 개론서에서 제기된 논점들을 수정하거나 확증할 작정이다.

이 책은 많은 독자들에게 부정적인 반응을 불러일으킬지도 모른다. 개중에는 인간 해방의 문제에 관한 나의 입장을 순전히 관념론적인 것으로 여길 사람도 있을 것이며, 심지어 존재론적 소명, 사랑, 대화, 희망, 겸

---

4) Georg Hegel, *The Phenomenology of Mind*, New York, 1967, p. 233 [『정신현상학』].

손, 공감에 관한 논의를 보수반동적인 '헛소리'로 간주할 사람도 있을 것이다. 또한 억압자에게나 만족스러운 억압 상태에 대한 나의 고발을 받아들이지 않거나, 받아들이고 싶어하지 않는 사람들도 없지 않을 것이다. 이 책은 분명히 급진주의자를 위한 실험적인 책이다. 나는 그리스도교도와 마르크스주의자라면 부분적으로든 전체적으로든 나와 의견을 달리한다 하더라도 이 책을 끝까지 읽을 것으로 확신한다. 그러나 폐쇄적이고 '비합리적인' 입장을 교조적으로 취하고 있는 독자라면 이 책에서 내가 열고자 하는 대화의 문을 거부할 것이다.

광신주의에서 나오는 분파주의는 언제나 황폐하며, 비판적 정신을 동력으로 삼는 혁명주의는 언제나 창조적이다. 분파주의는 신화적이므로 소외적이고, 혁명주의는 비판적이므로 해방적이다. 혁명주의는 자신이 선택한 입장에 대해 더욱 헌신하게 하기 때문에 구체적이고 객관적인 현실을 변혁하려는 노력에 점점 적극적으로 참여하게 한다. 그와 반대로 분파주의는 신화적이고 비합리적이기 때문에 현실을 허구적 '현실'로 (따라서 고정불변의 현실로) 바꿔 버린다.

어떤 곳에서든 분파주의는 인류 해방에 장애물이 된다. 그런데 불행한 것은 분파의 우익이 언제나 자신의 대립물 즉 근본적 혁명주의자를 낳는 것은 아니라는 점이다. 혁명주의자들도 우익의 분파주의에 대응하는 과정에서 분파주의의 덫에 빠지는 경우가 드물지 않게 있다. 하지만 그렇다 하더라도 혁명주의자가 지배 엘리트의 온순한 볼모가 되는 것은 아니다. 해방의 과정에 참여한 사람은 억압자의 폭력 앞에서 수동적인 태도만 취할 수는 없기 때문이다.

또한 혁명주의자는 결코 주관론자가 아니다. 혁명주의자에게 주관적인 측면이란 오직 객관적인 측면(분석 대상인 구체적 현실)과 관련해서만 존재한다. 주관성과 객관성은 이와 같이 변증법적 통일을 이루어 행동과 연계된 지식, 지식과 연계된 행동을 유발시킨다.

한편 분파주의자는 어떤 분파에 속해 있든 간에 비합리성에 눈이 멀어 현실의 역동성을 인식하지 못하거나(인식할 수 없거나) 잘못 해석하게 마련이다. 만약 이런 사람이 변증법적으로 사고한다면 그것은 기껏해야 '길들여진 변증법'일 뿐이다. 우익 분파(전에 나는 타고난 분파주의자라는 용어를 쓴 적이 있었다)[5]는 시간을 '길들이고' 인간을 길들이기 위해 역사의 과정을 늦추고자 한다. 좌익으로 돌아선 분파는 현실과 역사를 변증법적으로 해석하려 할 때 완전히 방향을 잃고 숙명론적 입장에 빠지게 마련이다.

우익 분파와 좌익 분파가 다른 점은, 전자는 현재를 길들여서 미래를 이 길들여진 현재로 재생산하고자 하는 반면, 후자는 미래를 예정된 것, 일종의 불가피한 숙명, 운명, 천명으로 간주한다. 우익 분파에게는 '오늘'이 과거와 연결되어 있고 불변적으로 결정되어 있다. 또한 좌익 분파에게는 '내일'이 사전에 정해져 있고 돌이킬 수 없는 것으로 고착되어 있다. 이러한 우익과 좌익은 둘 다 반동적이다. 둘 다 허구적인 역사관에서 출발하여 자유를 부정하는 행위의 형태를 전개하기 때문이다. 물론 한 쪽은 '잘 짜여진' 현재를 상정하고 다른 쪽은 예정된 미래를 상정한다고 해서 그들이 팔짱을 낀 채 그저 방관자가 되는 것은 아니다(전자는 현재가 지속되기를 기대하고 후자는 이미 '알려진' 미래가 오기만을 기다린다). 그와는 반대로 그들은 벗어날 수 없는 '확실성의 원' 안에 스스로 갇힌 채 자신들만의 진리를 '조작'해낸다. 그것은 온갖 위험을 각오하면서 미래를 건설

---

5) Freire, *Educação como Prática da Liberdade*[『해방 실천으로서의 교육』].

하기 위해 노력하는 사람들의 진리가 아니다. 또한 함께 싸우면서 미래를 건설하는 방법을 깨우치는 사람들의 진리도 아니다(이런 진리는 미리 정해져 있어 발견만 하면 되는 것이 아니라 스스로 창조해야 하는 것이다). 분파주의의 이 두 종류는 모두 역사를 자신의 전유물인 양 취급하면서 결국은 민중을 배제하게 되는데, 이것은 민중에 반대하는 또 다른 방식이다.

우익 분파가 '자신의' 진리에 갇혀 우익 분파로서의 자기 역할을 수행하는 것 이상으로는 아무것도 못하는 데 반해, 분파적이고 경직된 좌파는 좌파로서의 자신의 특질 자체를 부정한다. 그러나 양측 모두 '자신의' 진리 주변을 맴돌면서 그 진리에 의문이 제기되면 위협을 느끼는 것은 마찬가지다. 양쪽 모두 '자신의' 진리가 거짓이 결코 아니라고 믿는다. 언론가인 마르시오 모레이라 알베스는 전에 내게 "양쪽 모두 스스로에 대한 의심의 부재로 인해 병들어 있다"고 말한 적이 있다.

인간 해방에 헌신하는 혁명주의자는 현실을 가둬놓는 그러한 '확실성의 원'의 포로가 되지 않는다. 그 반대로 그들은 혁명성이 강할수록 현실 속으로 더 완전하게 들어가서 현실을 보다 정확하게 파악하고 변혁시킬 수 있게 된다. 이들은 드러난 세계를 두려움 없이 직면하고 보고 듣는다. 이들은 민중을 만나고 민중과 대화하는 것을 두려워하지 않는다.[6] 이들은 역사와 전 민중의 소유자, 혹은 피억압자의 해방자라고 자처하지 않으며, 역사 안에서 민중의 편에 서서 싸우는 데 헌신한다.

이 머리말에 뒤이어 전개될 본문의 내용은 혁명주의자의 과제에 해

---

6) "이론적 지식이 당내의 소수 '학구파'의 특권으로 남아 있는 한, 학구파는 길을 잃고 헤맬 위험에 직면하게 될 것이다"(Rosa Luxembourg, *Reform or Revolution*. C. Wright Mills, *The Marxists*, New York, 1963에서 재인용).

당한다. 그것은 분파주의자들이 수행할 수 없는 과제다.

이 책의 독자들 중에 이 책의 잘못과 오해를 바로잡아 주고, 나의 주장을 더욱 심화시켜 주고, 내가 미처 인식하지 못했던 점들을 지적해 줄 수 있는 비판적인 사람들이 나와준다면 기쁘겠다. 특히 내게 혁명적인 문화 행위를 논의할 자격이 있는지 의문시할 여지는 충분히 있다. 그 분야에 관해 내게는 구체적인 경험이 없기 때문이다. 하지만 내가 직접 혁명적 행위에 참여하지 않았다고 해서 그 주제를 내가 성찰할 수 있는 가능성이 부정되는 것은 아니다. 게다가 교육자로서 대화와 문제 제기식 교육방법으로 민중과 접촉한 나의 경험으로 볼 때 나는 감히 이 책의 내용을 주장하기에 충분할 만큼의 상당한 재료를 축적했다고 할 수 있다.

이 책 전체를 통해 나는 적어도 다음의 요소들이 확인되기를 바란다. 민중에 대한 신뢰, 사람들에 대한 믿음, 보다 사랑하기 쉬운 세상을 창조할 수 있다는 확신이 그것이다.

이 자리를 빌려 나는 내 아내이자 '최초의 독자'인 엘자에게 감사를 표하고 싶다. 그녀는 내 작업을 이해하고 격려해 주었으므로 어떤 의미에서 이 책은 아내의 것이기도 하다. 또한 원고를 읽고 논평해 준 친구들에게도 고마움을 전한다. 몇 사람의 이름을 빠뜨릴지도 모르지만 여기서 그 친구들의 이름을 밝혀 두는 게 좋겠다. 주앙 다 베이가 코티뉴, 리처드 숄, 짐 램, 미라 라모스와 조벨리노 라모스, 파울루 데 타르수, 알미누 아폰수, 플리니우 삼파이우, 에르나니 마리아 피오리, 마르셀라 가자르두, 조제 루이스 피오리, 주앙 자카리오티 등이 그들이다. 물론 이 책의 내용에 대한 책임은 전적으로 내게 있다.

제1장

가치론적 관점에서 볼 때 인간화의 문제는 늘 인류의 핵심적인 문제였지만, 지금 그것은 벗어날 수 없는 관심의 대상이 되어 있다.[1] 인간화에 대한 관심은 동시에, 존재론적 가능성만이 아니라 역사적 현실이기도 한 비인간화에 대한 인식으로 이어진다. 비인간화의 정도를 알게 될 때 우리는 인간화가 과연 가능성으로서 존립할 수 있는지 의문을 가지게 된다. 구체적이고 객관적인 역사적 상황 속에서 생각하면, 인간화와 비인간화는 둘 다 자신의 미완성을 의식하고 있는 미완성의 인간을 위한 가능성이다.

그러나 인간화와 비인간화 모두 현실적인 대안이지만 인간화만이 민중의 소명이다. 이 소명은 끊임없이 부정되면서도 바로 그 부정에 의해 긍정된다. 인간화는 불의, 착취, 억압, 억압자의 폭력에 의해 저해되지만,

---

[1] 현재의 저항운동, 특히 젊은 세대의 저항운동은 불가피하게 각자가 처한 상황의 특수성을 반영하면서도 민중이 세계 속에서 함께 하는 존재라는 전제를 기본적으로 깔고 있다. 이것은 그들의 존재와 존재 방식에 연관된 전제다. 그들은 소비자 문화를 비판하고, 모든 종류의 관료제를 거부하고, 대학의 변화(교사-학생 관계의 완고한 성격을 현실적 맥락에서의 관계로 변화시킬 것)를 요구하고, 대학이 새로워질 수 있도록 현실을 변혁시킬 것을 주장하고, 낡은 질서를 공격하고, 인간존재가 판단 주체가 될 수 있는 제도를 확립하려 한다. 이 모든 운동은 인간중심적이 아니라 인류학적인 우리 시대의 풍조를 반영한다.

다른 한편 자유와 정의를 바라는 피억압자의 열망, 잃어버린 인간성을 되찾으려는 그들의 투쟁에 의해 긍정된다.

비인간화는 인간성을 빼앗긴 사람들만이 아니라 (비록 방식은 다르겠지만) 인간성을 빼앗은 사람들과도 관련되며, 더 완전한 인간성을 찾으려는 소명의 **왜곡**이다. 이 왜곡은 역사 내에서 일어나지만 역사적 소명은 아니다. 비인간화를 역사적 소명으로 인정하면 냉소주의나 완전한 좌절로 이어지게 되어, 인간화, 노동해방, 소외 극복, 사람을 인격체로 긍정하는 것은 모두 무의미해진다. 이 투쟁이 가능한 이유는 비인간화가 비록 구체적인 역사적 사실이지만, 주어진 운명이 **아니라** 부정한 질서의 결과이기 때문이다. 이 질서가 억압자의 폭력을 낳고, 이 폭력이 또 다시 억압자를 비인간화시키는 것이다.

덜 인간적인 상태는 완전한 인간성의 왜곡이므로 조만간 피억압자로 하여금 그런 상태를 만든 자에 대한 투쟁에 나서도록 만든다. 이 투쟁이 의미를 가지려면, 피억압자는 자신의 인간성을 되찾으려는 (바꿔 말해 인간성을 창조하는) 과정에서 거꾸로 억압자를 억압하는 위치에 있어서는 안 되며, 양측의 인간성을 모두 회복하려 해야 한다. 그렇다면 자신과 억압자 둘 다를 해방시키는 것이야말로 피억압자의 인간적이고 역사적인 과제라 할 수 있다. 자신의 권력을 이용해 억압과 착취와 강간을 저지르는 억압자는 그 권력을 피억압자나 자신을 해방시키는 힘으로 만들지 못한다. 오직 피억압자의 약함으로부터 비롯된 권력만이 양측을 자유롭게 만들 수 있다. 피억압자의 약함을 존중해 억압자가 자신의 권력을 '완화'하려 하면, 그것은 대개 허구적 관용의 형태를 취하는 경우가 많다. 실제로 그런 시도는 그 이상을 넘지 못한다. 억압자는 자신의 '관용'을 표현할 지속적인 기회를 갖기 위해 불의도 그만큼 영속화시킬 수밖에 없다.

따라서 부당한 사회질서는 죽음, 좌절, 빈곤을 양분으로 삼는 '관용'의 마르지 않는 원천이다. 그렇기에 허구적 관용을 베푸는 자는 그 원천에 조금만 위협이 가해져도 필사적으로 대항하는 것이다.

진정한 관용은 그러한 허구적 자선의 근간이 되는 대의명분을 파괴하는 데서 나온다. 허구적 자선은 두려워하는 자, 억눌린 자, '인생의 불합격자'를 핍박하여 떨리는 손을 내밀게 만든다. 진정한 관용은 그 손——개인의 것이든, 전 민중의 것이든——을, 시혜를 바라는 마음에서 내미는 손이 아니라, 일하고 또 일해서 세상을 변혁하는 인간적인 손으로 바꾸도록 하는 데 있다.

하지만 이러한 교훈과 훈련은 피억압자 자신들, 그리고 그들과 참된 연대감을 느끼는 사람들에게서 나와야 한다. 개인으로서든, 집단으로서든 그들은 인간성 회복을 위해 싸움으로써 진정한 관용의 회복을 도모하게 된다. 억압적 사회의 혹독한 의미를 이해하는 데 피억압자보다 더 나은 적격자가 또 있겠는가? 피억압자만큼 억압의 현실을 뼈저리게 겪는 이가 또 있겠는가? 해방의 필요성을 더 절실하게 느끼는 이가 또 있겠는가? 피억압자는 이 해방을 우연히 얻는 것이 아니라 해방을 추구하는 프락시스[praxis, 이는 실천으로 번역되는 'practice'와 동일한 어원의 말이지만, 실천이 이론 없는 행위로 협의화하는 것을 막기 위해 이론적 실천의 의미를 갖는 프락시스라는 용어 그대로 사용한다 — 옮긴이]로써, 해방을 위해 싸워야 한다는 필요성을 인식함으로써 쟁취하는 것이다. 또한 피억압자가 설정한 애초의 목적 때문에 이 싸움은 억압자의 폭력 한가운데 있는, 때로는 허구적 관용 속에 감춰진 비정함에 반대하는 사랑의 행위가 된다.

그러나 거의 언제나 투쟁의 초기 단계에서는 피억압자가 해방을 위해 노력하기보다 억압자나 '아류 억압자'가 되기 위해 애쓰게 마련이다.

그들의 사고구조는 그것을 낳은 구체적이고 실존적인 상황의 모순에 의해 제약되어 있다. 그들은 인간이 되는 것을 이념으로 삼지만, 그들에게 인간이 된다는 건 곧 억압자가 된다는 뜻이다. 이것이 바로 그들이 생각하는 인간성의 모델이다. 이런 현상은 피억압자가 특정한 체험의 단계에서 억압자에게 '유착'하는 태도를 택한다는 사실에서 비롯된다. 이러한 상태에서 그들은 억압자를 명확하게 객관화시켜 바라보지 못하며 자신들의 '바깥'에 있는 존재로 인식하지 못한다. 그렇다고 해서 자신들이 학대받는다는 것을 피억압자가 모르는 것은 아니다. 다만 그들은 억압의 현실 속에 침잠해 있으므로 피억압자로서 지니는 자기 인식이 불완전할 따름이다. 이 단계에서는 억압자를 반대하는 자기 인식이 아직 모순[2]을 극복하기 위한 투쟁에 참여하려는 의지로 연결되지 못한다. 즉 한쪽 축이 해방으로 향하지 못하기 때문에 다른 쪽 축에 집착하게 되는 것이다.

이러한 상황에서 피억압자는 모순이 해결되고 해방이 억압을 밀어내게 될 때 '새로운 인간'이 태어난다는 것을 알지 못한다. 그들이 보기에 그 새로운 인간은 억압자일 뿐이다. 새로운 인간을 보는 그들의 관점은 지극히 개인적이다. 그들은 스스로를 억압자와 동일시하고 있으므로 자신을 피억압 계급의 구성원으로 바라보는 의식을 갖고 있지 않다. 그들이 토지개혁을 바라는 이유는 자유로워지기 위해서가 아니라 땅을 더 많이 얻어 지주가 되기 위해서, 더 정확히 말하면 다른 일꾼들을 지배하는 우두머리가 되기 위해서이다. 감독자의 지위로 '승진'한 뒤 예전 동료들에게 지주보다도 더 그악스럽게 구는 농민들을 흔히 볼 수 있다. 그 이유

---

2) 이 책 전체를 통해 '모순'이라는 용어는 대립하는 사회 세력들 간의 변증법적 갈등이라는 뜻으로 사용되고 있다―영역자 주.

는 농민이 처한 상황, 즉 억압의 상황이 변하지 않았기 때문이다. 예를 들어 감독자는 자신의 일자리를 확고히 하기 위해 지주보다 더 거칠게 행동할 수밖에 없다. 이런 경우는 투쟁의 초기 단계에서 피억압자가 억압자를 '인간성'의 모델로 삼는다는 우리의 예전 주장에서 살펴본 바 있다.

해방의 과정을 확립하고 억압의 구체적인 상황을 변화시키는 혁명기에도 그런 현상은 어쩔 수 없이 생겨나게 된다. 혁명에 직·간접적으로 참여하고 있는 피억압자의 대다수는 —— 옛 질서의 신화에 사로잡혀 있으므로 —— 혁명을 자신의 개인적 혁명으로 만들고자 한다. 예전 억압자의 그림자가 여전히 그들을 사로잡고 있는 것이다.

피억압자를 괴롭히는 '자유의 공포'[3]는 자칫 억압자의 역할을 바라거나 피억압자의 역할에 묶이도록 만들 수 있으므로 상세히 검토할 필요가 있다. 억압자와 피억압자의 관계에 기본적인 구성요소 가운데 하나는 **명령**이다. 명령이란 명령자가 자신의 선택을 다른 사람에게 강요해 그 사람의 의식을 자신의 의식에 일치시키도록 만드는 것을 가리킨다. 이렇게 해서 피억압자의 행동은 억압자의 지침에 따르는 명령받은 행동이 된다.

피억압자는 억압자의 이미지를 내면화하고 그 지침을 채택하고 있으므로 자유를 두려워하게 마련이다. 자유는 피억압자에게 그 이미지를 거부하고 자율성과 책임성으로 대체할 것을 요구하기 때문이다. 자유란 정복으로써 쟁취하는 것이지 선물로 받는 게 아니다. 자유는 항구적으로, 또 책임감을 가지고 추구해야만 한다. 자유는 인간의 외부에 있는 이상도 아니고, 신화로 변하는 이념도 아니다. 그것은 인간의 완성을 추구하는

---

3) 이 자유의 공포는 억압자에게서도 찾아볼 수 있으나 그 양태는 사뭇 다르다. 피억압자는 자유를 포용하는 것을 두려워하지만, 억압자는 억압할 '자유'를 잃을까 봐 두려워한다.

과정에서 필수적인 조건이다.

억압의 상황을 극복하기 위해 민중은 먼저 억압의 원인을 비판적으로 검토해야 한다. 그래야만 변혁의 행동을 통해 새로운 상황을 창조하고 더 완전한 인간성을 추구할 수 있다. 하지만 더 완전한 인간성을 찾으려는 노력은 그 상황을 변혁하려는 진짜 노력 속에서 이미 시작되었다. 비록 억압의 상황은 비인간적이고, 억압자와 피억압자 양측에게 영향을 주는 총체적인 비인간성을 띠고 있지만, 그 강압적인 인간성에서 벗어나 더 완전한 인간성을 향해 투쟁해야 하는 쪽은 억압자가 아니라 피억압자다. 스스로가 비인간화되어 있는 억압자는 다른 사람들도 비인간화하므로 이 투쟁을 이끌 수 없다.

그러나 이미 지배 구조에 파묻혀 적응한 채 체념하고 있는 피억압자에게는 자유를 위한 투쟁이 내적으로 금지되고 억제되어 있으므로 그들이 위험까지 감수하면서 투쟁에 나서기란 대단히 어렵다. 게다가 자유를 위한 투쟁은 단지 억압자에게만 위협이 될 뿐 아니라, 피억압자 자신의 동료들에게도 더 큰 억압이 닥칠지 모른다는 두려움을 가지게 만든다. 자기 내부에서 자유롭고자 하는 열망을 발견했을 때, 피억압자는 이 열망을 동료들과도 공유해야만 현실로 만들 수 있다는 것을 알게 된다. 그러나 자신이 자유의 공포에 압도되어 있다면 다른 사람을 따르게 할 수 없고, 다른 사람을 따를 수도 없으며, 심지어 자기 자신의 양심에 따를 수조차 없다. 따라서 피억압자는 참된 동료애보다 집단성을 더 선호하게 되며, 자유가 만들어 주는 창조적인 친교, 혹은 자유 자체를 추구하는 것보다 현재의 부자유한 상태에 적응하고 안전을 도모하는 것을 더 선호하게 된다.

피억압자는 자신의 내부에 깊숙이 자리잡은 이중성으로 고통을 겪는다. 그들은 자유가 없으면 진정으로 존재할 수 없다는 것을 알고 있지만, 진정한 존재를 바라면서도 한편으로는 그것을 두려워한다. 그들은 자기 자신인 동시에 자신이 내면화한 의식의 소유자인 억압자이기도 하다. 따라서 여기에는 갈등이 있을 수밖에 없다. 피억압자는 선택해야 한다. 전적으로 자기 자신이 될 것인가, 분열될 것인가. 내부의 억압자를 거부할 것인가, 거부하지 않을 것인가. 인간적 유대를 택할 것인가, 소외를 택할 것인가. 명령을 따를 것인가, 선택을 할 것인가. 방관자가 될 것인가, 참여자가 될 것인가. 나서서 행동할 것인가, 억압자의 행동을 통해 자기도 행동하는 듯한 착각에 만족할 것인가. 말할 것인가, 침묵할 것인가. 창조하고 재생산하는 힘, 세계를 변화시킬 힘을 발휘할 것인가, 포기할 것인가. 이것은 피억압자의 비극적인 딜레마이므로 그들을 교육할 때는 반드시 이런 요소를 감안해야만 한다.

'피억압자의 교육학'이라 명명한 이 책은, 자신의 인간성을 되찾기 위한 부단한 투쟁 속에 있는 피억압자들(개인들이든, 민중 전체든)을 **위해서**가 아니라 그들과 **함께** 확립해 나가야 할 교육학의 몇 가지 측면을 제시할 것이다. 이 교육학은 억압과 억압의 원인들을 피억압자가 성찰할 대상으로 만들고 있다. 이 성찰로부터 피억압자가 자신의 해방을 위한 투쟁에 참여해야 할 필연성이 도출될 것이며, 또한 이 투쟁 속에서 이 교육학은 새로이 다듬어질 것이다.

핵심 문제는 이것이다. 분열되고 불확실한 존재인 피억압자는 어떻게 해야 자신의 해방을 위한 교육학 개발에 참여할 수 있을 것인가? 그 답은 하나뿐이다. 피억압자는 자신을 억압자의 '숙주'로 인식해야만 해방적인 교육학을 낳는 데 기여할 수 있다. **지금의 나**와 **되고 싶은 나**의 이중성에 머무는 한, 그리고 그 **되고 싶은 나**가 실은 **억압자로서의 나**인 한, 그러한 기여는 불가능하다. 피억압자의 교육학은 피억압자와 억압자 모두가 비인간화의 발현이라는 점을 피억압자가 비판적으로 발견하기 위한 도구이다.

이처럼 해방은 마치 고통스런 출산과도 같다. 여기서 탄생한 새로운 인간은 모든 사람이 인간화되어 억압자-피억압자 모순이 폐기되어야만 존립이 가능하다. 달리 말하면 모순의 해법은 이 새로운 존재를 세계 속에 가져오는 노동 속에서 찾을 수 있다. 그렇게 되면 억압자도 피억압자도 사라지고, 모든 이가 자유를 획득하는 과정 속에 있게 될 것이다.

관념론적인 관점에서는 이 모순을 해결할 수 없다. 피억압자가 해방을 향한 투쟁을 벌이기 위해서는, 먼저 억압의 현실을 탈출구가 없는 폐쇄적인 세계가 아니라 변화시킬 수 있는 제한적 상황으로 인식해야 한다. 하지만 이런 인식은 해방을 위한 필요조건일 뿐 충분조건은 아니다. 그것은 또한 해방 활동의 동기를 부여하는 힘이 되어야 한다. 또한 피억압자가 자신의 반명제인 억압자 ── 피억압자가 없다면 억압자도 존재할 수 없다[4] ── 와 변증법적 관계를 맺고 있다는 사실을 깨닫는다 해도, 그 자체만으로 해방을 가져오지는 못한다. 피억압자는 그러한 인식을 바탕으로 해방을 위한 투쟁 속에 참여해야만 자신을 얽어매고 있는 모순을 극복할 수 있는 것이다.

개인으로서의 억압자에 관해서도 마찬가지로 말할 수 있다. 자신이 억압자라는 것을 깨닫는다면 그는 상당한 고민을 하겠지만, 그렇다고 해서 그가 반드시 피억압자와 연대감을 가지게 되는 것은 아니다. 피억압자에게 가부장적으로 대한 죄의식을 합리화하면서도 그들을 여전히 종속

---

4) Hegel, *The Phenomenology of Mind*, pp. 236~237 참조.

적 입장에 처하게 놔둘 뿐이다. 연대감이 생겨나려면 연대감의 대상이 되는 사람들과 같은 상황 속으로 들어가야 한다. 그것이 근본적인 자세다. 헤겔이 단언했듯이[5] 피억압자의 특징이 주인의 의식에 복종하는 것이라면, 피억압자와의 진정한 연대는 그들의 편에 서서 그들을 '타인을 위한 존재'로 만드는 객관적 현실을 변혁하기 위해 싸우는 것을 의미한다. 억압자가 피억압자와 연대감을 느끼려면, 피억압자를 추상적 범주로 바라보지 않고, 부당한 처우를 받고, 발언권을 박탈당한 채 노동 시장에서 사취당하는 인간으로 바라보아야만 한다. 즉 위선적이고, 감상적이고, 개인주의적인 태도를 버리고 과감히 사랑의 행위에 나서야만 하는 것이다. 진정한 연대는 이 사랑의 행위가 충만한 속에서, 그 실존성 안에서, 그 프락시스 안에서만 발견된다. 모든 사람은 평등하고, 인간은 자유로워야 한다는 것을 알면서도, 그 앎을 실현하기 위한 구체적인 행동에 나서지 않는 것은 우스꽝스러운 일이다.

억압자-피억압자 모순은 구체적인 상황 속에서 생겨나므로 이 모순의 해결은 **객관적으로** 검증할 수 있어야 한다. 그렇기에 자신이 억압자임을 깨달은 개인이나 피억압자 모두에게 근본적으로 필요한 것은 억압을 낳는 구체적 상황이 변혁되어야 한다는 인식이다.

현실이 객관적으로 변혁되어야 한다는 근본적 요구를 제시하고, 주관론자의 부동성 ——억압에 관한 참된 인식을 저해하며 억압이 저절로 사라질 때까지 끈기있게 기다리자는 생각——을 타파하는 것은 물론 중

---

5) 헤겔은 주인 의식과 피억압자 의식의 변증법적 관계를 분석하면서 이렇게 말한다. "전자는 독립적이며, 그 자체로 존재하는 본질적 속성을 가진다. 후자는 종속적이며, 본질적으로 타자와의 관련 속에서 존재한다. 전자는 주인 혹은 지배자이며, 후자는 노예다"(*Ibid.*, p. 234).

요하다. 하지만 그렇다고 구조를 변화시키기 위한 투쟁에서 주관성의 역할을 무시해서는 안 된다. 주관성이 없이는 객관성을 생각할 수 없다. 한 쪽이 없으면 다른 쪽도 존재할 수 없으며, 둘로 나뉠 수도 없다. 객관주의란 객관성과 주관성을 분리한 다음, 주관성을 부정하면서 현실을 분석하고 그에 따라 행동하는 것을 말하는데, 이것은 물론 잘못이다. 그러나 분석이나 행동에서 객관성을 부정하고 주관주의를 취해 유아론적 입장으로 빠진다면, 객관적 현실을 부정하게 됨으로써 행위 자체를 부정하게 된다. 여기서는 객관주의, 주관주의, 심리학주의 등을 들먹이는 대신 주관성과 객관성이 끊임없는 변증법적 관계에 있다는 것만 언급하고 넘어가기로 하자.

세계와 역사를 변혁하는 과정에서 주관성의 중요성을 부정하는 것은 지나치게 고지식하고 단순한 처사다. 그것은 마치 사람 없는 세계를 말하는 것처럼 불가능하다. 이러한 객관주의적 입장은 세계 없는 사람을 가정하는 주관주의만큼이나 순진한 생각이다. 세계와 인간은 서로 떨어져서 존재할 수 없고, 끊임없는 상호작용 속에서 존재한다. 마르크스는 그러한 이분법을 지지하지 않았으며, 다른 비판적이고 현실적인 사상가들도 마찬가지였다. 마르크스가 비판하고 과학적으로 파괴한 것은 주관성이 아니라 주관주의와 심리학주의였다. 객관적인 사회 현실이 우연하게 존재하는 것이 아니라 인간 행위의 산물이라면, 그것을 변화시키는 것도 우연히 이루어지지는 않을 것이다. 인간이 사회 현실을 만들어 낸다면 (또한 사회 현실은 '프락시스의 전도'를 통해 인간에게 작용을 가하고 인간을 제약한다), 그 현실을 변화시키는 것은 역사적인 과제이며, 인류가 담당할 과제이다.

억압적인 현실은 인간을 억압자와 피억압자로 구분한다. 후자는 진정한 연대감을 보이는 사람들과 힘을 합쳐 해방을 위해 투쟁하는 것을 과제로 삼고 있는데, 그러기 위해서는 투쟁의 프락시스를 통해 억압에 대해 비판적으로 인식해야 한다. 해방을 달성하는 데 심각한 장애물은 억압적 현실이 그 현실 안에 있는 사람들을 흡수하며, 그럼으로써 인간존재로서의 의식[6]을 은폐하는 작용을 한다는 점이다. 억압의 기능은 길들이는 데 있다. 억압적 힘의 희생자가 되지 않기 위해서는 길들여짐을 거부하고 공격해야 한다. 이것은 프락시스를 통해서만 이루어질 수 있다. 세계에 관한 성찰과 행동의 목적은 세계를 변혁하기 위해서다.

> 현실적 억압을 더 공공연한 것으로 만들기 위해서는 비열한 짓을 더욱 가증스럽게 하는 억압**의식**을 그 억압에 첨가함으로써, 억압을 더욱 억압적인 것으로 만들어야 한다.[7]

현실적 억압에 억압에 대한 의식을 첨가시킴으로써 그것을 더욱 노골적인 억압으로 만들 수 있다는 것은 주관성과 객관성의 변증법적 관계를 말해 준다. 주관성과 객관성의 그 같은 상호의존성 안에서만 순수한 프락시스가 가능하며, 그것이 없다면 억압자-피억압자 모순의 해결은 불가능하다. 이 목표를 달성하기 위해 피억압자는 현실을 비판적으로 대

---

6) "해방적 행동은 필연적으로 인식과 의지의 계기를 포함한다. 이 행동은 그 계기에 선행하기도 하고, 그 계기를 추종하기도 한다. 즉 먼저 그 계기의 전조로서 작용한 다음 결과에도 기여하며, 역사 내에서 존속한다. 그러나 지배 행동은 이러한 특성을 반드시 가지지는 않는다. 지배 구조는 그 자체의 기계적·무의식적 기능성으로 유지되기 때문이다"(조제 루이스 피오리José Luiz Fiori 의 미발간 원고에서 인용). 그는 친절하게도 내게 인용을 허락해 주었다.

7) Karl Marx and Friedrich Engels, *La Sagrada Familia y otros Escritos*, Mexico, 1962, p. 6[『신성가족과 기타 글들』]. 강조는 인용자.

면함과 동시에 현실을 객관화하고 그 바탕 위에서 행동해야 한다. 이러한 비판적 개입이 뒤따르지 않는 피상적 현실 인식은 결코 참된 인식이 아니기 때문에 객관적 현실의 변혁으로 이어지지 못한다. 객관적 현실을 버리고 허구적 대용물을 만들어 내는 사람의 순전히 주관적인 인식에서 그런 사례를 찾아볼 수 있다.

허구적 인식의 또 다른 형태는 객관적 현실의 변화가 인식자의 개인적 또는 계급적 이익을 침해할 때 생겨난다. 첫번째 경우 비판적 현실 개입이 불가능했던 이유는 현실 자체가 허구였기 때문인데, 이 두번째 경우는 현실 개입이 인식자의 계급적 이익과 상충하기 때문에 그렇다. 후자의 경우 인식자는 '신경증적으로' 행동하려는 경향이 있다. 사실은 존재하지만, 사실이나 그 결과나 모두 그에게는 불리하다. 따라서 그는 사실을 부정할 정도까지는 아니더라도 '사실을 다르게 볼' 수밖에 없다. 이렇듯 방어기제로서의 합리화는 결국 주관주의에 이르게 된다. 부정되지는 않지만 그 진리가 합리화된 사실은 객관적 토대를 상실한다. 그래서 그 사실은 구체성을 잃으며, 인식자의 계급적 방어를 위해 신화로 재창조되는 것이다.

민중의 비판적 현실 개입을 좌절시키기 위해 각종 금지와 난관(이에 관해서는 제4장에서 상세히 다룰 것이다)이 설치되는 이유는 바로 거기에 있다. 억압자는 그 개입이 자신의 이익에 부합하지 않는다는 것을 아주 잘 알고 있다. 그의 이익에 맞는 것은 민중이 계속 침잠의 상태를 유지하고 억압적 현실 앞에 무기력한 상태로 남아 있는 것이다. 이와 관련하여 루카치는 혁명당에게 적절한 경고를 한 바 있다.

마르크스의 표현을 빌리면, 혁명당은 대중에게 그들 본연의 행동을 설명해야 한다. 그 이유는 프롤레타리아트의 혁명적 경험의 연속성을 확보하기 위해서일 뿐 아니라 그 경험의 향후 전개를 의식적으로 활성화시키기 위해서이기도 하다.[8]

이러한 필연성을 확증하기 위해 루카치는 비판적 개입의 문제를 분명히 제기하고 있다. "대중에게 그들 본연의 행위를 설명하는 것"은 곧 대중의 행위와 그것을 촉발시킨 객관적 사실의 관계, 그리고 행위의 목적에 관해서 명백하고도 알기 쉽게 설명하는 것이다. 변혁 행위의 대상이 되는 그 험난한 현실을 들춰내면 낼수록 민중은 그 현실 속에 더욱 비판적으로 들어갈 수 있다. 이런 방식을 통해 민중은 "그 경험의 향후 전개를 의식적으로 활성화시키는 것"이다. 만약 객관적인 현실이 없다면, 인간을 '내가 아니게' 만드는, 그리고 그에 도전하는 세계가 없다면 당연히 인간 행동도 없다. 그것은 인간이 '기획'(project)으로서 존재하지 않는다면, 즉 자신을 초월할 수 없고, 현실을 변화시키기 위해 현실을 인식하고 이해할 수 없는 존재라면, 당연히 인간 행동도 없는 것과 마찬가지다.

변증법적으로 볼 때 세계와 행위는 긴밀하게 상호의존한다. 그러나 인간의 행동이라고 할 수 있는 경우는 그 행동이 단지 '해야 할 일'이 아니라 '전념해야 할 일'이 될 때, 다시 말해 성찰과 행동이 이분법적으로 분리되지 않을 때뿐이다. 행동에 필수적인 성찰은 루카치가 "대중에게 그들 본연의 행동을 설명하는 것"이라고 말한 필요조건 속에 함축되어 있다. 마찬가지로, 그가 "그 경험의 향후 전개를 의식적으로 활성화시키는 것"이라고 설명한 의도 속에도 성찰의 필요성이 함축되어 있다.

---

8) Georg Lukács, *Lénine*, Paris, 1965, p. 62.

하지만 우리가 볼 때 그 필요조건은 민중에게 설명한다기보다는 민중과 더불어 행동에 관해서 대화하는 것이다. 어떤 경우에도 현실이 저절로 변혁되는 법은 없다.[9] 루카치가 "대중에게 그들 본연의 행동을 설명하는 것"을 혁명당의 의무로 꼽은 것은 민중이 프락시스를 통해 비판적으로 현실에 개입해야 한다는 우리의 주장과도 일치한다. 피억압자의 교육학, 즉 민중해방을 위한 투쟁에 참여하는 민중의 교육학은 여기에 뿌리를 두고 있다. 자신이 피억압자라고 자각하거나 자각하기 시작한 사람들은 모두 이 교육학을 발전시키는 데 참여하고 있다. 진정으로 해방을 추구하는 교육학은 피억압자로부터 멀리 떨어져 그들을 그저 불운한 사람으로 취급한다거나, 억압자와 경쟁하기 위한 모델을 개발하는 식의 활동에 머물지 않는다. 피억압자는 자신을 되찾기 위한 투쟁에 직접 앞장서야 하는 것이다.

참된 인간적(인도주의적이 아니라) 관용에 의해 촉발되는 피억압자의 교육학은 인류의 교육학을 대변한다. 억압자의 이기적인 이해관계(이것은 가부장제의 허구적 관용으로 은폐되어 있다)에서 출발하며, 피억압자를 억압자가 인도주의를 발휘할 대상으로 전락시키는 교육학은 억압을 유지하고 공고히 한다. 따라서 그것은 비인간화의 도구이다. 앞서 말했듯이, 그렇기 때문에 피억압자의 교육학은 억압자가 개발하거나 실행할 수 없는 것이다. 만약 억압자가 해방 교육을 옹호하고 나아가 실행까지 한다면 그것은 그 자체로 모순이다.

---

9) "인간은 환경과 교육의 산물이므로 변화된 인간은 다른 환경과 변화된 훈육의 산물이라는 유물론적 학설은 환경을 변화시키는 것이 바로 인간이며 교육자 자신도 교육되어야 한다는 사실을 잊고 있다"(Karl Marx and Friedrich Engels, *Selected Works*, New York, 1968, p. 28[인용 부분은 1845년에 마르크스가 쓴 「포이어바흐에 관한 테제」 중 셋째 테제의 일부다 — 옮긴이]).

그러나 만약 해방 교육을 실행하는 데 정치권력이 필요하며 피억압자에게는 그런 권력이 전혀 없다면, 어떻게 혁명에 앞서 피억압자의 교육을 수행할 수 있을까? 이것은 대단히 중요한 문제다. 이 문제에 대한 답은 제4장에 개략적으로 제시되겠지만, 여기서 한 가지 대답을 모색해 보자. 우선 정치권력에 의해서만 바뀔 수 있는 **제도 교육**과, 피억압자가 **더불어** 참여할 수 있는 **교육 기획**을 구분하는 데서 대답의 한 측면을 발견할 수 있다.

인간적이고 해방적인 교육학으로서 피억압자의 교육학은 두 단계를 가진다. 첫 단계에서 피억압자는 억압의 세계를 드러내고, 프락시스를 통해 그 세계의 변혁을 위하여 헌신한다. 억압의 현실이 변혁된 두번째 단계에서는 더 이상 피억압자의 교육학이 아니라 영구적인 해방 과정에 참여하는 전 민중의 교육학이 된다. 두 단계에서는 항상 치열한 행위를 통해 지배 문화와의 문화적 대결이 벌어진다.[10] 첫째 단계에서 그 대결은 피억압자가 억압적 세계를 인식하는 방식의 변화로 나타나며, 둘째 단계에서는 마치 혁명적 변혁으로 생겨난 새 구조에 과거의 유령들이 떠도는 것과 같은, 기존 질서 속에서 탄생하고 발전한 신화를 제거하는 양태로 나타난다.

첫째 단계의 교육학은 피억압자의 의식과 억압자의 의식이라는 문제를 다룬다. 여기에는 양측의 행동, 세계관, 윤리 등이 포함되어야 한다. 특수한 문제는 피억압자의 이중성에 관한 것이다. 그들은 억압과 폭력의 구체적 상황에 의하여 형성되고, 그 속에서 존재하는 모순적이고 분열된 존재다.

---

10) 이것은 마오쩌둥의 문화혁명에서 중요한 요소로 등장한다.

'A'가 'B'를 객관적으로 착취하거나 책임있는 인간으로서의 자기긍정을 하지 못하도록 방해하는 상황은 무조건 억압적인 상황이다. 그런 상황은 그 자체로 폭력을 구성하며, 허구적 관용으로 완화되지도 않는다. 더 완전한 인간성을 찾고자 하는 개인의 존재론적·역사적 소명을 저해하고 있기 때문이다. 억압 관계가 정착되면 **이미** 폭력은 시작된 것이다. 역사상 어느 시대에도 피억압자가 먼저 폭력을 시작한 적은 없었다. 그들 자신이 폭력의 결과물인데 어떻게 폭력을 시작할 수 있겠는가? 그들이 어떻게 그들 자신에게 피억압자로서의 삶을 강요하는 폭력을 옹호할 수 있겠는가? 피억압자의 복종을 고착화시키는 폭력 상황이 선행되지 않았다면, 피억압자 자체가 있을 수 없는 것이다.

폭력을 먼저 시작하는 측은 타인을 억압하고, 착취하고, 인간으로서 승인하지 않는 억압자들이지, 억압과 착취와 차별을 당하는 피억압자들이 아니다. 불만을 먼저 터뜨리는 쪽은 사랑을 받지 못한 사람들이 아니라 자신만을 사랑하느라 사랑을 할 줄 모르는 사람들이다. 테러를 먼저 저지르는 쪽은 테러에 속수무책인 사람들이 아니라 '인생의 불합격자'를 낳는 구체적 상황을 만들 만한 힘을 지닌 난폭한 사람들이다. 압제를 먼저 시작하는 쪽은 압제의 희생자들이 아니라 압제자들이다. 증오를 먼저 품는 쪽은 경멸당하는 사람들이 아니라 경멸하는 사람들이다. 인류애를 부정하는 쪽은 인간성을 빼앗긴 사람들이 아니라 인간성을 빼앗는 사람들이다(그들은 그럼으로써 자신의 인간성도 부정한다). 무력을 사용하는 쪽은 강자의 지배하에 약자가 된 사람들이 아니라 약자를 희생시켜 강자가 된 사람들이다.

하지만 억압자들이 보기에 불만을 품고, '폭력적'이고, '야만적'이고, '사악'하고, '사납게' 보이는 쪽은 언제나 그들의 폭력에 맞서는 피억압자이다(심지어 그들은 '피억압자'를 명시적으로 지칭하지 않고, 같은 동포인지 여하에 따라 다양하게 '그 사람들' '분별없고 시기심에 가득한 대중' '야만인' '원시인' '파괴자' 등등의 이름으로 부른다).

어쨌거나 ─ 역설처럼 보일지는 몰라도 ─ 사랑의 자세를 찾을 수 있는 쪽은 바로 억압자들의 폭력에 맞서는 피억압자들이다. 의식적이든 무의식적이든, 피억압자의 반란 행위(이는 억압자의 초기 폭력에 못지 않게 폭력적인 경우가 많다)는 사랑을 출발시킬 수 있다. 억압자의 폭력은 피억압자가 더 완전한 인간성을 찾는 것을 저해하지만, 그 폭력에 대한 피억압자의 대응은 그 권리를 추구하려는 욕망에 뿌리박고 있다. 억압자는 타인을 비인간화시키고 타인의 권리를 침해하므로 결국 그 자신도 비인간화된다. 인간이 되기 위해 싸우는 피억압자는 억압자의 지배력을 분쇄함으로써 억압자에게 억압의 과정에서 상실한 인간성을 되돌려주는 것이다.

그렇다면 피억압자는 자신을 해방시킴으로써 억압자도 함께 해방시킬 수 있게 된다. 그 반면 억압 계급은 타인들도, 자신들도 해방시킬 수 없다. 그러므로 피억압자가 자신이 처한 모순을 해결하기 위해서 투쟁하는 것은 대단히 중요하다. 그 모순이 해결되면 새로운 인간이 출현하게 된다. 억압자도, 피억압자도 아닌 해방 과정의 인간이 등장하는 것이다. 피억압자의 목적이 완전한 인간성을 찾는 데 있다면, 단지 모순 관계에 있는 양측의 처지를 서로 뒤바꿔놓는 정도에 만족해서는 그 목적을 달성할 수 없다.

이것은 간단해 보일지 모르지만 실은 그렇지 않다. 억압자-피억압자의 모순이 해결된다는 것은 곧 지배계급으로서의 억압자가 사라지게 된다는 뜻이다. 하지만 예전의 피억압자가 억압자에게 제재를 가해 억압자가 예전의 지위를 되찾을 수 없게 하는 것은 **억압**이 되지 않는다. 한 행위가 억압적이려면 민중이 완전한 인간성을 찾지 못하도록 저해하는 행위여야만 한다. 따라서 그 필연적인 제재는 **그 자체로** 어제의 피억압자가 오늘의 억압자로 탈바꿈했다는 것을 뜻하지는 않는다. 억압적 체제의 부활을 방지하는 행위는 그 체제를 만들어 내고 유지하는 행위, 또는 소수가 다수의 인간적 권리를 부정하는 행위와는 비교할 수 없다.

하지만 새로운 체제가 지배적인 '관료제'로 공고해지는 순간[11] 투쟁의 인간적 측면은 사라지고 더 이상 해방을 말할 수 없게 된다. 그렇기 때문에 억압자-피억압자 모순의 순수한 해결은 단순히 억압자와 피억압자 양측이 서로의 입장을 역전시키는 것이 아니다. 또한 예전의 억압자 대신 새 억압자가 출현해서 해방이라는 미명하에 피억압자를 다시금 종속시키는 것도 아니다.

설사 해방된 노동자들이 만들어 낸 새로운 상황에 의해 그 모순이 순수하게 해결된다고 해도, 예전의 억압자들은 해방감을 느끼지 못한다. 그 반대로 그들은 자신들이 억압되고 있다고 여길 것이다. 타인을 억압한 경험에 사로잡혀 있는 그들은 전과 달라진 상황을 마치 억압처럼 받아들인다. 예전에 그들은 마음대로 먹고, 입고, 교육받고, 여행하고, 베토벤을 들었지만, 수많은 대중은 그들처럼 먹고 입지 못했으며, 공부도 여행도 하지 못했고, 베토벤 같은 것은 꿈도 꾸지 못했다. 공동체의 권리라는 이름으로 생활방식에 제약이 가해지면 예전의 억압자는 그것을 심각한 개인

---

11) 이러한 경직성을, 예전의 억압자가 억압적 질서를 부활시키지 못하게 하기 위해 그들에게 부여해야 하는 규제와 동일시하면 안 된다. 그보다는 혁명이 정체되고 반민중적으로 변질되면서 낡은 억압적·관료제적 국가기구가 사용되는 경우를 가리키는 것으로 보아야 한다(마르크스가 여러 차례 강조했듯이 이런 현상은 단호하게 근절되어야 한다).

권 침해로 보게 된다. 물론 그들은 그 전까지 수많은 대중이 굶주림에 허덕이며 죽어갔고, 고통과 슬픔, 좌절을 겪었다는 사실은 마음에 두지 않는다. 억압자에게 '인간존재'란 자신들만을 가리키며, 다른 사람들은 그저 '사물'일 뿐이다. 억압자에게는 한 가지 권리만 있다. 즉 자신들만 평화롭게 살고자 하는 권리다. 피억압자가 생존할 권리는 대개 인정조차 되지 않거나, 아니면 그저 조금 용인하는 정도에 불과하다. 그나마 그들이 조금이라도 용인한 이유는 피억압자의 삶이 자신들의 삶에 반드시 필요하기 때문이었다.

이러한 행동, 세계와 민중을 이해하는 이러한 방식(그렇기 때문에 억압자가 새 체제에 저항하는 것은 필연적이다)은 그들이 지배계급으로 지낸 경험을 가지고 있기 때문이다. 일단 폭력과 억압의 상황이 정착되면, 그 안에 자리잡은 사람들, 즉 억압자와 피억압자 모두에게 전체적인 생활방식과 행동방식이 생겨나게 된다. 양측 모두 이 상황에 매몰되며, 양측 모두 억압의 영향을 받는다. 억압의 실존적 상황을 분석해 보면, 첫 출발은 힘을 가진 자들이 먼저 시작한 폭력 행위로부터 비롯된다는 것을 알 수 있다. 폭력은 점차 하나의 절차로 자리잡으면서 억압자의 한 세대에서 다음 세대로 영속화된다. 그리하여 억압자는 폭력을 물려받고 그 분위기 속에서 성장하는 것이다. 이러한 분위기는 억압자에게 세계와 인간에 대한 강렬한 소유욕을 가지게 한다. 세계와 인간에 대한 직접적이고 구체적이고 물질적인 소유를 떠나서는, 억압자의 의식은 그 자체도 이해하지 못하며, 심지어 존재하지도 못한다. 프롬은 그러한 소유가 없다면 이 소유 의식은 "세계와 접촉하지 못하게 된다"고 말한 바 있다. 억압자의 의식은 주변의 모든 것을 지배의 대상으로 만든다. 토지, 재산, 생산물, 민중이 만든 것, 민중 자체, 시간 등등 모든 것이 처분 가능한 대상의 지위로 환원된다.

무제한적인 소유욕을 통해 억압자는 점차 모든 것을 구매력의 대상으로 탈바꿈시킬 수 있다고 믿게 된다. 그들에게 확고한 물질주의적 인생관이 생겨나는 것은 그 때문이다. 돈이 모든 것의 척도이며, 이윤이 주요한 목적이다. 억압자가 중요하게 여기는 것은 피억압자의 것을 빼앗아서라도 가급적 좀더 많이 소유하는 것이다. 그들에게 **삶이란 곧 소유**이며, '가진 자'의 계급에 속하는 것을 의미한다.

억압자는 억압적 상황의 수혜자이므로, 만약 **소유**가 **존재**의 조건이라면 그것은 모든 사람에게 필요한 조건이기도 하다는 점을 인식할 수 없다. 그렇기 때문에 그들이 베푸는 관용은 허구적이다. 인간성은 '사물'일 뿐이고, 그들은 그것을 배타적 권리로, 상속받은 재산으로 소유하고 있다. 억압자의 의식에 '타인들', 민중의 인간화는 완전한 인간성의 추구가 아니라 전복의 기도로 보인다.

억압자는 **더 많은 소유**를 독점하려는 자신들의 권리가 실은 타인들과 그 자신들을 비인간화시키는 특권이라는 것을 알지 못한다. 그들은 유산계급으로서 **소유**를 이기적으로 추구하는 과정에서, 점차 자신들이 그 소유물에 짓눌려 결국은 더 이상 **존재**할 수 없고, 다만 **소유**만 남을 뿐이라는 점을 알지 못한다. 그들이 보기에 **더 많은 소유**는 양도할 수 없는 권리이며, 자신의 '노력'으로써, 즉 '위험을 감수한 용기'로써 획득한 권리다. 타인들이 더 많이 소유하지 못한다면, 그것은 그들이 나태하고 게으르기 때문이다. 게다가 그들이 보기에 타인들은 배은망덕하게도 지배계급의 '관용'에 대해 감사할 줄 모르는 자들이다. 그렇게 '후안무치'하고 '시기심'에 사로잡혀 있기 때문에 피억압자는 늘 감시해야 할 잠재적인 적이 되는 것이다.

다른 방도는 없다. 피억압자의 인간화가 전복을 뜻한다면, 그들의 자유 역시 그러할 것이다. 따라서 그들에 대한 부단한 통제는 필수적이다. 또한 억압자는 피억압자를 강력히 통제할수록 그들을 무기력한 '사물'로 만들 수 있게 된다. 이렇듯 억압자의 의식이 소유에만 열중하며 주변의 모든 사물과 사람을 '무력화'하는 성향은 바로 사디즘적 성향과 일치한다.

> 타인(혹은 다른 생물)을 완전히 지배하는 데서 느끼는 쾌감은 사디즘적 충동의 본질이다. 이 점을 다른 방식으로 표현하면 이렇게 된다. 사디즘의 목적은 사람을 사물로, 활력 있는 것을 무기력한 것으로 변화시키는 데 있다. 완전하고 절대적인 통제를 받게 되면 살아 있는 것은 자유라는 삶의 한 가지 본질적 요소를 잃어버린다.[12]

사디즘적 사랑은 왜곡된 사랑이며, 삶의 사랑이 아니라 죽음의 사랑이다. 따라서 사디즘은 억압자 의식의 특징 가운데 하나이자 네크로필리아[necrophilia, 시체에 성적 충동을 느끼는 성 도착증 — 옮긴이]의 세계관에 해당한다. 억압자의 의식은 생명의 큰 특징인 활력과 창조력을 찾으려는 충동을 포기하고 지배를 추구하므로 결국 생명을 죽이게 된다. 게다가 억압자는 점점 더 노골적으로 자신의 목적을 위해 과학과 기술을 강력한 도구로 사용하고 있다. 이를테면 조작과 억제를 통해 억압적 질서를 유지하려는 것이 바로 그런 경우다.[13] 대상이자 '사물'이 된 피억압자는 오로

---

12) Erich Fromm, *The Heart of Man*, New York, 1966, p. 32.
13) '사회적 통제의 주요한 방식들'에 관해서는 Herbert Marcuse, *One-Dimensional Man*, Boston, 1964; *Eros and Civilization*, Boston, 1955를 참조하라.

지 억압자가 그들에게 명령한 것 이외에 다른 어떤 의도도 가질 수 없다.

그런 사정을 고려하면 또 다른 분명하고 중요한 쟁점이 떠오른다. 그 것은 바로 억압계급의 일부 구성원들이 피억압자의 해방 투쟁에 가담함으로써 모순의 한 축에서 다른 축으로 옮겨간다는 사실이다. 그들의 역할은 지금도 중요하지만 해방 투쟁의 역사에서도 내내 중요했다. 하지만 그들은 그 전까지 착취자이거나 무관심한 방관자, 혹은 착취의 상속자였다가 피착취자의 진영으로 옮겨온 것이므로 아무래도 출신 성분의 자취를 함께 가져오게 마련이다. 즉 그들은 편견과 곡해를 지닌 데다가, 민중이 어디까지 사고하고 바라고 알 수 있는지에 관한 확신이 부족하다. 따라서 그들은 민중의 대의를 지지하지만 억압자의 관용만큼이나 해악적인 관용적 자세에 빠질 위험이 항상 있다. 억압자의 관용은 부정한 질서를 바탕으로 하므로 그 관용을 정당화하기 위해서는 부정한 질서가 유지되어야 한다. 반면 우리의 '전향자'들은 그 부정한 질서를 진정으로 변혁하고자 하지만, 출신 배경으로 인해서 자신이 그 변혁의 집행인이 되어야 한다고 믿는다. 그들은 민중에 관해 이야기하지만 민중을 신뢰하지 않고, 다만 민중이 혁명적 변화를 위해 필수적인 선행 조건이라고 생각한다. 참된 휴머니스트는 신뢰 없이 민중의 편에서 천 가지 행동을 한다고 될 수 있는 것이 아니라, 민중을 신뢰하고 민중의 투쟁에 동참해야만 가능한 것이다.

순수한 의도로 민중에게 헌신하는 사람들은 스스로를 끊임없이 경계해야만 한다. 이 전향은 워낙 근본적인 것이므로 모호한 행동은 용납되지 않는다. 헌신성은 명백하다 해도 자신이 혁명적 지혜를 소유하고 있다고, 그리고 그 지혜를 민중에게 줄 수 있다고(강요할 수 있다고) 간주한다면 낡은 습관을 유지하고 있는 것이다. 해방의 대의에 헌신하겠다고 선언하는 사람은 아직 민중과의 **친교**에 들어갈 수 없다. 그는 민중을 전혀 알지 못하므로 심각할 정도의 자기기만에 빠져 있다. 민중에 접근한다면서도 다가갈 때마다 경계심을 품고, 회의를 드러내고, 자신의 '입장'을 강요하려는 전향자는 자신의 출신에 대한 향수를 못 버리고 있는 것이다.

민중 편으로 전향한 사람은 근본적으로 다시 태어나야 한다. 시련을 헤쳐나갈 사람은 더 이상 과거에 머물지 않고 새로운 삶의 형태를 취해야 한다. 피억압자와의 동료애를 통해서만 전향자는 지배 구조를 반영하는 피억압자의 특징적인 생활방식과 행동방식을 이해할 수 있다. 그 특징들 가운데 하나는 앞서 이야기한 것처럼 자기 자신이면서도 동시에 억압자의 이미지를 내면화하고 있는 피억압자의 실존적 이중성이다. 따라서 그들은 자신의 억압자에 관해 구체적으로 '깨닫고' 자신의 의식으로 되돌아올 때까지 거의 언제나 자신의 상황에 관해 숙명론적인 태도를 취하게 마련이다.

> 농민은 자신이 종속되어 있음을 깨달을 때 그 종속성을 극복할 용기를 얻기 시작한다. 그때까지 그는 늘 지주를 따르며 이렇게 말한다. "내가 뭘 할 수 있겠어? 일개 농부일 뿐인데 말이야."[14]

피상적으로 분석하면 이 숙명론은 가끔 민족적 특징인 온순함으로 해석되기도 한다. 사실 온순함으로 위장된 숙명론은 민중의 고유한 행동적 특성이 아니라 역사적·사회학적 상황의 산물일 뿐이다. 그것은 거의 예외 없이 운명, 숙명, 천명의 힘 ──즉 어쩔 수 없는 힘── 또는 왜곡된

---

14) 저자와의 인터뷰에서 나온 어느 농민의 이야기.

신의 개념과 관련이 있다. 마법과 신화의 지배를 받는 피억압자(특히 자연에 묻혀 사는 농민들의 경우)[15]는 자신의 고통, 착취의 결과를 신의 뜻으로 여긴다. 즉 신이 이 '잘 짜여진 무질서'를 창조했다고 보는 것이다. 현실 속에 침잠해 있는 피억압자는 억압자의 이미지를 내면화하고 있기 때문에 억압자의 이익에 봉사하는 '질서'를 명확하게 인식할 수 없다. 그들은 이 질서의 구속 아래 부대끼며 살아가다 이따금 일종의 수평적 폭력성을 발산하기도 한다. 이를테면 사소한 이유로 동료들과 다투는 것이 그런 사례다.

> 식민화된 사람은 뼛속까지 스며든 공격성을 먼저 동료 민중에게 발산한다. 지금 검둥이들은 서로 치고받으며 싸우고 있다. 북아프리카에 엄청난 범죄의 물결이 휩쓰는 상황에서 경찰과 치안판사는 어찌할 바를 모른다. …… 이주민이나 경찰관은 온종일 원주민을 두들겨패고, 무릎꿇도록 만들 수 있는 권리를 가진 반면, 원주민은 다른 원주민이 자신에게 조금이라도 적대감을 보이거나 공격적인 자세를 취하면 곧바로 칼을 빼어드는 모습을 당신은 보게 될 것이다. 원주민이 궁극적으로 의지할 것은 동포에 대해 자신의 인격을 방어하는 것이기 때문이다.[16]

이런 행동에서 그들은 자신의 이중성을 더 노골적으로 발산할 수 있다. 억압되어 있는 동료들 내부에 억압자가 존재하므로 그들이 동료들을

---

15) Candido Mendes, *Memento dos vivos: A Esquerda católica no Brasil*, Rio de Janeiro, 1966[『브라질 가톨릭 보고서: 살아남은 자들의 회고록』]을 참조하라.
16) Frantz Fanon, *The Wretched of the Earth*, New York, 1968, p. 52[『대지의 저주받은 자들』].

공격할 때 간접적으로 억압자도 함께 공격하는 셈이 된다.

그 반면 체험의 특정한 단계에서 피억압자는 억압자와 그들의 생활 방식에 대해 강렬한 매력을 느끼게 된다. 그 생활방식을 공유하고 싶은 생각은 뿌리칠 수 없는 유혹이다. 소외 상태에 있는 피억압자는 어떻게 해서든 억압자를 닮고자 하며 모방하고 추종하고자 한다. 이런 현상은 특히 중산층 피억압자에게서 흔히 볼 수 있는데, 이들은 상류층의 '저명한' 인물과 동등해지기를 갈망한다. 알베르 멤미는 '식민화된 심성'을 탁월하게 분석하면서 식민자에게 느끼는 경멸감과 뒤섞인 '열정적' 유혹을 잘 설명하고 있다.

> 식민자는 어떻게 해서 주기적으로 피식민자 집단에게 총격을 가하면서도 노동자들을 잘 관리할 수 있는 걸까? 피식민자는 어떻게 해서 자신을 그토록 냉혹하게 부정하면서도 그토록 엄청난 요구를 할 수 있는 걸까? 그는 어떻게 해서 식민자를 증오하면서도 동시에 그들을 그토록 열정적으로 동경할 수 있는 걸까(나도 역시 겉으로는 부정하면서도 그러한 동경을 품은 적이 있었다).[17]

억압자가 지닌 견해를 내면화하는 데서 비롯되는 자기비하는 피억압자의 또 다른 특징이다. 그들은 아무 짝에도 쓸데없다는 말을 워낙 자주 들었기에 아무것도 모르고 아무것도 배울 수 없으며 ─ 병들고 게으르고 무위도식한다는 등 ─ 결국에는 자신이 무용한 존재라는 믿음을 가지기에 이른다.

---

17) Albert Memmi, *The Colonizer and the Colonized*, Boston, 1967, p. 10.

농민이 지주에게 열등감을 느끼는 이유는 지주가 모든 일에 해박하고 일을 잘 처리할 줄 아는 유일한 사람처럼 보이기 때문이죠.[18]

그들은 스스로 무지하다고 여기면서, 지식을 가진 사람, 자신이 귀 기울여 들을 만한 사람은 오로지 '대학교수'뿐이라고 말한다. 그들에게 부여된 지식의 기준은 전통적인 것이다. 어느 문화 모임에 참여하고 있던 농민은 이렇게 말했다(제3장, 117쪽 이후를 보라—영역자). "먼저 그림부터 보여 주는 게 어때요? 그럼 배우는 데 시간도 덜 걸리고 머리도 아프지 않을 텐데요."

그들은 그들 역시 세계와의 관계에서, 그리고 다른 사람들과의 관계에서 배워 '아는 것'이 있다는 사실을 깨닫지 못한다. 그들의 이중성을 낳은 상황을 감안한다면 그들이 스스로를 믿지 않는 것도 사실 당연한 일이다. 교육 과정에 참여한 농민들은 대개 활발한 태도로 생산적인 주제를 토론하다가도 갑자기 말을 멈추고 교육자에게 이렇게 말하는 경우가 드물지 않다. "죄송합니다, 저희가 말하는 게 아니라 선생님이 말씀하셔야 하는 건데. 선생님께선 아는 게 많으시지만 저흰 아는 게 없잖아요." 그들은 자주 자기들이 짐승이나 다를 바 없다고 주장한다. 차이를 인정할 때도 오히려 짐승이 낫다고 한다. "짐승들은 우리보다 자유롭죠."

하지만 억압적 상황에 최초의 변화가 일어나면서 이러한 자기비하가 달라지는 것을 보면 놀라울 정도다. 나는 어느 농민 지도자가 아센따미엔또(asentamiento, 칠레의 토지개혁 실험에서 생긴 생산단위를 가리킨다—영역자) 회의에서 이렇게 말하는 것을 들은 적이 있다. "사람들은 툭

---

18) 저자와의 인터뷰에서 나온 어느 농민의 이야기.

하면 우리가 게으르고 주정뱅이라서 아무런 쓸모도 없다고 말하죠. 그러나 그건 몽땅 거짓말이에요. 이제 사람 대접을 받게 되니까 모든 사람들에게 우리가 주정뱅이도 아니고 게으르지도 않다는 걸 보여 주게 되잖아요. 우리는 그동안 착취당했던 거라구요!"

마음 속에 모호한 구석이 남아 있는 한, 피억압자는 저항에 나서기를 꺼리며 자신감이 크게 부족하다. 그들은 오히려 억압자의 강력한 힘에 대해 주술적인 믿음을 가지고 있다.[19] 지주의 주술적인 힘은 특히 농촌 지역에서 막강한 영향력을 행사한다. 사회학자인 내 친구는 라틴아메리카의 어느 나라에서 최근에 농민들이 무장 반란을 일으켜 라티푼디움을 장악한 사례를 이야기해 주었다. 그들은 전술적인 목적에서 지주를 인질로 잡았는데, 어느 누구도 감히 지주를 감시하겠다고 용기있게 나서지 못했다는 것이다. 지주 앞에 있는 것조차 두려웠기 때문이다. 게다가 주인에게 반기를 들었다는 것 자체가 일종의 죄의식을 불러왔다. 사실상 그 주인은 농민들 '마음 속'에 깊숙이 자리잡고 있었던 것이다.

피억압자는 억압자에게도 약점이 있다는 사례를 발견함으로써 그 반대의 신념이 자기 안에 자라날 수 있도록 해야 한다. 이러한 전환점이 없으면 피억압자는 계속 낙심하고, 두려워하고, 기가 꺾일 것이다.[20] 피억압자는 자신이 그런 상황에 처하게 된 원인을 모르는 한, 착취를 숙명론적으로 '수용'하게 된다. 나아가 그들은 자유와 자기긍정을 위한 투쟁이 필요한 순간에 직면했을 때, 수동적이고 소외된 형태로 반응하기 쉽다. 하지만 그들은 조금씩 반란 행위의 형식을 시험하게 된다. 해방을 향해

---

19) "농민은 지주에 대해 거의 본능적인 두려움을 가지고 있어요."(어느 농민과의 인터뷰).

20) Regis Debray, *Revolution in the Revolution?*, New York, 1967을 참조하라.

나아가는 과정에서는 그런 수동성이 나타나는 것을 염두에 두어야 하며, 자각의 순간도 주시해야 한다.

세계와 자신에 관한 불확실한 견해를 지니고 있기 때문에, 피억압자는 억압자가 소유하는 '사물'과도 같은 느낌을 가진다. 억압자에게 **존재**는 **소유**이며, 소유를 얻는 과정에서는 거의 예외 없이 무산자가 희생된다. 한편 피억압자는 존재론적 체험의 특정한 순간에 존재가 억압자를 닮지 않고 그의 **아래**에 있으려 하며 그에게 종속되려 한다. 따라서 피억압자는 정서적으로 종속적이 된다.

> 농민은 종속적이죠. 자신이 원하는 바를 말하지 못합니다. 자신의 종속성을 발견하기 전에 먼저 고통을 당하는 셈이에요. 그 대신 농민은 집에서 아이들에게 호통을 치고, 아이들을 두드려패고, 낙담하면서 화를 풉니다. 늘 아내에게 불평을 늘어놓으며 모든 게 무섭다고 생각하죠. 지주는 우월한 존재라고 여기기 때문에 지주에게는 화를 내지 못합니다. 농민은 자주 술 마시는 걸로 슬픔을 달래려고 하죠.[21]

피억압자는 이 총체적인 정서적 종속성으로 인해 프롬이 네크로필리아적 행동이라고 부른 방향으로 나아갈 가능성이 있다. 즉 자기 자신의 삶이나 동료 피억압자의 삶을 파괴하는 것이다.

피억압자는 억압자의 정체를 알고 해방을 위한 조직적인 투쟁에 참여할 때에야 비로소 자신에 대한 믿음을 얻기 시작한다. 이 깨달음은 순전히 지적인 것만이 아니라 행동에 참여함으로써 얻어질 수 있다. 나아가

---

21) 어느 농민과의 인터뷰.

단순한 행동에만 국한되는 것이 아니라 진지한 성찰을 병행해야만 참다운 의미의 프락시스가 될 수 있다.

해방 투쟁의 모든 단계에서 피억압자는 행동을 전제로 하는 비판적이고 자유로운 대화를 진행해야 한다.[22] 이 대화의 내용은 역사적 조건과 피억압자가 현실을 인식하는 수준에 따라 다를 수 있고, 또 달라야 한다. 그러나 일방적인 대화, 구호, 성명 따위는 길들임의 도구로써 피억압자를 해방시키려 하는 격이다. 피억압자를 해방 행동에 성찰적으로 참여시키지 않고서 해방을 이루려는 것은 피억압자를 마치 불타는 건물에서 구해낼 대상으로만 취급하는 것에 해당한다. 그 경우 자칫하면 피억압자를 민중주의적 함정으로 이끌거나 조작 대상의 대중으로 변질시킬 우려가 있다[인민주의라고도 부르는 민중주의란 지도부가 다수 민중의 뜻을 그대로 따르는 대중 추수주의를 가리킨다 — 옮긴이].

해방 투쟁의 모든 단계에서 피억압자는 자신이 더 완전한 인간성을 찾는 존재론적·역사적 소명에 참여한다는 확신을 가져야 한다. 성찰과 행동을 필수적인 것으로 여긴다면 인간성의 본질과 역사적 형태들을 이분법적으로 나누는 잘못을 저지르지 않을 수 있다.

피억압자가 자신의 구체적인 상황에 대해 성찰하는 것이 필요하다고 해서 꼭 탁상공론적인 혁명을 주장하는 것은 아니다. 그 반대로 성찰은 — 물론 참된 성찰의 경우이지만 — 행동으로 이어진다. 그러나 상황이 행동을 요구할 때, 행동이 순수한 실천으로 간주되려면 그 행동의 결과가 비판적 성찰의 대상이 되어야만 한다. 그런 뜻에서 프락시스는 피억압자의 새로운 존재근거이다. 이 존재근거의 역사적 계기를 만들어 내는

---

22) 물론 공개적으로 하면 안 된다. 그러면 억압자의 분노를 불러 더 큰 억압으로 이어질 것이다.

것은 혁명이지만, 이 혁명도 부단한 의식적 개입과 유리된다면 무의미해진다. 그 경우 행동은 그저 행동을 위한 행동일 뿐이다.

하지만 이런 프락시스를 얻기 위해서는 피억압자를 신뢰하고 그들의 추론 능력을 믿어야 한다. 이러한 신뢰를 가지지 못한 사람은 대화, 성찰, 의사전달을 시작할 수 없게 되며(혹은 그 의무를 방기하게 되며), 구호, 성명, 일방적 대화, 지침만을 사용하게 된다. 해방의 대의에 피상적으로 전향하는 것은 이러한 위험을 수반하고 있다.

피억압자의 정치적 행동은 순수한 의미에서 교육적 행동, 즉 피억압자와 **함께 하는** 행동이어야 한다. 해방을 위해 노력하는 사람은 피억압자의 정서적 종속성을 이용하려 해서는 안 된다. 그 종속성은 피억압자 주변의 구체적인 지배적 상황의 산물이며, 그들에게 불확실한 세계관을 심어주기 때문이다. 그 종속성을 이용해서 더 큰 종속성을 만들어 내는 것은 바로 억압자가 부리는 술수다.

해방적 행동은 그 종속성을 약점으로 인식하고, 성찰과 행동을 통해 그것을 자립심으로 바꿔야 한다. 그러나 아무리 유능한 지도부라 하더라도 피억압자에게 자립심을 선물처럼 가져다줄 수는 없다. 피억압자의 해방은 사물의 해방이 아니라 인간의 해방이다. 따라서 그 누구도 혼자만의 노력으로 스스로를 해방시킬 수는 없지만, 그렇다고 해서 남의 도움으로 해방될 수도 없다. 인간적 현상인 해방은 반(半)인간적 방식으로 얻어지지 않는다. 민중을 반인간으로 간주하는 것은 실상 민중을 비인간화시키는 것이나 다름없다. 민중이 억압에 시달린 결과 비인간화되어 있을 경우, 해방 과정에서 비인간화의 방식이 사용되어서는 안 된다.

그러므로 혁명 지도부가 해방의 과제를 수행하는 데서 구사해야 할 올바른 방법은 '해방적 선전'이 결코 **아니다**. 또한 지도부가 단순히 피억압자에게 자유의 믿음을 '주입해서' 그들의 신뢰를 사려는 것도 잘못이다. 올바른 방법은 대화에 있다. 해방을 위해 싸워야겠다는 피억압자의 신념은 혁명 지도부가 가져다주는 선물이 아니라 그들 자신의 의식화에서 비롯된 결과다.

혁명 지도부는 자신들이 믿는 투쟁의 필요성도, 그것이 순수한 것이라면 어느 누가 가져다준 게 아님을 깨달아야 한다. 그 신념은 상품처럼 포장해서 팔 수 있는 것이 아니라 총체적인 성찰과 행동을 통해 얻은 것이다. 오직 지도부가 직접 현실 속에, 역사적 상황 속에 뛰어들어야만 피억압자에게 그 상황을 비판하게 하고, 변혁의 의지를 가지게 할 수 있다. 그와 마찬가지로, 피억압자(그들은 확신이 없으면 투쟁에 헌신하지 않으며, 그들이 헌신하지 않으면 투쟁의 필수불가결한 조건이 사라진다)는 객체로서가 아니라 주체로서 그 신념에 도달해야 한다. 피억압자는 또한 주변 상황에 비판적으로 개입해야 하고 상황에 따라 달리 대처해야 하는데, 이것은 선전으로 가능한 일이 아니다. 투쟁의 필요성을 확신하는 것(이 확신이 없으면 혁명의 수행이 불가능하다)은 혁명 지도부에게만 필수적인 것이 아니라(혁명 지도부를 구성하는 것이 바로 그 확신이다) 피억압자에게도 역시 필수적이다. 다시 말해 피억압자를 **위해서**가 아니라 그들과 **함께** 변혁을 수행하려는 것이라면 그렇다는 이야기다. 후자만이 타당한 변혁의 형태를 낳는다는 것이 바로 내 신념이다.[23]

이러한 고려 사항들을 제시하는 의도는 혁명의 뚜렷한 교육학적 성격을 옹호하기 위해서다. 역사적으로, 피억압자가 해방을 위한 투쟁을 수용해야 한다고 주장한 모든 혁명 지도부는 그럼으로써 그 투쟁의 교육학

---

23) 이 점에 관해서는 제4장에서 상세히 논의할 것이다.

적 측면을 암묵적으로 인정한 바 있다. 하지만 대부분의 경우 (교육학에 관한 고질적인 편견 때문에) 그들은 결국 억압자가 사용하는 '교육' 모델을 모방하는 데 그치고 말았다. 그들은 해방 과정에서 교육학적 행동을 부정하고 선전을 이용해서 피억압자들을 설득하려 한 것이다.

피억압자는 인간화를 위한 투쟁을 수용할 때 동시에 투쟁의 총체적인 책임도 수용하게 된다는 점을 반드시 깨달아야 한다. 자신들이 단지 굶주림을 면하기 위해 투쟁하는 게 아니라 다음과 같은 대의를 위해 투쟁한다는 것을 알아야 하는 것이다.

…… 중요한 것은 창조하고, 구성하고, 감탄하고, 감행할 자유를 얻는 일이다. 이런 자유는 각 개인이 노예나 기계의 톱니바퀴로서가 아니라 책임 의식을 가지고 적극적으로 참여할 것을 요구한다. …… 인간은 노예가 아닌 것에 만족해서는 안 된다. 사회적 조건이 자동인형들의 존재를 조장하는 추세에 있다면, 그 결과는 삶의 사랑이 아니라 죽음의 사랑이 될 것이다.[24]

죽음을 긍정하는 억압적 분위기에서 살아온 피억압자는 투쟁을 통해 삶을 긍정하는 인간화의 길로 나아가야 하는데, 이것은 **단순히** 먹을 것이 더 많아졌다는 정도에 그치는 게 아니다(물론 먹을 것이 더 많아져야 한다는 점을 포기하면 안 되지만). 피억압자는 자신들이 처한 상황이 자신들을 사물로 전락시켰기 때문에 고통을 겪었다. 인간성을 되찾기 위해서는 사물에 머물기를 거부하고 인간으로서 싸워야 한다. 이것이 근본적인

---

24) Fromm, *The Heart of Man*, pp. 52~53.

필요조건이다. 그들은 객체로서 투쟁에 참여하는 게 아니라 **장차** 인간존재가 되기 위해 투쟁하는 것이다.

자신의 삶이 파괴되었다는 사실을 인식하는 것으로부터 투쟁은 시작된다. 선전, 책략, 조작 ── 이는 모두 지배를 위한 무기들이다 ── 은 인간성 회복의 도구가 될 수 없다. 유일한 도구는 인간화 교육이며, 이를 통해 혁명 지도부는 피억압자와 항구적인 대화 관계를 맺을 수 있다. 인간화 교육의 방법은 교사(이 경우에는 혁명 지도부)가 학생(이 경우에는 피억압자)을 조작할 수 있는 도구로 여기는 게 아니라 학생 자신의 의식을 스스로 표현하게 만드는 데 있다.

> 방법이란 의식의 외적 형태가 행동으로 드러난 것을 가리킨다. 행동은 의식의 근본적 속성인 지향성(志向性)이다. 의식의 본질은 세계와의 어울림이므로 행동은 영구적이고 불가피한 것이다. 따라서 의식은 본질적으로 자신의 외부에 있고, 자신과 별개로 존재하는 것, 즉 자신의 주변에 있는 것을 특유의 관념화 능력을 이용해 '지향하는 방법'이다. 즉 의식은 그 정의상 가장 일반적인 의미에서의 '방법'이라 할 수 있다.[25]

그러므로 혁명 지도부는 **공동지향적인** 교육을 실행해야 한다. 교사와 학생(지도부와 민중)은 공동으로 현실을 지향하며, 둘 다 주체이다. 양자는 현실을 드러내고 비판적으로 알기 위한 과제만이 아니라, 그 앎을

---

25) 알바로 비에이라 핀투(Alvaro Vieira Pinto)의 과학철학에 관한 예비 연구에서 인용. 나는 인용된 부분이 문제 제기식 교육학(제2장에서 다룰 것이다)을 이해하는 데 대단히 중요하다고 생각한다. 비에이라 교수에게 출간에 앞서 인용을 허가해 준 데 대해 감사드린다.

재창조하는 과제도 공동으로 수행한다. 공동의 성찰과 행동을 통해 현실에 관한 앎에 도달할 때 그들은 자신을 영구적인 재창조자로 인식할 수 있다. 이런 식으로, 피억압자가 해방 투쟁에 참여하는 것은 당위가 되며, 사이비 참여가 아니라 헌신적인 개입이 되는 것이다.

제2장

교사-학생 관계를 학교의 안팎에서 다방면으로 주의깊게 분석해 보면, 근본적으로 **설명적**(narrative) 성격을 지닌다는 사실이 드러난다. 이 관계의 양 축은 설명하는 주체(교사)와 인내심을 가지고 그 설명을 듣는 객체(학생)이다. 설명의 내용은 가치관이든, 현실의 경험적 차원이든 상관없이 설명되는 과정에서 생명력을 잃고 무미건조해지는 경향이 있다. 교육은 그와 같은 '설명병'을 앓고 있다.

교사는 현실에 관해 말하면서도 마치 현실이 고정적이고, 정태적이며, 구획화되고, 예측 가능한 것처럼 이야기한다. 혹은 학생들의 실제 경험과 완전히 동떨어진 주제를 말하기도 한다. 교사의 임무는 학생들에게 자기 설명의 내용을 '주입'하는 데 있다. 그러나 그 내용은 현실과 무관하며, 그 내용을 낳고 그것에 의미를 부여하는 총체성과도 거리가 있다. 교사의 이야기는 공허하고 구체성이 결여되어 있으며, 소외되고 소외시키는 장광설에 불과하다.

이 설명식 교육의 뚜렷한 특징은 변화시키는 힘이 아니라 말의 반향(反響)이다. "4 곱하기 4는 16이고, 파라의 주도(州都)는 벨렘이다." 학생은 이 문구를 받아 적고, 암기하고, 반복하지만 4 곱하기 4가 진정으로 무엇을 뜻하는지, '주도'의 참 의미가 무엇인지 알지 못한다. 즉 "파라의 주도는 벨렘이다"라는 긍정문에서 벨렘이 파라에 대해, 또 파라가 브라질에 대해 무슨 의미를 지니는지 알지 못하는 것이다.

(교사가 설명자인) 설명은 학생들이 설명된 내용을 기계적으로 암기하도록 만든다. 더 나쁜 것은 학생들을 교사가 내용물을 '주입'하는 '그릇'이나 '용기'로 만든다는 점이다. 더 완벽하게 그릇 안을 채울수록 그 교사는 더욱 유능한 평가를 받는다. 또한 내용물을 고분고분 받아 채울수록 더욱 나은 학생들로 평가된다.

이렇게 해서 교육은 예금 행위처럼 된다. 학생은 보관소, 교사는 예탁자다. 양측이 서로 대화하는 게 아니라, 교사가 성명을 발표하고 예탁금을 만들면, 학생은 참을성 있게 그것을 받아 저장하고, 암기하고, 반복한다. 이것이 바로 '은행 저금식' 교육 개념이다. 여기서는 학생들에게 허용된 행동의 범위가 교사에게서 받고, 채우고, 보관하는 정도에 국한된다. 물론 학생들도 자신이 보관하는 물건들의 수집가 또는 목록 작성자가 될 수 있는 기회쯤은 가지고 있다. 그러나 결국 이런 오도된 제도에서는 누구나 창조성, 변화, 지식이 결여되었다는 평가를 받을 수밖에 없다. 탐구 정신과 프락시스가 없으면 진정한 인간이 되지 못한다. 지식은 창조와 재창조를 통해서만 생겨나며, 인간은 끊임없고 지속적인 탐구 정신을 통해 세계 속에서, 세계와 더불어, 또 타인과 더불어 살아나갈 수 있는 것이다.

은행 저금식 교육관에서 지식이란, 지식을 가지고 있다고 자처하는 사람들이 아는 것이 없다고 여기는 사람들에게 일방적으로 전달하는 것이 된다. 이처럼 사람들이 절대적으로 무지하다고 가정하는 것은 억압 이데올로기의 한 특징이며, 탐구 과정으로서의 교육과 지식을 부정한다. 따라서 교사는 학생들과 필연적으로 대립할 수밖에 없다. 교사는 학생들이 절대적으로 무지하다고 간주함으로써 자신의 존재를 정당화한다. 또 학생들은 헤겔식 변증법에 나오는 노예처럼 소외되어, 자신의 무지를 교사의 존재에 대한 정당화로 받아들인다. 그러나 그 노예와는 달리 학생들은 실은 자신들이 교사를 교육하고 있다는 사실을 깨닫지 못한다.

그 반면 해방교육의 존재근거는 양측의 화해를 도모하는 데 있다. 교육은 교사-학생 모순을 해결하는 데서 시작되며, 이 모순의 양측을 화해시킴으로써 동시에 교사와 학생이 **더불어** 존재하게 한다.

은행 저금식 교육관에서는 그러한 해결이 없고, 있을 수도 없다. 오히려 반대로 은행 저금식 교육은 그 모순을 온존시키고 더욱 강화해서 억압적 사회를 전체적으로 반영하는 다음과 같은 태도와 습관을 낳는다.

1. 교사는 가르치고 학생들은 배운다.
2. 교사는 모든 것을 알고 학생들은 아무것도 모른다.
3. 교사는 생각의 주체이고 학생들은 생각의 대상이다.
4. 교사는 말하고 학생들은 얌전히 듣는다.
5. 교사는 훈련을 시키고 학생들은 훈련을 받는다.
6. 교사는 자기 마음대로 선택하고 실행하며 학생들은 그에 순응한다.
7. 교사는 행동하고 학생들은 교사의 행동을 통해 행동한다는 환상을 갖는다.
8. 교사는 교육 내용을 선택하고 학생들은 (상담도 받지 못한 채) 거기에 따른다.
9. 교사는 지식의 권위를 자신의 직업상의 권위와 혼동하면서 학생들의 자유에 대해 대립적인 위치에 있고자 한다.

10. 교사는 학습 과정의 주체이고 학생들은 단지 객체일 뿐이다.

    은행 저금식 교육관에서는 당연히 인간이란 유순하고 관리 가능한 존재로 간주된다. 학생들이 지식의 양을 더 많이 저축할수록 그들의 비판적 의식은 그만큼 더욱 약해지게 된다. 비판적 의식이란 학생들이 세계의 변혁자로서 세계 속에 개입해야만 얻을 수 있는 것이기 때문이다. 학생들은 자신에게 부과된 수동적 역할을 완벽하게 수행할수록 점점 더 세계를 있는 그대로 받아들이게 되고 자신에게 저금된 단편적인 현실관에 순응하게 된다.

    은행 저금식 교육은 학생들의 창조성을 위축시키거나 소멸시키고, 학생들을 단순하게 만들 수 있으므로, 세계를 폭로할 필요도, 변혁할 필요도 느끼지 않는 억압자의 이익에 일치된다. 억압자는 이따금 '인도주의'를 구사하여 자신들에게 이로운 상황을 계속 유지한다. 따라서 그들은 비판적 능력을 함양하거나, 부분적 현실관에 만족하지 못하고 끊임없이 문제와 문제, 쟁점과 쟁점을 연결시키려는 일체의 교육 실험에 대해 본능적으로 반대한다.

    실제로 억압자에게 이익을 가져다주는 것은 "피억압자를 억압하는 상황 자체가 아니라 피억압자의 의식을 변화시키는 데"[1] 있다. 피억압자를 억압적 상황에 적응하게 만들수록 더욱 더 그들은 유순해지기 때문이다. 이를 위해 억압자는 은행 저금식 교육과 함께 가부장적인 사회기구를 설치해 피억압자가 스스로를 '복지 수혜자'로 여기게 만든다. 피억압자

---

1) Simone de Beauvoir, "La pensée de droite, aujourd'hui", *Privilèges*, Paris, 1955. 스페인어판 *El Pensamiento politico de la Derecha*, Buenos Aires, 1963, p. 34.

는 개별적으로 취급되며, '선량하고 유기적이고 정의로운' 사회의 일반적 구성으로부터 일탈한 주변적 인간으로 규정된다. 피억압자는 건강한 사회의 병리적인 존재로 간주되므로 사회는 이 '무기력하고 게으른' 사람들의 심성을 변화시켜 사회에 적응하도록 만들어야 한다. 이 주변인들은 자신들이 '팽개친' 건강한 사회 속으로 '통합'되고 '편입'되어야 하는 것이다.

하지만 사실 피억압자는 '주변인'도 아니고 사회의 '바깥'에서 살아가는 사람도 아니다. 그들은 언제나 사회 '안'에, 즉 그들을 '타인을 위한 존재'로 전락시킨 구조 안에 있었다. 따라서 해결책은 그들을 억압 구조 안에 '통합'시키는 것이 아니라, 그 구조를 변화시켜 그들이 '자신을 위한 존재'가 될 수 있도록 만드는 것이다. 물론 그러한 변화는 억압자의 이익을 침해한다. 그래서 억압자의 은행 저금식 교육관은 학생의 의식화를 인정하지 않는 것이다.

예를 들어 성인 교육에서 사용되는 은행 저금식 교육은 결코 학생들에게 비판적으로 현실을 바라보라고 말하지 않는다. 그 대신 로저가 염소에게 풀을 주었느냐는 사실 따위를 중요하게 취급하며, 로저가 풀을 준 것은 염소가 아니라 토끼라는 사실을 아는 게 중요하다고 주장한다. 은행 저금식 교육의 '휴머니즘'은 실상 인간을 로봇으로 만들려는 의도를 감추고 있으며, 더 완전한 인간성을 찾고자 하는 존재론적 소명을 철저히 부정한다.

은행 저금식 교육을 실시하는 사람들은 의도적이든 아니든(자신이 비인간화 교육을 위해 헌신하고 있다는 사실을 깨닫지 못한 선의의 은행원식 교사들도 많다), 그렇게 저축하는 지식 자체가 현실에 관한 모순을 포함하고 있다는 것을 인식하지 못한다. 그러나 얼마 가지 않아서 그 모순은 예전에 수동적이었던 학생들을 길들임에 반대하도록 만들 것이고, 현실을 길들이려는 시도에 맞서도록 만들 것이다. 학생들은 체험을 통해 현재의 생활방식이 더 완전한 인간성을 향한 소명과 화해될 수 없다는 점을 깨닫는다. 그들은 현실과의 관계를 통해, 현실이 실은 항구적인 변화를 겪는 하나의 **과정**이라는 것을 알게 된다. 탐구적인 자세를 유지하고 인간화에 대한 존재론적 소명을 가지고 있다면, 결국 그들은 은행 저금식 교육에 내포된 모순을 인지하게 될 것이며, 그 다음에는 자신의 해방을 위한 투쟁에 참여할 것이다.

그러나 휴머니스트, 혁명적 교육자는 그 가능성이 실현되기만을 기다릴 수는 없다. 처음부터 그의 노력은 학생들과 일치해야 하며, 비판적 사고와 상호 인간화를 추구해야 한다. 또한 그는 민중과 그들의 창조성에 대한 크나큰 신뢰를 가지고 있어야 하며, 이를 위해 그는 학생들과의 관계 속에서 학생들의 동반자가 되어야 한다.

은행 저금식 교육은 그러한 협력 관계를 인정하지 않는데, 그것은 필연적으로 그럴 수밖에 없다. 교사-학생 모순을 해소하고, 지식 저축자, 명령자, 사육자로서의 교사 역할을 학생들 사이의 학생이라는 역할로 변화시키는 방법은 억압자의 권력을 축소시키고 해방의 대의에 복무하는 데 있다.

은행 저금식 교육은 인간과 세계의 이분법을 전제하고 있다. 그에 따르면 인간은 세계 **속에** 있는 것이지 세계나 타인들과 **함께** 있는 것이 아니다. 개인은 구경꾼이지 창조자가 아니다. 이러한 견해에서는 인간이 의식적인 존재(코르포 콘시엔테corpo consciente)가 아니라 의식의 **일개** 소유자일 뿐이다. 즉 세계의 바깥으로부터 현실의 저축물을 수동적으로 받아들이는 공허한 '정신'일 뿐이다. 예를 들어 내 책상, 내 책, 내 찻잔, 내

앞의 이 모든 대상들—내 주변 세계의 모든 사물들—은 지금 내가 서재 안에 있는 것과 똑같은 방식으로 내 '안'에 있게 되는 것이다. 이러한 견해는 의식에 접근할 수 있다는 것과 의식에 들어가는 것을 구분하지 않는다. 그러나 이 구분은 매우 중요하다. 내 주변의 대상들은 단지 내 의식에 접근할 수 있을 뿐 내 안에 자리잡고 있는 것은 아니다. 나는 그것들을 의식하지만 그것들은 내 안에 있지 않다.

은행 저금식 의식 개념으로부터 논리적으로 도출되는 결론은 다음과 같다. 즉 세계가 학생의 '안으로 들어가는' 방식을 규제하는 것이 곧 교육자의 역할이라는 결론이다. 교사의 임무는 이미 저절로 진행되고 있는 과정을 조직화하는 것이며, 교사 자신이 참된 지식이라고 여기는 정보의 저축물을 구성해서 학생들에게 '주입'하는 것이다.[2] 민중은 세계를 수동적인 실체로 '수용'하기 때문에 은행 저금식 교육은 그런 민중을 더욱더 수동적으로, 세계에 적응하도록 만들어야만 한다. 교육받은 개인은 세계에 잘 '어울리기' 때문에 적응에 성공한 사람이다. 이 구상을 실천의 영역으로 옮겨다 놓으면 억압자의 목적에 매우 잘 부합된다. 억압자의 삶이 평온하려면 억압자가 창조한 세계에 민중이 잘 적응하고 그것을 문제삼는 일이 없어야 하기 때문이다.

지배적인 소수가 부여한 목적에 다수가 완벽하게 적응하면 할수록 (그럼으로써 민중이 자신의 목적을 내세울 권리를 잃으면 잃을수록) 소수는 더욱 손쉽게 명령자의 지위를 유지할 수 있다. 은행 저금식 교육의 이

---

2) 이런 발상은 사르트르가 교육의 '소화제'나 '영양소'라 부른 것에 해당한다. 이 경우 지식은 교사가 학생들에게 '떠먹여서' '잔뜩 채워넣는' 것이 된다. Jean-Paul Sartre, "Une idée fondamentale de la phénomenologie de Husserl:L'intentionalité", *Situations I*, Paris, 1947[「후설 현상학의 근본 이념:지향성」, 『상황 I』]을 참조하라.

론과 실천은 이 목적에 대단히 효과적으로 기여한다. 구술 강의, 필독 도서,[3] '지식'의 평가 방법, 교사와 피교육자 간의 거리, 진급의 기준 등등 이미 갖춰진 모든 것이 사고를 미리 방지하는 기능을 하는 것이다.

은행원식 교육자는 비대해진 자신의 역할에 진정한 안전성이 전혀 없다는 것, 인간은 다른 사람들과의 연대 속에서 살아가야 한다는 것을 알지 못한다. 교사는 학생들에게 자신의 의지를 강요하는 존재가 아니며 단순히 학생들과 공존하는 존재도 아니다. 연대는 참된 의사소통을 필요로 하는데, 은행원식 교육자가 추종하는 이념은 의사소통을 두려워하고 금지한다.

하지만 인간의 삶은 의사소통을 통해서만 의미를 지닌다. 학생들의 사고가 참된 것이어야만 교사의 사고도 참될 수 있다. 교사는 학생들을 위해서 사고할 수도 없고, 자신의 생각을 학생들에게 강요할 수도 없다. 참된 사고란 현실에 관심을 가지는 사고다. 따라서 그것은 고립된 상아탑 속에서 생겨나는 것이 아니라 상호간의 의사소통 속에서만 생겨난다. 사고는 세계와의 작용 속에서 발생할 때에만 의미를 지니는 게 사실이라면, 학생이 교사에게 복종하는 것은 불가능해진다.

은행 저금식 교육은 인간을 대상으로 보는 그릇된 이해에서 비롯되기 때문에, 프롬이 말하는 '바이오필리'[biophily, 생명체에 대한 사랑 — 옮긴이]를 촉진하지 못하고 대신 그 대립물인 '네크로필리'[necrophily, 사체에 대한 사랑 — 옮긴이]를 낳는다.

---

3) 예를 들어 일부 교수들은 필독 도서 목록을 내줄 때 학생들에게 '도움'을 준다는 핑계로 이 책은 10쪽부터 15쪽까지만 읽으라는 지침을 주기도 한다!

생명은 구조적이고 기능적인 성장을 그 특징으로 한다. 그런데 네크로필리형 인간은 성장하지 않는 것, 기계적인 것만을 사랑한다. 네크로필리형 인간은 유기체를 비유기체로 바꾸려 하며, 생명에 대해서 기계적으로 접근하고자 한다. 살아 있는 모든 사람을 마치 사물처럼 여기는 것이다. …… 경험보다는 기억이, 존재보다는 소유가 더 중요한 것이 된다. 네크로필리형 인간은 반드시 대상──이를테면 꽃이나 사람──을 소유해야만 그것과 관계를 맺을 수 있다. 그러므로 그 소유를 위협하는 것은 곧 그 자신을 위협하는 것이다. 소유를 잃으면 그는 세계와의 접촉을 잃게 된다. …… 그는 지배를 사랑하며, 지배 행위로써 생명을 죽인다.[4]

억압──압도적인 지배──은 네크로필리형이다. 억압은 생명이 아니라 죽음을 먹고 산다. 억압자의 이익에 기여하는 은행 저금식 교육관도 역시 네크로필리형이다. 그것은 기계적이고, 정태적이고, 박물학적이고, 공간적인 의식관에 기초해 있으므로, 학생들을 피동적인 대상으로 전락시킨다. 그러한 교육은 사고와 행동을 통제하고, 사람들을 세계에 적응시키며, 민중의 창조성을 억제한다.

책임있게 행동하려는 노력이 좌절될 때, 자신이 원래의 기능을 사용할 수 없다고 생각할 때, 민중은 고통을 겪는다. "무기력에서 비롯되는 이 고통은 인간적 평형이 깨어졌다는 바로 그 사실에 뿌리박고 있다."[5] 그러나 그 무기력증은 한편으로 민중의 고뇌를 유발하지만 동시에 민중을 무기력에서 벗어나게 하기도 한다.

---

4) Fromm, *The Heart of Man*, p. 41.
5) *Ibid.*, p. 31.

민중은 행동하는 능력을 되찾고자 한다. 그러나 그것이 가능할까? 어떻게 가능할까? 한 가지 방법은 힘을 가진 개인이나 집단에 복종하고, 그들과 행동을 같이 하는 것이다. 그러나 이렇게 다른 사람의 삶에 상징적으로 참여함으로써 자신이 행동한다는 환상을 가질 수는 있지만, 실제로는 행동하는 사람들에게 복종하고 그 일부가 될 따름이다.[6]

피억압자가 취하는 이러한 행동 양식의 가장 좋은 사례는 아마 민중주의적 형태일 것이다. 여기서는 민중이 카리스마적 지도자와 자신을 동일시함으로써 자신이 행동하며 쓸모가 있다는 느낌을 가진다. 그들이 역사 과정에 등장하면서 내세우는 반란의 배후에는 쓸모있게 행동하려는 욕구가 동기로 작용하고 있다. 지배 엘리트는 더 강력한 지배와 억압을 해결책으로 여기고, 자유, 질서, 사회 평화(다시 말해 엘리트의 평화)라는 이름으로 대응한다. 그래서 그들은 "노동자들의 파업에서 오는 폭력을 비난하고, 그것과 똑같은 폭력으로써 그 파업을 중단시켜야 한다고 정부에 주장한다"[7](그들의 관점에서 보면 논리적인 대응이다).

지배권의 행사로서 실시되는 교육은 억압적 세계에 적응하도록 가르치려는 이데올로기적 의도(교육자들도 인식하지 못하는 경우가 많다)에서 학생들의 순진함을 더욱 장려한다. 따라서 이에 대한 비판은 지배 엘리트가 단지 그런 활동을 단념해 주기를 바라는 소박한 희망에서 이루어져서는 안 된다. 비판의 목적은 해방을 추구하는 데 있어서 은행 저금식 교육 방법을 사용해서는 안 된다는 사실을, 참된 휴머니스트들이 깨우치

---

6) Fromm, *The Heart of Man*.
7) Reinhold Niebuhr, *Moral Man and Immoral Society*, New York, 1960, p. 130.

도록 하는 데 있다. 은행 저금식 교육 방법은 해방의 추구 자체를 부정하기 때문이다. 또한 혁명적 사회는 억압자 사회로부터 그 교육 방법을 물려받아서도 안 된다. 은행 저금식 교육을 시행하는 혁명적 사회는 민중을 오도하거나 민중의 불신을 받는다. 어떤 경우든 그 사회는 반동의 유령에 의해 위협당하게 될 뿐이다.

불행히도 해방의 대의를 지지하는 사람들은 은행 저금식 교육관을 발생시키는 분위기에 포위되고, 그것으로부터 영향을 받고 있으므로, 그 교육관의 진정한 의미나 비인간화하는 힘을 제대로 인식하지 못하는 경우가 많다. 그래서, 역설적이지만 그들은 해방을 위한 활동이라고 생각하는 곳에 바로 그 소외의 도구를 사용한다. 실제로 어떤 '혁명가들'은 그러한 교육 관행을 비판하는 사람들을 가리켜 '순진한 몽상가'라거나 심지어 '복고주의자'라는 낙인까지 찍기도 한다. 그러나 민중을 소외시키면서 민중을 해방시킬 수는 없는 노릇이다. 참된 해방——인간화의 과정——은 사람들 속에 또 다른 저축물을 집어넣는 것이 아니다. 해방은 하나의 프락시스다. 세계에 관해 인간이 행동하고 성찰하는 목적은 세계를 변혁하기 위해서다. 진정으로 해방의 대의에 헌신하는 사람들은 빈 그릇과 같은 기계적 의식 개념을 취하지 않아야 하며, 해방의 이름으로 지배적 은행 저금식 방법(선전, 구호——저축)을 사용해서도 안 된다.

해방에 진정으로 헌신하는 사람은 은행 저금식 발상 전체를 거부하고, 의식적 존재로서의 인간관, 세계와 관련된 의식으로서의 의식관을 지녀야 한다. 따라서 저축물을 만드는 교육의 목표를 버리고, 그 대신 세계와의 관계 속에 있는 인간존재의 문제를 제기해야 한다. '문제 제기식 교육'은 의식의 본질——**지향성**[지향성이란 원래 후설의 현상학에서 나온 개념인데, 의식은 그 자체로 정의되는 것이 아니라 항상 '무엇에 대한 의식'일 수밖에 없다는 뜻이다. 따라서 의식은 늘 의식 외부의 다른 것과 관련을 맺어야만 존재할 수 있다 — 옮긴이] — 에 답하기 위해 일방적 주입을 거부하고 의사소통을 도모한다. 여기서 의식의 특성은 **의식하는 의식**으로 요약된다. 즉 대상에 몰두하는 의식이 아니라 야스퍼스식의 '균열' 속에서 자기 자신에게 향하는 의식, 말하자면 의식**에 대한** 의식으로서의 의식이다.

해방 교육은 정보의 전달이 아니라 인식 행위로 구성된다. 해방 교육의 학습 과정에서는 인식 대상(인식 행위의 목적이 되는 일이 결코 없는)이 인식 행위자들 — 한쪽에는 교사, 다른 쪽에는 학생들 — 을 매개한다. 따라서 문제 제기식 교육을 실행하려면 처음부터 교사-학생 모순의 해결이 필요하다. 그렇지 않다면 인식 행위자들이 같은 인식 대상을 서로 협력하여 이해하기 위해서 필수불가결한 대화 관계가 불가능하다.

사실 은행 저금식 교육의 수직적 특성과 무관한 문제 제기식 교육은 앞에서 말한 모순을 극복해야만 자유의 실천이라는 제 기능을 수행할 수 있다. 대화 관계가 성립되면 '학생들의 교사'와 '교사의 학생들'은 존재하지 않고, 교사-학생인 동시에 학생-교사라는 새로운 관계가 탄생한다. 교사는 더 이상 단순히 '가르치는 사람'이 아니며, 그 자신도 학생들과의 대화 속에서 배우는 사람들이 된다. 학생들 역시 배우면서 가르친다. 따라서 그들은 양측이 성장하는 과정에 대해 공동의 책임을 진다. 이 과정에서 '권위'에 기반한 주장은 더 이상 타당하지 않게 된다. 권위가 제대로 기능하려면 자유에 **맞서지** 않고 자유의 **편에** 서야만 한다. 여기서는 누구도 타인을 가르치지 않으며, 누구도 혼자 힘으로 배우지 않는다. 다만 민중이 세계와 인식 대상들의 중재를 통해 서로를 가르칠 따름이다. 은행 저금식 교육에서 교사가 가르치는 일을 '독점'했던 것과는 큰 차이다.

은행 저금식 교육관은 (아울러 모든 것을 이분화하는 이것의 경향도)

교육자의 행위를 두 단계로 구분한다. 첫째 단계에서 교육자는 서재나 연구실에서 강의를 준비하면서 인식 대상을 인식한다. 둘째 단계에서 그는 학생들에게 그 대상에 관해 설명한다. 이때 학생들에게 요구되는 것은 교사가 설명한 내용을 아는 것이 아니라 그냥 암기하는 것이다. 또한 학생들은 어떤 인식 행위도 하지 않는다. 왜냐하면 인식 행위의 목적이 되는 그 대상은 교사와 학생들 양측의 비판적 성찰을 야기하는 매개물이 아니라 교사의 소유물이기 때문이다. 결국 '문화와 지식의 보존'이라는 미명하에 우리는 참된 지식도, 참된 문화도 실현할 수 없는 제도를 가지고 있는 셈이다.

문제 제기식 교육 방법은 교사-학생의 행동을 이분화하지 않는다. 여기서는 교사가 어떨 때는 '인식적'이고, 어떨 때는 '설명적'인 일이 없다. 즉 교사는 학습안을 준비할 때나 학생들과의 대화에 참여할 때나 똑같이 늘 '인식적'이다. 교사는 인식 대상을 자신의 소유물로 여기지 않고, 자신과 학생들이 함께 성찰해야 할 대상으로 여긴다. 이런 식으로 문제 제기식 교육자는 항상 학생들을 배려하여 자신의 성찰을 재형성하는 것이다. 학생들은 더 이상 유순한 강의 청취자가 아니라 교사와의 대화 속에서 비판적인 공동 탐구자가 된다. 교사는 학생들에게 생각할 재료를 제시하며, 학생들이 각자의 견해를 발표할 때 예전에 가졌던 자신의 생각을 재고한다. 문제 제기식 교육자의 역할은 학생들과 함께 독사(doxa) 수준의 지식이 로고스(logos) 수준의 참된 지식으로 바뀌는 과정을 창출하는 데 있다[그리스 철학에서 독사란 '낮은 차원의 주관적 지식'을 뜻하고 로고스란 '사색의 결과로 얻어지는 지식'을 가리킨다—옮긴이].

은행 저금식 교육은 창조성을 마비시키고 금지하지만, 문제 제기식 교육은 현실을 드러내고자 한다. 전자는 의식의 **침잠**을 유지하려 하지만,

후자는 의식의 **출현**과 **비판적 현실 개입**을 위해 노력한다.

학생들은 점점 세계와 더불어 그리고 세계 속에서 자신들과 관련된 여러 문제들을 대하게 되기 때문에, 점점 자극을 받으며 그 자극에 반응해야 할 의무를 느낀다. 학생들은 그 자극을 이론적 문제로 받아들이지 않고 총체적 맥락 속에서 다른 문제들과 연관된 것으로 이해하므로, 점점 비판적인 인식을 가지게 되고 따라서 점점 덜 소외된다. 자극에 대한 그들의 반응은 새로운 자극을 낳고 뒤이어 새로운 이해를 낳는다. 이런 식으로 학생들은 점차 자신도 몰두하고 헌신할 수 있다고 간주하게 된다.

자유를 실천하는 교육은 ──지배를 실천하는 교육과 달리 ──인간이 추상적이고, 고립적이고, 독자적이고, 세계와 무관하다고 여기지 않는다. 또한 세계가 인간과 유리된 실체로 존재한다고 여기지도 않는다. 참된 성찰은 추상적인 인간이나 인간 없는 세계가 아니라 세계와의 관계 속에 있는 인간을 상정한다. 세계와의 관계에서 의식과 세계는 동시적이다. 즉 의식은 세계를 선행하지 않으며, 추종하지도 않는다.

의식과 세계는 한꺼번에 잠든다. 세계는 본질적으로 의식의 외부인 동시에 본질적으로 의식에 대해 상대적인 관계에 있다[8][정신과 물질이라는 말로 의식과 세계를 분립시켜 온 전통적 이원론과 달리 사르트르는 양자의 동시성을 주장한다. 인용문에서 '한꺼번에 잠든다'라는 표현은 '함께 생활한다' 정도의 뜻으로 보면 되겠다. 의식 없이 존재하는 세계는 무의미하며, 또 의식은 세계를 의식함으로써만 존재할 수 있다는 이야기다─옮긴이].

---

8) Sartre, "Une idée fondamentale de la phénomenologie de Husserl : L'intentionalité", p. 32.

칠레의 한 문화 모임에서 인류학적 문화 개념에 관하여 (문서화에 입각한[9]) 토론이 벌어지고 있었다. 은행 저금식 교육의 기준에 따르면 완전히 무지한 어느 농민이 이렇게 말했다. "이제 사람이 없으면 세계도 없다는 걸 분명히 알겠네요." 그러자 교육자는 말했다. "글쎄요. 논의를 더 진전시켜볼까요. 세상의 모든 사람이 죽는다고 해도 세상은 여전히 남겠죠. 나무, 새, 짐승, 강, 바다, 별 등등이 모두 말이에요. …… 그 모든 것들도 세계 아닌가요?" 그러자 농민은 흥분해서 이렇게 대답했다. "하지만 '이것이 세계다'라고 말할 사람이 아무도 없잖아요?"

그 농민은 세계의 의식이 필연적으로 의식의 세계를 뜻한다고 말하고 싶었던 것이다. **아**(我)는 **비아**(非我)가 없으면 존재할 수 없다. 반대로 비아는 아의 존재에 의존한다. 의식을 존재하게 하는 세계는 의식의 세계가 된다. 그래서 앞의 인용문에서 사르트르는 **"의식과 세계는 한꺼번에 잠든다"**라고 말했던 것이다.

자신을 성찰하는 동시에 세계를 성찰하는 존재인 인간은 점차 인식의 범위를 넓혀가다가 이윽고 전에는 주목하지 못했던 현상까지 관찰하기 시작한다.

명백한 의식[Gewahren]이라 할 수 있는 인식 과정에서 나는 대상을 지향한다. 예컨대 종이에 주목한다고 하자. 나는 종이가 지금 여기에 있다고 이해한다. 나의 경험 속에서 그 이해는 특정한 대상을 배경으로부터 분리해내는 과정이다. 종이 주변에는 책, 연필, 잉크병 등등이 놓여 있다. 이것들도 어떤 의미에서 '지각'된다. 즉 그것들은 '직관의 장' 속에 있

---

9) 제3장을 참조하라—영역자.

다. 그러나 내가 그 종이에 주목하는 동안에는 배경에 있는 대상들이 지각되지 않으며, 어떤 방식으로도 이해되지 않는다. 그 대상들은 눈에 보이지만 분리되지 않으므로 그 자체로서 지각되지 않는 것이다. 모든 사물의 지각에는 배경 직관 혹은 배경 의식의 영역이 있다(그 '직관'이 이미 주목됨의 상태를 포함한다면). 이것 역시 '의식적 경험'에 속하며, 더 간단히 말하면 '모든 것에 대한 의식'이다. 사실의 내용은 함께 지각된 객관적 배경 속에 있다.[10)]

객관적으로 존재해 왔지만 심층적 의미에서는 지각되지 않았던 것이 (만약 그것이 실제로 지각되었다면), 문제의 특성과 그것에 의한 자극의 특성을 알게 됨으로써 비로소 '두드러져 보이기' 시작한다. 이런 식으로 인간은 '배경 의식'으로부터 요소들을 분리해내 성찰할 수 있다. 이 요소들이 바로 사고 대상이며, 동시에 인간이 행동하고 인식하는 대상이 된다.

민중은 문제 제기식 교육을 통해 자신들이 세계 속에서 **존재하는 방식**을 비판적으로 인식하게 되며, **세계와 더불어, 세계 속에서** 살아가는 자신의 참 모습을 발견하게 된다. 또한 민중은 세계를 정태적인 현실이 아니라 과정 속에 있는, 변화 속에 있는 현실로 보게 된다. 인간과 세계의 변증법적 관계는 그 관계를 어떻게 인식할 것인가(혹은 그 관계가 인식 가능한가)의 문제와는 별개이지만, 그렇다 해도 인간이 택한 행동양식은 세계 속에서의 자신을 인식하는 방법과 밀접한 함수 관계에 있다. 그러므로 교사-학생, 학생들-교사들은 행동과 성찰을 분리시키지 않고도 자신과 세

10) Edmund Husserl, *Ideas: General Introduction to Pure Phenomenology*, London, 1969, pp. 105~106[『이념: 순수 현상학의 일반적 개론』].

계를 동시에 성찰하며, 그럼으로써 참된 사고와 행동양식을 계발하는 것이다.

여기서 또 다시 두 가지 교육관과 교육 실천은 서로 갈등을 일으키게 된다. 은행 저금식 교육은 현실을 신화화함으로써 인간이 세계 속에서 존재하는 방식을 설명하는 요인들을 은폐한다(물론 여기에는 분명한 이유가 있다). 그 반면 문제 제기식 교육은 탈신화화를 목표로 삼는다. 은행 저금식 교육은 대화를 거부하지만, 문제 제기식 교육은 대화가 현실을 드러내는 필수불가결한 인식 행위라고 여긴다. 은행 저금식 교육은 학생들을 도와줘야 할 대상으로 간주하지만, 문제 제기식 교육은 학생들이 비판적 사고를 하도록 만든다. 은행 저금식 교육은 창조성을 금지하고, 의식을 세계와 분리시킴으로써 의식의 지향성을 길들이며(비록 완전히 파괴하지는 못하지만), 더 완전한 인간성을 찾고자 하는 민중의 존재론적·역사적 소명을 부정한다. 그러나 문제 제기식 교육은 창조성을 토대로 하며, 현실에 대한 참된 성찰과 행동을 자극함으로써 탐구 정신과 창조적 변화를 수용할 때 참된 존재가 되는 인간의 소명에 부응한다. 요컨대 고정화와 고착화를 목표로 하는 은행 저금식 교육의 이론과 실천은 인간을 역사적 존재로 받아들이지 못하지만, 문제 제기식 교육의 이론과 실천은 민중의 역사성을 출발점으로 삼고 있다.

문제 제기식 교육은 인간이 **변화 과정 속에** 있다고 본다. 즉 인간은 미완성의 현실 속에 그 미완성과 더불어 살아가는 미완성의 존재다. 미완성의 존재지만 역사성을 알지 못하는 다른 동물과 달리 인간은 자신이 미완성임을 알고 불완전함을 인식한다. 바로 이렇게 불완전함과 더불어 그것을 의식하고 있다는 사실에 인간만이 가능한 교육의 뿌리가 있다. 인간존재의 미완성적 특성과 현실의 변화적 특성으로 인해 교육은 항상 진행중인 행위일 수밖에 없다.

그러므로 교육은 언제나 프락시스 속에서 재창조된다. 즉 **존재**하기 위해서는 **변화**해야 하는 것이다. 교육의 '지속'(베르그송적 의미에서)은 **항구성**과 **변화**라는 두 대립물의 상호작용 속에서 찾을 수 있다. 은행 저금식 방법은 항구성을 강조하지만 반동적이다. 문제 제기식 교육——여기서는 '고분고분한 태도'도, 예정된 미래도 인정하지 않는다——은 역동적인 현재에 뿌리박고 있으며, 혁명적이다.

문제 제기식 교육은 혁명적 미래를 개척하므로 예지적이다(동시에 희망적이기도 하다). 그래서 그것은 인류의 역사적 본성과 일치한다. 또한 이 교육에서는 인간이 자신을 초월하는 존재, 앞을 내다보고 나아가는 존재라고 여겨진다. 인간에게 고정성은 치명적인 위협이며, 과거를 돌아보는 것은 현재를 더 명확하게 이해하고, 미래를 더 지혜롭게 건설하기 위한 수단일 뿐이다. 그러므로 문제 제기식 교육 운동은 민중을 자신의 불완전함을 자각한 존재로 만드는 운동이며, 명확한 출발점과 더불어 주체와 객체를 가진 역사적 운동이다.

이 운동의 출발점은 민중 자신들에게 있다. 그러나 민중은 세계와 분리된 채, 현실과 떨어져서 존재하지 않으므로 이 운동은 인간-세계 관계로부터 시작해야 한다. 따라서 출발점은 언제나 '지금 여기'를 살아가는 사람들이어야 한다. 그들은 상황 밑에 잠겨 있다가 수면 위로 솟아올라 상황 속에 개입한다. 이 상황을 출발점으로 해야만 그들은 상황에 대한 인식을 토대로 행동을 개시할 수 있다. 참된 행동을 하기 위해 그들은 자신들의 상태를 결정된 것으로, 즉 고정불변의 것으로 인식하지 않고 제한적인 것으로, 따라서 도전해 볼 만한 것으로 인식해야 한다.

은행 저금식 방법은 인간의 숙명론적 상황 인식을 직·간접적으로 강화하는 반면, 문제 제기식 방법은 똑같은 그 상황을 하나의 문제로서 인간들에게 제시한다. 상황이 인식의 대상으로 바뀌면, 숙명론을 낳았던 소박하고 주술적인 인식은 현실을 있는 그대로 인식할 수 있는, 따라서 현실에 관해 비판적이고 객관적인 자세를 취할 수 있는 인식으로 바뀐다.

상황에 대한 심화된 의식은 민중이 그 상황을 변화 가능한 역사적 현실로 이해할 수 있도록 해준다. 따라서 민중은 포기와 체념 대신 변화와 탐구의 충동을 가지게 되며, 나아가 그 충동을 통제할 수 있다는 자신감을 느끼게 된다. 다른 사람들과 함께 탐구 운동에 필연적으로 참여할 수밖에 없는 역사적 존재인 인간이 그 운동을 통제하지 못한다면, 그것은 인간성을 침해하는 일이 될 것이다(지금 현실이 바로 그렇다). 따라서 일부 사람들이 다른 사람들의 참여를 배제하는 상황은 폭력적인 상황이다. 거기서 어떠한 수단을 사용하는가는 전혀 중요하지 않다. 인간존재를 자신의 의사결정에서 소외시키는 것은 모두 인간을 대상으로 전락시키는 행위다.

이러한 탐구 운동은 민중의 역사적 소명인 인간화를 지향해야 한다. 하지만 완전한 인간성의 추구는 고립적으로나 개별적으로가 아니라 동료애와 연대감 속에서 이루어져야 한다. 따라서 억압자와 피억압자의 적대적 관계 속에서는 그것이 불가능하다. 다른 사람들이 더 나은 인간성을 찾지 못하도록 방해하는 사람은 참된 인간이 될 수 없다. 또 개인적으로만 인간성을 찾고자 하는 노력은 결국 이기적으로 보다 많이 소유하는 일과 연결되어 비인간화로 나아갈 뿐이다. 물론 인간성을 찾기 위해서 소유하는 것이 중요하지 않다는 뜻은 아니다. 오히려 그것이 반드시 필요하기 때문에, 일부 사람들의 그 소유가 다른 사람들의 소유를 가로막는 장애물이 되어서는 안 된다. 또한 일부 사람들이 다른 사람들을 억누를 수 있는 힘을 가지는 것도 허용되어서는 안 된다.

　문제 제기식 교육은 인간주의적이고 해방적인 프락시스를 지향하므로, 지배에 종속된 민중이 해방을 위한 싸움에 나서도록 자극해야 한다. 이를 위해 문제 제기식 교육은 권위주의와 주지주의를 극복함으로써 교사들과 학생들이 교육 과정의 주체가 되도록 만든다. 그리하여 세계—이것은 이제 더 이상 위선적인 말로 표현될 수 없다—는 인간화를 추구하는 사람들이 수행하는 변혁적 행동의 목적이 되는 것이다.

　문제 제기식 교육은 억압자의 이익에 기여하지도 않고 또 기여할 수도 없다. 억압적 질서는 피억압자가 "왜?"라는 의문을 품는 것을 허용하지 않는다. 문제 제기식 교육을 제도적인 방식으로 실행하는 것은 혁명적 사회가 되어야만 가능하지만, 혁명 지도부가 그 교육 방법을 실행하는 데 반드시 완전한 권력이 필요한 것은 아니다. 그러므로 혁명 과정에서, **나중에** 참된 혁명적 조치를 취하겠다는 의도에서 당장 편리하다는 이유로 지도부가 잠정적으로라도 은행 저금식 방법을 사용하는 것은 옳지 않다. 교육은 처음부터 혁명적—다시 말해 대화적—이어야만 한다.

제3장

대화를 인간적 현상으로 분석하려 할 때 우리는 대화의 본질이 바로 말이라는 것을 알게 된다. 그러나 말은 단지 대화를 가능케 하는 수단에 불과한 것이 아니다. 따라서 우리는 말의 구성요소들을 찾아야 한다. 말에는 성찰과 행동이라는 두 가지 요소가 있다. 이 양자는 근본적으로 상호작용하므로 부분적으로라도 하나를 버리면 다른 하나도 즉각 손상된다. 프락시스가 없는 참된 말이란 존재하지 않는다.[1] 따라서 참된 말을 하는 것은 곧 세계를 변화시키는 것이다.[2]

현실을 변화시킬 수 없는 거짓된 말은 말의 구성요소들이 이분화되어 있을 때 생겨난다. 말에서 행동의 차원이 제거되면 성찰도 사라지고 말은 한가한 수다, 탁상공론, 소외적인 '허튼소리'가 되어버린다. 이런 공허한 말로는 세계를 비판할 수 없다. 변화에 헌신하지 않으면 비판이 불

---

1) 행동 ⎫
   성찰 ⎬ = 말 = 일 = 프락시스

   행동의 부재 = 탁상공론
   성찰의 부재 = 행동주의
2) 일부 성찰은 피오리(Ernani Maria Fiori) 교수와의 대화에서 얻은 결과다.

가능하며, 행동 없이는 변화가 없기 때문이다.

　그 반면 행동만이 지나치게 강조되고 성찰이 부족할 경우, 말은 **행동주의**(activism)로 전화된다. 행동주의 ─ 행동을 위한 행동 ─ 는 참된 프락시스를 부정하며, 대화를 불가능하게 만든다. 이분법도 역시 거짓된 존재 형태를 만들어냄으로써 거짓된 사고 형태를 만들어 내며, 또 그럼으로써 원래의 이분법을 더욱 강화시킨다.

　인간존재는 침묵할 수도 없고, 거짓된 말로 살아갈 수도 없다. 오직 참된 말로만 인간은 세계를 변화시킨다. 인간적으로 존재한다는 것은 세계를 **이름짓고** 변화시키는 것이다. 이렇게 이름지어진 세계는 다시 인간에게 문제로서 나타나며, 새로운 **이름짓기**를 요구한다. 인간존재는 침묵 속에서 성장하는 게 아니라[3] 말과 일과 행동-성찰 속에서 성장한다.

　그러나 참된 말을 하는 것 ─ 그것이 일이며 프락시스다 ─ 은 세계를 변화시키는 것이지만, 그 말을 하는 것은 일부 사람들의 특권이 아니라 모두의 권리다. 따라서 그 누구도 자기 혼자만 참된 말을 할 수는 없으며, 말을 다른 사람에게 **강요**할 수도 없다. 이를테면 다른 사람의 말할 권리를 빼앗는 명령적 행동은 할 수 없는 것이다.

　대화는 사람들이 세계를 매개로 하여 세계를 이름짓기 위해 만나는 행위다. 그렇기 때문에, 세계를 이름짓고자 하는 사람들과 그 이름짓기를 원치 않는 사람들 ─ 다시 말해 다른 사람들의 말할 권리를 부정하는 사람들과 자신의 말할 권리를 빼앗긴 사람들 ─ 간에는 대화가 있을 수 없

---

3) 물론 나는 심오한 명상의 침묵을 말하는 게 아니다. 이런 침묵은 인간이 세계와 거리를 둔 상태에서 세계의 총체성을 조망함으로써 세계와 함께 머물려는 의도를 지닌다. 그러나 이런 식의 은거가 참된 것이 되려면 명상자가 현실에 '몸담고' 있어야만 한다. 그 은거가 일종의 '역사적 정신분열증'처럼 세계에 대한 경멸이거나 도피에 그친다면, 그것은 참된 것일 수 없다.

다. 자신의 말을 할 수 있는 원초적 권리를 부정당한 사람들은 먼저 그 권리를 되찾아 비인간적 상황이 영속화되는 것을 막아야만 한다.

세계를 이름지음으로써 변화를 꾀하는 길이 민중이 자신의 말을 하는 데 있다면, 대화는 그 자체로 사람들이 인간존재로서의 의미를 획득하는 방법이 된다. 따라서 대화는 실존의 필수 요건이다. 대화는 대화자의 통합된 성찰과 행동이, 변화되고 인간화되어야 할 세계로 접근하는 만남의 장이기 때문에, 단지 한 사람의 생각을 다른 사람에게 '맡기는' 식으로 진행되어서는 안 된다. 또한 대화는 단순히 생각을 교환하여 그 생각이 토론자들 간에 '소비'되는 것이어서도 안 된다. 대화는 세계를 이름짓는 데 헌신하지도 않고, 진리를 찾지 않을 뿐 아니라 오히려 자신의 진리를 다른 사람들에게 강요하는 사람들 간에 벌어지는 적대적인 논쟁도 아니다. 대화는 세계를 이름짓는 사람들 간의 만남이기 때문에 어떤 사람이 다른 사람을 대신해서 이름짓는 상황이어서는 안 된다. 대화는 창조 행위이므로 어떤 사람이 다른 사람을 지배하기 위한 교활한 수단으로 기능해서는 안 된다. 대화 속에 함축된 지배는 대화자들에 의한 세계 지배다. 즉 그것은 인류 해방을 위한 세계의 정복이다.

그러나 대화는 세계와 인간에 대한 원대한 사랑이 없으면 존재할 수 없다. 세계를 이름짓는 일, 그 창조와 재창조의 행위는 사랑으로 충만해 있지 않으면 불가능하다.[4] 사랑은 대화의 토대인 동시에 대화 그 자체다.

---

4) 나는 진정한 혁명가라면 혁명이 창조적이고 해방적인 행위라는 점과 아울러 사랑의 행위라는 점을 알아야 한다고 점점 더 확신하고 있다. 내가 보기에 혁명은 혁명 이론이 없이는 불가능하지만──따라서 혁명은 곧 과학이지만──동시에 사랑과도 양립할 수 있어야 한다. 혁명은 자신들의 인간화를 달성하려는 민중의 의지로 이루어진다. 각 개인을 혁명가로 만드는 동기는 바로 민중의 비인간화에 있지 않은가? 자본가 세계가 '사랑'이라는 말을 왜곡시킨다고 해서 혁명이 본질적으로 사랑의 행위임을 무시해서는 안 된다. 또한 혁명가는 자신이 삶을 사랑한다

따라서 사랑은 책임있는 주체의 임무이며, 지배 관계에서는 존재할 수 없다. 지배는 병리적 사랑을 드러낸다. 즉 지배자에게는 사디즘으로, 피지배자에게는 마조히즘으로 나타난다. 사랑은 두려움이 아니라 용기를 필요로 하는 행위이기에 다른 사람들에 대한 헌신을 뜻한다. 피억압자가 어디 있든 사랑의 행위는 피억압자와 해방의 대의를 위해 헌신한다. 이 헌신은 그 자체가 사랑이기 때문에 대화적이다. 사랑은 용감한 행위이므로 감상적이 될 수 없고, 자유의 행위이므로 조작의 구실로 기능해선 안 된다. 사랑은 다른 자유의 행위를 유발해야 하며, 그렇지 못하면 사랑이 아니다. 억압의 상황을 근절해야만 그 상황하에서는 불가능했던 사랑을 되살릴 수 있다. 내가 세계를 사랑하지 않는다면, 내가 삶을 사랑하지 않는다면, 내가 민중을 사랑하지 않는다면, 나는 대화 속으로 들어갈 수 없다.

한편 대화는 겸손한 태도가 아니면 성립하지 않는다. 사람들이 세계를 이름지음으로써 세계를 끊임없이 재창조하는 과정은 오만한 태도로는 불가능하다. 배우고 행하는 일상적인 과제를 둘러싼 만남의 장인 대화는 대화 양측(혹은 한 측)이 겸손하지 않으면 깨어진다. 내가 다른 사람들을 늘 무지하게만 여기고 실상 내 자신의 무지는 제대로 인식하지 못하는데, 어떻게 대화가 가능할까? 나 자신을 다른 사람들과 동떨어진 존재로 간주하고 그들에게서 또 하나의 '나'가 아닌 '그것'만을 발견하는데, 어떻게 대화가 가능할까? 나 자신을 진리와 지식을 소유한 '순수한' 사람들의 일원으로 여기고 그에 속하지 않은 다른 모든 사람들을 그냥 '이 사

는 것을 잊어서는 안 된다. 게바라는 '우스꽝스러워 보이는 것'을 감수하면서도 과감하게 다음과 같이 말한 바 있다. "우스꽝스럽게 여겨질지 모르겠지만 나는 참된 혁명가라면 누구나 사랑의 강렬한 감정에 이끌린다고 말하고 싶다. 사랑이 없는 진정한 혁명가는 생각할 수 없다"(John Gerassi ed., *Venceremos: The Speeches and Writings of Che Guevara*, New York, 1969, p. 398.

람들' 혹은 '완전히 무지한 사람들'로 보는데, 어떻게 대화가 가능할까? 세계의 이름짓기를 엘리트의 과제로 여기고, 역사에 민중이 등장하는 것은 퇴보이므로 피해야 한다고 생각하는데, 어떻게 대화가 가능할까? 다른 사람들의 간섭에 반대하고 심지어는 화를 낼 정도인데, 어떻게 대화가 가능할까? 다른 사람들이 내 자리를 차지할까 봐 늘 전전긍긍하면서 내가 성가신 인물이 되고 약점을 추궁당하지나 않을까만 걱정하는데, 어떻게 대화가 가능할까? 자만은 대화와 양립할 수 없다. 겸손함이 결여된(혹은 겸손함을 잃어버린) 사람은 민중에게 다가갈 수 없으며, 그들과 함께 세계를 이름지을 수 없다. 자신이 여느 사람과 똑같다고 인정하지 않는 사람은 민중과의 만남에 이르기까지 아주 먼 길을 헤쳐나와야 한다. 이 만남에는 완전한 바보도 없고 완벽한 현인도 없다. 단지 함께 노력하고 지금보다 더 많이 알고자 하는 민중만이 있을 뿐이다.

나아가 대화는 인류에 대한 깊은 신념을 필요로 한다. 즉 인간이 세계를 만들고 재창조할 수 있다는 신념, 더 완전한 인간성을 찾는 소명(이것은 엘리트의 특권이 아니라 모두가 타고난 권리다)에 대한 신념이 필요한 것이다. 민중에 대한 신념은 대화의 선험적인 요건이다. '대화적 인간'은 직접 대면한 사람이 아니더라도 다른 사람을 신뢰한다. 하지만 그 신념은 단순하지 않다. '대화적 인간'은 인간이 세계를 창조하고 변화시키는 힘을 가지고 있다고 믿지만, 구체적인 상황에서 개인들이 소외되면 그 힘이 위축될 수 있다는 것을 비판적으로 알고 있다. 그러나 그러한 가능성은 민중에 대한 신념을 손상시키기는커녕 '대화적 인간'에게 분발해야 할 자극으로 다가온다. 그는 설사 구체적인 상황에서 세계를 창조하고 변화시키는 힘이 위축될 수 있다 하더라도 그 힘을 되찾고자 노력한다. 그 힘을 회복한 뒤에는——그것은 거저 생기는 게 아니라 해방 투쟁을 거쳐서 얻어진다——노예 노동이 해방된 노동으로 대체되어 삶의 열정을 얻을 수 있다. 민중에 대한 신념이 없으면 대화는 공염불이 되며, 오히려 가부장적 조작으로 전락할 수밖에 없다.

사랑과 겸손, 신념에 뿌리를 둔 대화가 만들어 내는 수평적 관계에서는 대화자들 간의 상호 신뢰가 싹트는 것이 논리적 필연성이다. 즉 사랑과 겸손, 신념에서 나온 대화가 상호 신뢰의 분위기, 한층 가까운 협력 관계에서 세계를 이름짓는 분위기를 만들어 내지 못한다면 그 자체로 모순이다. 반대로, 반(反)대화적인 은행 저금식 교육 방법에서는 그런 신뢰가 나오지 못한다. 인류에 대한 신념은 대화를 위한 선험적 요건이지만, 신뢰가 생겨나는 것은 대화를 통해서다. 따라서 대화가 무너진다면 신뢰의 전제조건이 사라지는 셈이다. 거짓된 사랑, 거짓된 겸손, 다른 사람들에 대한 미약한 신념은 신뢰를 조성할 수 없다. 신뢰는 한 측이 다른 측에게 진실하고 구체적인 의도를 전달해야만 생겨날 수 있다. 즉 어느 한 측의 말과 행동이 일치하지 않으면 신뢰가 싹틀 수 없는 것이다. 말과 행동의 불일치 ——예컨대 자신의 약속을 지키지 않는 행위 ——는 신뢰를 낳을 수 없다. 민주주의를 운위하면서 민중을 침묵하게 한다면 그것은 터무니없는 짓이며, 휴머니즘을 운위하면서 민중을 부정한다면 그것은 거짓이다.

또한 희망이 없으면 대화도 있을 수 없다. 희망은 인간의 불완전함에 뿌리를 두고 있으며, 인간은 희망을 바탕으로 끊임없는 모색에 뛰어든다. 이 모색은 다른 사람들과의 친교 속에서만 가능하다. 침묵에는 희망이 없다. 그것은 세계를 부정하고 세계로부터 도피하려 하기 때문이다. 불의의 질서에서 비롯되는 비인간화는 좌절이 아니라 희망을 낳으며, 불의가 거부한 인간성을 줄기차게 추구하게 만든다. 하지만 희망은 단지 팔짱을 끼고 기다리는 데서 나오지 않는다. 인간은 싸움을 계속하는 한 희망을 유지할 수 있으며, 희망을 가지고 싸우는 한 기다릴 수 있다. 사람들의 만남은 더 완전한 인간성을 추구하므로 희망이 없는 분위기에서는 대화가 있을 수 없다. 대화자가 자신의 노력에서 아무것도 기대하지 않는다면 그 만남은 공허하고 무익하며, 형식적이고 따분할 뿐이다.

마지막으로, 대화자가 비판적 사고를 하지 않으면 진정한 대화는 성립하지 않는다. 비판적 사고란 세계와 인간의 보이지 않는 연대감을 분명히 인식하고 이분법을 버리는 사고이며, 현실을 정태적인 실체가 아니라 과정으로서, 변화로서 파악하는 사고, 행동과 분리되지 않고 두려움 없이 과감하게 현실 속에 빠져드는 사고를 가리킨다. 비판적 사고는, "역사적 시간을 과거의 지식과 경험이 층층이 쌓인 결과물로"[5] 여기고, 거기서 정상적이고 '행실이 단정한' 현재가 나온 것으로 여기는 단순한 사고와는 다르다. 단순한 사고에서 중요한 것은 정상적인 '오늘'에 적응하는 것일 뿐이다. 그러나 비판적 사고는 현실의 지속적인 변화를 중요하게 생각하며, 지속적인 인간화를 지향한다. 피에르 푸르터의 말을 빌리면 이렇다.

이제 목표는 보장된 공간에 매달림으로써 시간성의 위험을 제거하는 데 있지 않고, 공간을 시간화하는 데 있다. …… 세계는 내게 공간이 아니라 범위가 된다. 즉 내가 적응할 수밖에 없는 육중한 현재로 강요되는 게 아니라, 내가 행동하는 것에 따라 형성되는 영역인 것이다.[6]

5) 한 친구의 편지에서 인용.
6) Pierre Furter, *Educação e Vida*, Rio de Janeiro, 1966, pp. 26~27[『생명의 교육학』].

단순한 사고의 목표는 바로 그 보장된 공간을 단단히 부여잡고 거기에 적응하는 데 있다. 그렇게 시간성을 부인함으로써 자기 자신도 부인하는 것이다.

오직 비판적 사고를 필요로 하는 대화만이 비판적 사고를 낳을 수 있다. 대화가 없으면 의사소통이 없고, 의사소통이 없으면 진정한 교육이 불가능하다. 교사와 학생의 모순을 해소할 수 있는 교육은 양측을 매개하는 대상을 양측이 함께 인식하는 상황에서 가능하다. 자유의 실천이라는 교육의 대화적 성격은 교사-학생이 교육의 현장에서 학생들-교사들로 만날 때 생겨나는 게 아니라, 교사가 먼저 학생과 **무엇에 관해** 대화할지 자문할 때 시작된다. 대화의 내용을 결정하는 전제조건은 교육 내용을 결정하는 전제조건과 똑같다.

반대화적 은행 저금식 교육자가 생각하는 교육의 내용은 단지 학생들에게 강의하는 것에 관련된 문제일 뿐이다. 그는 자기 질문에 자기가 답하면서 자신의 교육 내용을 조직한다. 반면 대화적 문제 제기식 교사-학생이 생각하는 교육 내용은 선물이나 강요 ——학생들에게 정보를 저축하게 하는 것 ——가 아니라 각 개인들이 더 알고 싶어하는 주제에 관해 조직적이고, 체계적이고, 계발된 지식을 '제시'하는 것이다.[7]

참된 교육은 'A'가 'B'를 **위해**, 또는 'A'가 'B'에 **관해** 행하는 것이 아니라 'A'와 'B'가 **함께** 행하는 것이다. 양측을 매개하는 세계는 양측에게

---

7) 마오쩌둥은 앙드레 말로와 가진 장시간의 인터뷰에서 이렇게 말했다. "당신도 알다시피 나는 오래전부터 주장해 왔죠. 우리는 대중에게서 아무렇게나 받은 것을 정연하게 다듬어 다시 대중에게 가르쳐야 한다고요."(André Malraux, *Anti-Memoirs*, New York, 1968, pp. 361~362). 이 말은 교육 내용을 구성하는 대화적 이론을 잘 보여 준다. 교육 내용은 교육자가 학생들에게 가장 좋다고 여기는 것과는 무관하단 이야기다.

영향과 자극을 주며, 세계에 관한 개념과 견해를 형성하게 한다. 불안, 회의, 희망, 절망이 스며들어 있는 이 견해는 교육 내용의 토대가 되는 중요한 주제들을 담고 있다. 소박한 휴머니즘은 '선한 인간'의 이상적 모델을 창조하려는 데 급급한 나머지 현실을 살아가는 민중의 구체적이고, 체험적이며, 현재적인 상황을 간과하는 경우가 많다. 피에르 푸르터의 말에 따르면 참된 휴머니즘은 "우리의 완전한 인간성을 처지와 의무와 상황과 계획으로 자각하도록 해주는 데 있다."[8] 은행 저금식 제도에서 우리는 노동자—도시 노동자든 농민이든[9]—에게 다가갈 수 없다. 기껏해야 우리 자신이 편성한 교육 내용에 포함되어 있는 '지식'을 그들에게 전달하거나 '선한 인간'의 모델만을 강요할 수 있을 뿐이다. 대부분의 정책과 교육 계획이 실패로 돌아간 이유는, 그 입안자가 교육 내용을 이수할 **상황 속의 인간**을 전혀 고려하지 않고(즉 피교육자를 단순히 자기 행동의 대상으로만 여기고) 자신의 개인적 현실관에 따라 프로그램을 작성했기 때문이다.

진정한 휴머니스트 교육자와 참된 혁명가에게 행동 대상은 사람들이 아니라 그 사람들과 함께 변화시켜야 할 현실이다. 억압자는 민중에게 지금 그대로의 현실을 주입하고 그에 적응하도록 만든다. 불행히도 혁명 지도부 역시 혁명적 행동에 대한 민중의 지지를 이끌어내려는 욕심이 지나친 나머지, 위로부터 아래로 향하는 은행 저금식 기법의 덫에 빠지는 경우를 흔히 볼 수 있다. 즉 그들은 농민이나 도시 대중에게 민중 자신의 세계관이 아닌 그들의 세계관에 일치하는 교육을 적용하려 하는 것이

---

8) Furter, *Educação e Vida*, p. 165[『생명의 교육학』]
9) 농민의 경우에는 보통 식민지적 상황에 침잠해 있기 때문에 자연 세계와 밀접한 관계가 있으며, 자신을 세계를 만들어 가는 사람이라기보다는 세계의 일부로 여긴다.

다.[10] 그들은 자신들의 근본적인 목적이 '민중을 자기들 편으로 끌어들이는' 데 있는 게 아니라 민중의 잃어버린 인간성을 되찾기 위해 민중과 더불어 싸우는 것임을 잊고 있다. 민중을 끌어들인다는 말은 혁명 지도부의 어휘가 아니라 억압자의 어휘다. 혁명가의 역할은 민중을 획득하는 게 아니라 민중을 해방시키고 자신들도 함께 해방되는 데 있는 것이다.

지배 엘리트의 정치 활동은 은행 저금식 기법을 이용하여 피억압자를 '침잠'된 의식 상태에 머물게 함으로써 수동성을 조장하고, 그 수동성을 악용하여 그들의 의식 속에 자유의 공포를 증폭시키는 구호들을 '주입'하려 한다. 이러한 행동은 참된 해방적 행동과 모순을 빚는다. 해방적 행동은 억압자의 구호를 문제로서 제시하고 피억압자가 자신의 내부에서 그 구호를 '몰아낼' 수 있도록 돕는 것을 목적으로 삼기 때문이다. 휴머니스트의 임무는 억압자의 구호에 맞서 경쟁적으로 자신들의 구호를 부르짖는 게 아니다. 그것은 피억압자를 실험 대상으로 삼고 한 집단의 구호를 다른 집단에 '수용'하게 하는 것일 뿐이다. 그 반대로 휴머니스트의 임무는 피억압자가 억압자를 자신의 내부에 '수용'하는 이중적 존재

---

10) "우리의 문화 일꾼들은 무한한 열정과 헌신으로 인민에게 봉사해야 하며, 결코 대중으로부터 분리되지 않고 그들과 혼연일체가 되어야 합니다. 그러기 위해서는 대중의 요구와 희망에 따라 행동해야 합니다. 대중을 위한 모든 일은 대중의 요구로부터 비롯되는 것이지 어느 개인의 욕구에서 비롯되는 게 아닙니다. 설사 그 개인이 선의를 지니고 있다 해도 말입니다. 물론 경우에 따라서는, 대중이 객관적으로는 특정한 변화를 바라면서도 주관적으로는 아직 그 필요성을 의식하지 못해 그 변화를 이룰 각오와 의지가 충분하지 않을 수도 있습니다. 그럴 경우 우리는 인내심을 가지고 기다려야 합니다. 우리의 사업을 통해 대다수 대중이 그 요구를 의식하고 변화를 수행할 각오와 의지가 생겨나기 전까지는 그 변화를 실현하려 해서는 안 됩니다. 억지로 강행한다면 우리는 대중으로부터 유리될 것입니다. …… 여기에는 두 가지 원칙이 있습니다. 하나는 우리가 멋대로 상상하는 대중의 요구가 아니라 대중이 실제로 지니고 있는 요구입니다. 다른 하나는 우리가 멋대로 상상하는 대중의 희망이 아니라 대중이 실제로 품고 있는 희망입니다"(Mao Tse-tung, "The United Front in Cultural Work", October 30, 1944, *Selected Works of Mao Tse-tung*, vol. III, Beijing, 1967, pp. 186~187).

가 되면 참된 인간이 될 수 없다는 사실을 깨닫도록 하는 데 있다.

이러한 임무가 의미하는 것은 분명하다. 혁명 지도부가 민중에게 다가가는 이유는 '구원'의 메시지를 전하기 위해서가 아니라, 대화를 통해 민중 자신의 **객관적 상황**과 그 상황에 대한 **인식**을 알게 하기 위해서다. 즉 민중이 자기 자신과 자신이 존재하는 세계에 관해 다양한 수준의 인식을 얻게 하기 위한 것이다. 민중이 가진 특수한 세계관을 존중하지 못한다면 교육과 정책에서 긍정적인 결과를 기대할 수는 없다. 그러한 교육 내용은 설사 선의를 지니고 있다 해도 문화 침략[11]에 그치고 말 것이다.

교육 내용이나 정책을 편성하기 위한 출발점은 민중의 열망이 반영된 구체적이고, 체험적이며, 현재적인 상황이어야만 한다. 특정한 기본 모순들을 이용해서 우리는 체험적이고, 구체적이며, 현재적인 상황을 민중 앞에 자극과 반응을 요구하는 문제로서 제시해야 한다. 물론 이것은 지적인 차원만이 아니라 행동적인 차원을 포함한다.[12]

우리는 단지 현재의 상황에 관해서만 이야기해서는 안 되며, 민중의 선입견, 의심, 희망, 공포 등을 무시한 계획을 제시해서도 안 된다. 그러한 계획은 오히려 피억압 의식의 공포만을 증폭할 우려가 있다. 우리의 역할은 민중에게 우리 자신의 세계관을 말한다거나 그 세계관을 강요하는 게 아니라, 민중의 세계관과 우리의 세계관에 대해 민중과 함께 대화하는 것이다. 우리는 다양한 행동으로 표출된 민중의 세계관이 세계 속에서 그들이 처한 **상황**을 반영한다는 것을 깨달아야 한다. 이 상황을 비판적으로

---

11) 이 점에 관해서는 제4장에서 상세히 분석할 것이다.
12) 참된 휴머니스트가 은행 저금식 방법을 사용하거나 우파가 문제 제기식 교육을 구사하는 것은 자기모순이다(우파는 언제나 일관되게 문제 제기식 교육을 행하지 않는다).

고려하지 않은 교육과 정책은 '은행 저금식'이 되거나 사막에서의 설교처럼 될 가능성이 크다.

교육자와 정치가의 말은 대개 민중의 구체적 상황과 유리된 탓에 제대로 이해되지 않는 경우가 많다. 그 경우 그들의 이야기는 소외되고 소외시키는 수사에 불과해진다. 교육자나 정치가의 말(정치가는 포괄적인 의미에서 교육자와 같은 역할이라고 할 수도 있다)은 민중의 말과 마찬가지로 생각 없이는 존재할 수 없다. 또한 말과 생각은 그것이 지칭하는 구조가 없으면 존재할 수 없다. 따라서 효과적인 의사소통을 위해서 교육자와 정치가는 민중의 생각과 말이 변증법적으로 구성되는 구조적 조건을 이해해야 한다.

인간을 매개하는 현실, 그리고 그 현실에 대해 교육자와 민중이 가진 인식을 바탕으로 우리는 교육 내용을 결정해야 한다. 내가 민중의 '주제 영역'(thematic universe)[13] ──'생성적 주제'(generative themes)의 복합체──이라고 이름지은 것에 대한 연구는 자유의 실천인 대화식 교육에서 출발한다. 이 연구를 위한 방법론도 역시 대화적이어야 한다. 다시 말해 생성적 주제를 발견하는 기회와 더불어 이 주제에 관한 민중의 자각을 자극하는 기회도 부여해야 하는 것이다. 대화식 교육의 해방적 목적에 부응하는 이 연구의 대상은 파편화된 인간이 아니라 인간이 현실과 관계하는 생각-말이며, 인간이 생성적 주제의 배경을 이루는 현실과 자신의 세계관을 인식하는 여러 가지 차원이다.

'생성적 주제'는 '최소한의 주제 영역'을 명확히 밝혀주겠지만, 그것을 더 상세히 규정하기 전에 먼저 몇 가지 예비적 성찰을 해보는 것이 반

---

13) '유의미한 주제'라는 표현도 같은 맥락의 말이다.

드시 필요할 것이다. 생성적 주제라는 개념은 임의로 발명해낸 것도 아니고 작업가설을 검증하는 것도 아니다. 가설을 검증하는 경우라면, 초기의 연구에서 중요한 문제는 주제의 성격을 확인하는 게 아니라 주제 자체의 존재 여부를 확인하는 것이 된다. 즉 주제의 풍부함과 의미, 다원성, 변형, 역사적 구성 등을 완전히 이해하기 위해서는 먼저 그 주제가 객관적 사실인지 여부를 검증해야 하는 것이다. 그런 다음에야 주제를 파악하는 작업에 들어갈 수 있다. 그에 비해, 비록 비판적 회의의 자세가 필요하겠지만, 생성적 주제의 현실성을 검증하는 것은 분명히 가능하다. 생성적 주제는 각자 자신의 체험을 통해서만이 아니라 인간-세계 관계와 사람들 사이의 관계에 관한 비판적 성찰을 통해 존재를 확인할 수 있기 때문이다.

이 점에 관해서는 더 주의깊게 살펴볼 필요가 있다. 이미 진부하다 할 만큼 잘 알고 있는 사실이지만, 미완성의 존재인 인간은 자신의 행동은 물론 성찰의 대상인 자신의 자아에 관해서도 말할 수 있는 유일한 존재이다. 이 능력은 인간과 동물을 구분한다. 동물은 자신의 행동으로부터 분리될 수 없으며, 따라서 행동을 성찰할 수도 없다. 바로 이 명백히 사소한 구분 속에 행동을 규정하는 경계가 있다. 동물의 행동은 그 자신의 연장이기 때문에 행동의 결과도 그 자신과 분리되지 않는다. 즉 동물은 목적을 정하지도 못하고 그 자신을 초월한 의미의 변화를 꾀하지도 못한다. 게다가 어떤 행동을 하겠다는 '결정'도 동물 자신의 것이 아니라 그 동물 종(種)의 것이다. 따라서 동물은 근본적으로 '즉자적인 존재'다.

동물은 스스로 결정할 수 없고, 자신과 자신의 행동을 객관화할 수 없으며, 스스로 목적을 설정할 수 없고, 의미를 부여할 수 없는 세계에 '침잠해' 살아가며, 전적으로 현재에 존재하기 때문에 '내일'도 '오늘'도 없다. 그래서 동물은 탈역사적이다. 동물의 탈역사적인 삶은 '세계' 속에서 완전한 의미로 나타나지 못한다. 동물에게 세계는 그 자신을 '자아'와 분리시켜 주는 '비아'가 되지 못하기 때문이다. 인간 세계는, 역사적인 것으로, '즉자존재'에게는 단지 배경일 뿐이다. 동물은 마주친 외부 세계에서 동기를 부여받는 게 아니라 단지 본능적인 자극만을 받을 뿐이다. 동물의 삶은 위험을 감수하지 않는다. 동물에게 위험이란 성찰로 인식되는 자극이 아니라 신호로써 인지되는 것일 뿐이다. 따라서 동물에게는 의사결정 반응이 필요가 없다.

그러므로 동물은 자신을 헌신하지 못한다. 탈역사적 조건으로 인해 동물은 삶을 '걸고' 행동할 수 없다. 또한 '삶을 걸지' 않기 때문에 동물은 자신의 삶을 만들어갈 수 없으며, 삶을 만들지 못하기 때문에 삶의 구성을 변화시킬 수 없다. 또한 동물은 자신의 '배경' 세계를 문화와 역사까지 포함하는 유의미하고 상징적인 세계로 확장할 수 없기 때문에, 삶에 의해 자신이 파괴되리라는 것도 알 수 없다. 그 결과 동물은 자신을 '동물화'하기 위해 외부 세계를 동물화하지 못하며, 그렇다고 스스로 '탈동물화'하지도 못한다. 따라서 숲에서도 동물은 동물원에서처럼 '즉자존재'에 머문다.

그와 반대로 인간은 자신의 행동과 자신이 처한 세계를 이해하고, 자신이 설정한 목적에 맞춰 행동하며, 세계나 다른 사람들과의 관계를 고려하여 의사결정을 하고, 세계에 변화 작용을 가함으로써 자신의 독보적 존재를 세계에 투입한다. 그렇기 때문에 인간은 동물과 달리 그냥 살아가는 게 아니라 존재하는 것이며,[14] 인간의 존재는 역사적이다. 동물은 탈시간

---

14) 영어의 '산다'(live)라는 말과 '존재한다'(exist)라는 말은 인식론적 기원에서 대립적인 의미를 함축하고 있다. 여기서 사용된 것처럼 '산다'는 것은 더 기초적인 의미로서 생존만을 뜻한다. 반면 '존재한다'는 것은 '변화'의 과정에 더 깊숙이 개입함을 뜻한다.

적이고 단조롭고 통일적인 '배경' 속에서 삶을 살아가지만, 인간은 끊임없이 창조하고 변화시키면서 세계 속에서 존재한다. 동물에게 '여기'는 단지 낯익은 서식지에 불과하지만, 인간에게 '여기'란 물리적 공간만이 아니라 역사적 공간도 의미한다.

자의식이 없고 삶이 전체적으로 결정되어 있는 동물에게는, 엄밀히 말해 '여기' '지금' '거기' '내일' '어제' 등은 존재하지 않는다. 동물은 '여기' '지금' '거기' 등에 의해 설정된 경계를 뛰어넘지 못하는 것이다.

하지만 인간은 자기 자신을 의식하며, 따라서 세계를 의식하기 때문에 ——즉 인간은 **의식적 존재**[conscious being, 앞서 '즉자존재'라는 사르트르 식 표현을 쓴 것을 감안하면 이것은 '대자존재'에 해당한다 ── 옮긴이]이기 때문에 ──설정된 경계와 자신이 지닌 자유의 변증법적 관계 속에 존재한다. 인간은 세계를 객관화하면서 세계로부터 스스로를 분리시키고, 자신의 행동으로부터 스스로를 분리시키며, 세계나 다른 사람들과의 관계를 고려하여 의사결정을 하기 때문에, 자신을 제한하는 상황, 즉 '한계상황'(limit-situation)[15]을 극복할 수 있다. 일단 한계상황이 해방을 저해하는 족쇄와 장애물이라는 사실을 인식하면, 이 상황을 뚜렷하게 드러나게 하여, 주어진 현실의 구체적인 영역이라는 그것이 지닌 참된 본질을 파악하게 된다. 그 다음에는 비에이라 핀투(Vieira Pinto)가 '한계행동'(limit-act)이라고 말한 행동을 통해 자극에 반응할 수 있게 된다. 한계행

---

15) 핀투 교수는 '한계상황'의 문제를 명확하게 분석하면서도, 야스퍼스에게서 비롯된 비관주의적 측면은 제외한 채 그 개념을 사용하고 있다. 그가 생각하는 '한계상황'이란 "가능성이 사라지는 막다른 경계가 아니라 모든 가능성이 시작되는 진정한 경계다". 또한 한계상황은 "단지 존재와 무(無)를 분리하는 경계가 아니라 존재와 무를 분리하면서도 존재와 그 이상의 존재를 분리하는 경계다"(Alvaro Vieira Pinto, *Consciência e Realidade Nacional*, Rio de Janeiro, 1960, vol. II, p. 284 [『민족 현실에 대한 의식』]).

동이란 '주어진 것'을 수동적으로 받아들이지 않고 그것을 부정하면서 극복하는 행동을 뜻한다.

따라서 절망의 상태를 만들어 내는 것은 한계상황 자체가 아니라 주어진 역사적 시점에서 사람들이 그 상황을 인식하는 태도다. 즉 한계상황을 족쇄나 뛰어넘을 수 없는 장벽으로 보면 실제로 한계상황이 되어버린다. 그러나 비판적 인식이 행동으로 구현된다면 희망과 자신감에 찬 상태가 조성되어 인간은 한계상황을 극복할 수 있게 된다. 하지만 이는 한계상황이 실제로 발견되는 구체적이고 역사적인 현실에 개입하는 것을 통해서만 달성될 수 있다. 현실이 변화되어 그 상황이 바뀌면 새로운 상황이 나타날 것이고, 다시 새로운 한계행동이 필요해질 것이다.

동물의 배경 세계에는 탈역사적인 성격 때문에 한계상황이 없다. 마찬가지로 동물은 한계행동을 할 능력도 없다. 한계행동을 하기 위해서는 세계에 대해 스스로 결정할 수 있는 태도를 지녀야 하며, 세계를 분리하고 객관화시켜 변화시킬 수 있어야 하기 때문이다. 구조상 동물은 배경 속에 유기적으로 묶여 있어 자신과 세계를 구분하지 못한다. 따라서 동물은 역사적인 성격을 지니는 한계상황의 제약이 아니라 전체 배경의 제약을 받는다. 또한 동물의 고유한 역할은 배경과 관계하는 게 아니라(동물에게는 배경이 곧 세계다) 배경에 적응하는 것이다. 그래서 동물이 둥지를 틀거나 굴을 찾거나 집을 짓는 것은 '한계행동'에서 비롯된 결과도 아니며, 변화를 꾀하는 반응의 일환으로 하는 일도 아니다. 동물의 생산적 행동은 세계로부터 오는 자극이 아니라 단지 본능적 자극에 따른 물리적 필요를 충족시키는 데 종속되어 있다. "동물의 생산물은 자신의 신체에 직접적으로 귀속되어 있는 반면 인간은 자신의 생산물을 자유롭게 대면한다."[16]

존재의 행동에서 비롯되지만 존재의 신체에만 귀속되지 않는 생산물(물론 생산물에는 신체의 특성이 포함되어 있지만)만이 환경에 의미의 차원을 부여할 수 있으며, 따라서 세계가 될 수 있다. 그러한 생산을 할 수 있는 존재(그럼으로써 필연적으로 자신이 '대자존재'임을 자각하는 존재)는 자신이 관계하는 세계의 **존재 과정** 속에 있지 않다면 계속 존재할 수 없으며, 세계 역시 그 존재가 존재하지 않으면 계속 존재할 수 없다.

동물과 인간은 이러한 차이 ──동물은 (그 행동이 한계행동을 구성하지 않으므로) 자신으로부터 유리된 생산물을 만들 수 없으며, 인간은 세계에 가하는 자신의 행동을 통해 문화와 역사의 영역을 창조한다──가 있기 때문에 실천(프락시스)하는 존재는 인간뿐이다. 오직 인간존재만이 프락시스로서 **존재**하며, 이 프락시스는 현실을 진정으로 변화시키는 성찰과 행동을 통해 지식과 창조의 근원이 된다. 프락시스 없이 이루어지는 동물의 행동은 창조적이지 않지만 인간의 변화 행동은 창조적이다.

현실과의 지속적인 관계에서 인간이 물질적 재화 ──구체적인 사물──만이 아니라 각종 사회 제도, 사상, 발상 등을 생산하는 것은 변화되고 창조적인 존재이기 때문이다.[17] 지속적인 프락시스를 통해 인간은 역사를 창조하는 동시에 역사적-사회적 존재가 된다. 동물과는 달리 인간은 시간을 과거, 현재, 미래로 삼차원화할 수 있기 때문에 인간의 역사는 그들이 지닌 창조적 기능을 통해 항상적인 변화 과정으로 발전을 거듭하며, 그 속에서 시대적인 요소들이 구체화된다. 이 시대적인 요소들은

---

16) Karl Marx, *Economic and Philosophical Manuscripts of 1844*, ed. Dirk Struik, New York, 1964, p. 113.

17) 이 점에 관해서는 Karel Kosik, *Dialética de lo Concreto*, Mexico, 1967[『구체성의 변증법』]을 참조하라.

시간의 주기 속에 갇혀 있지 않으며, 사람들을 정태적인 구획으로 가두지도 않는다. 만약 그렇다면 역사의 근본적 조건(역사의 영속성)은 사라지고 말 것이다. 그 반대로 시대적인 요소들은 역사적 영속성의 역동성 속에서 상호관련한다.[18]

한 시대는 사상, 발상, 희망, 회의, 가치, 자극 등으로 이루어진 복합체가 대립물과의 변증법적 상호작용 속에서 완성을 향해 나아가는 특징을 갖는다. 사상, 가치, 발상, 희망 등의 구체적인 발현은 물론이고, 민중의 완전한 인간성을 저해하는 장애물들도 그 시대의 주제를 구성한다. 이 주제들은 서로 대립적이고 때로는 정반대되는 타자들까지도 아우르고 있으며, 수행하고 완성해야 할 과제들을 말해 주기도 한다. 그래서 역사적 주제들은 고립적이거나, 독립적이거나, 단절적이거나, 정태적이지 않고, 늘 대립물들끼리 변증법적으로 상호작용한다. 또한 그 주제들은 인간-세계 관계를 떠난 어느 곳에서도 발견할 수 없다. 한 시대의 상호작용하는 주제들의 복합체가 그 시대의 '주제 영역'을 구성한다.

변증법적 모순 속에 있는 이 '주제 영역'을 대면한 인간도 역시 모순적인 위치에 있다. 어떤 사람들은 그 구조를 유지하기 위해 노력하고, 어떤 사람들은 그것을 바꾸기 위해 애쓴다. 각기 나름대로 현실을 표현하는 두 주제 간의 적대가 심화되면서 주제와 현실 자체가 신화화되는 경향이 생겨나고 비합리성과 분파주의의 풍토가 조성된다. 이런 분위기는 더 심층적인 의미를 지닌 주제들을 고갈시키고 주제의 특유한 역동적 측면을 위축시킬 가능성이 크다. 그러한 상황에서는 신화를 창조하는 비합리성

---

18) 역사적 신기원에 관해서는 Hans Freyer, *Teoría de la época actual*, Mexico, 1958[『현실적 사건에 관한 이론』]을 참조하라.

자체가 근본적 주제가 된다. 그 대립적 주제인 비판적이고 역동적인 세계관은 현실을 드러내고, 현실의 신화화를 벗기고, 민중 해방을 향한 영구적인 현실 변혁이라는 인간의 임무를 완전히 달성하기 위해 노력한다.

결국 그 **주제**[19]는 **한계상황**을 포함하는 동시에 한계상황 속에 포함된다. 그것에 포함된 **과제**를 수행하기 위해서는 **한계행동**이 필요하다는 말이다. 주제가 한계상황으로 은폐되어 있는 탓에 명확히 인식되지 않을 경우에는 그에 따른 과제 ——역사적 행동의 형태를 취하는 민중의 대응—— 가 진정으로 실현될 수도, 비판적으로 실현될 수도 없다. 이 경우 인간은 한계상황을 초월하지 못하므로 그 너머에 그 상황과 모순되는 **실험되지 않은 가능성**이 있다는 것을 깨닫지 못한다.

요컨대 한계상황은 그 상황에서 직·간접적으로 이득을 얻는 사람들, 그리고 그 상황에 의해 부정되고 구속되는 사람들의 존재를 포함한다. 후자가 이 상황을 존재와 무의 경계선이 아니라 존재와 더 인간적인 존재 간의 경계선이라고 인식할 때, 그들은 그 인식 속에 함축된 실험되지 않은 가능성을 실현하는 방향으로 비판적 행동을 집중시키게 될 것이다. 그 반면 현재의 한계상황에서 이득을 얻는 사람들은 그 실험되지 않은 가능성을 위협적인 한계상황으로 간주하고, 그것이 실현되지 않도록 예방하며 현상유지를 도모하게 된다. 따라서 역사적 환경 속의 해방 행동은 생성적 주제에 부합되어야 할 뿐만 아니라 그 주제를 인식하는 방법과도 일치해야 한다. 이러한 요구는 유의미한 주제의 연구라는 또 다른 요구를

---

19) 나는 이 주제를 '생성적'이라고 부른다. 왜냐하면 (그것을 어떻게 이해하든, 또 그것이 어떤 행동을 유발하든) 그것은 다시 여러 주제로 나뉠 가능성이 있으며, 그로 인해 새로운 과제가 생겨나기 때문이다.

포함한다.

생성적 주제는 일반적인 것에서 특수한 것으로 향하는 동심원적인 구조에서 찾을 수 있다. 가장 넓은 시대적 단위는 다양한 범위의 단위들을 포함하며, 하위 단위들——대륙, 지역, 국가 등——은 보편적 성격의 주제들을 담고 있다. 나는 우리 시대의 근본적인 주제를 **지배**라고 본다. 여기에는 그 대립물인 **해방**의 주제가 달성해야 할 목표로서 내포되어 있다. 앞서 언급한 인류학적 성격을 우리 시대에 부여하는 것은 바로 그 고통스런 주제다. 비인간적 억압의 제거를 전제로 하는 인간화를 이루기 위해서는 사람이 사물로 환원되는 한계상황을 극복하는 것이 절대적으로 필요하다.

더 작은 원에서는 (같은 대륙에 있거나 다른 대륙에 있는) 여러 사회의 특징적인 주제와 한계상황을 찾을 수 있으며, 이 사회들은 그 주제와 한계상황을 통해 역사적 유사성을 공유한다. 예를 들어 저개발은 종속 관계와 분리되어서는 제대로 이해될 수 없는 것으로, 제3세계 사회의 특징적인 한계상황을 나타낸다. 이 한계상황에 내포된 과제는 이 '대상'-사회들과 대규모 사회의 모순 관계를 극복하는 것인데, 이것은 곧 제3세계를 위한 실험되지 않은 가능성을 구성한다.

더 넓은 시대적 단위 속에 있는 각각의 특정한 사회는 보편적이고, 그 대륙에 고유하고, 역사적으로 유사한 주제와 더불어 그 나름의 특수한 주제와 한계상황도 지니고 있다. 더 작은 원의 경우에도 한 사회 내에서 주제들이 다양화된 것을 볼 수 있다. 사회 내의 지역들과 그 하위 지역들은 모두 전체 사회와 관련되어 있다. 이것들이 시대적 하위 단위를 구성한다. 예를 들어 하나의 국가 단위 내에서도 '비(非)동시대성의 공존'이라는 모순을 발견할 수 있다.

이 하위 단위 내에서 국가 주제의 진정한 의미는 인식될 수도 있고 인식되지 않을 수도 있다. 그것은 단지 살짝 **감지**될 수도 있고, 때로는 전혀 모르고 넘어갈 수도 있다. 그러나 하위 단위 내에 주제가 존재하지 않는다는 것은 절대로 불가능하다. 특정한 지역의 개인들이 생성적 주제를 인식하지 않거나, 왜곡된 방식으로 인식한다는 사실은 단지 억압의 한계 상황 속에 민중이 여전히 침잠해 있음을 드러낼 뿐이다.

대체로, 아직 총체적으로 한계상황을 파악하지 못한 지배당한 의식은 단지 그 부수 현상만을 우려하며, 그것을 한계상황의 속성인 억제력으로 처리하고자 한다.[20] 이 사실은 생성적 주제를 연구하는 데 대단히 중요하다. 민중이 현실을 비판적으로 이해하지 못하고, 현실과 상호작용하는 전체 구성요소와 무관한 파편들로 간주할 경우, 민중은 그 현실을 올바로 이해할 수 없다. 현실을 바르게 알기 위해서는 출발점을 거꾸로 가져가야 한다. 즉 민중은 우선 정황에 대한 총체적인 전망을 지니고 그 구성요소들을 분리시킨 다음, 상세한 분석을 통해 전체에 대한 명확한 인식을 얻어야 하는 것이다.

주제 연구의 방법론에서나 문제 제기식 교육에서나 똑같이 중요한 것은 개인이 처한 현실의 의미 차원을 드러내려는 노력이다. 이것을 분석하면 개인은 다양한 요소들의 상호작용을 식별할 수 있다. 또한 상호작용하는 부분들로 구성된 의미 차원은 총체적 현실의 차원으로 인식되어야

---

20) 주로 중산층에 속한 사람들이 보이는 이런 유형의 행태는 농민들과는 다르다. 그들은 자유에 대한 공포로 인해 방어 기제를 높이고, 합리화를 시도함으로써 근본적인 것을 은폐하고, 우연한 것을 강조하며, 구체적 현실을 부정한다. 어떤 문제를 분석할 경우 불편한 한계상황의 인식으로 이어질 것 같으면, 그들은 논의의 주변부에 머물면서 핵심으로 들어가려 하지 않는다. 심지어 그들이 우연적이거나 부차적인 문제를 우선시한 게 아니냐고 누가 지적하면 그들은 화를 내기도 한다.

한다. 이런 식으로, 의미 존재의 차원을 비판적으로 분석하면 한계상황을 새롭고 비판적으로 대할 수 있게 되며, 그럼으로써 현실의 인식과 이해는 수정되고 새로운 깊이를 얻는다. 최소한도의 주제 영역(상호작용하는 생성적 주제들) 속에 포함된 생성적 주제의 연구가 **의식화**의 방법론으로 진행될 때, 사람들에게 자신들의 세계에 대해 비판적 사고 형식을 갖추도록 할 수 있게 된다.

하지만 궁극적으로 인간존재는 현실을 복잡하고 난해하고 불가해한 것으로 인식하기 때문에 일단 추상을 이용한 연구를 출발점으로 삼는 것은 어쩔 수 없다. 이 방법은 구체를 추상으로 환원하는 게 아니라(그럴 경우 결국 그 변증법적 성격을 부정하게 된다) 두 요소를 성찰 행동 속에서 변증법적으로 상호연관되는 대립물로 간주하는 것이다. 이러한 사고의 변증법적 운동의 좋은 예는 구체적으로 실존하는 '문서화된'(coded) 상황[21]을 분석하는 데서 찾을 수 있다[프레이리가 말하는 '문서'란 단순히 종이로 된 '서류'를 뜻하는 게 아니라 현실을 이차적으로 가공한 '자료'라는 뜻이다. 뒤에 나오는 '해독'도 마찬가지 맥락이다 — 옮긴이]. 그것을 '해독'하기 위해서는 추상에서 구체로 이동하는 것이 필요하다. 이를 위해서는 부분에서 전체로 갔다가 다시 부분들로 돌아와야 한다. 또 이를 위해서는 주체가 객체(문서화된 구체적이고 실존적인 상황) 속에서 자신을 인식해야 하며, 객체를 주체 자신이 다른 주체들과 더불어 존재하는 상황으로서 간주해야 한다. 그 문서 해독이 잘 이뤄지면, 문서화된 상황을 분석할 때 추상에서 구체로 왔다갔다하는 운동이 일어남으로써 구체의 비판적 인식에

---

21) 실존하는 상황의 문서화란 곧 그 상황의 재현으로서, 상호작용하는 구성요소들을 일부 보여준다. 해독은 그 문서화된 상황의 비판적 분석을 가리킨다.

의해 추상이 사라진다. 이로써 현실은 복잡하고 난해한 것에서 벗어나게 된다.

문서화된 체험적 상황에 처할 경우(추상에 의해 실존적 현실의 구체성으로 이끄는 그림이나 사진) 인간은 그 문서화된 상황을 '분리'하려는 경향을 보인다. 문서 해독 과정에서 그 분리는 우리가 '상황의 묘사'라고 부르는 단계에 해당하는데, 그렇게 하면 조각난 전체의 부분들 사이에서 이루어지는 상호작용을 발견하기가 쉬워진다. 이 전체(문서화된 상황)는 그 전까지는 그저 산만하게 파악되었으나, 이제부터는 다양한 차원에서 생각이 전체를 향해 거꾸로 흐름으로써 의미를 가지게 된다. 하지만 문서화는 실존적 상황의 표현이기 때문에 문서 해독자는 그 표현에서부터 자기 자신을 발견하게 되는 대단히 구체적인 상황에까지 단계적으로 대응하려는 경향이 있다. 바로 이 점에서, 현실이 더 이상 막다른 골목처럼 보이지 않고 진정한 측면을 내보이기 시작했음에도 불구하고 개인이 객관적 현실과 무관하게 행동하는 이유를 개념적으로 이해할 수 있다. 그것은 사실 인간존재가 맞닥뜨릴 수밖에 없는 도전이다.

문서 해독의 모든 단계에서 민중은 자신들의 세계관을 외면화한다. 또한 그들이 세계를 사고하고 대면하는 방식——이를테면 숙명론적인가, 역동적인가, 혹은 정태적인가——에서도 그들의 생성적 주제들이 발견될 수 있다. 생성적 주제를 구체적으로 표현하지 않는 집단——이로 인해 주제가 존재하지 않는 것처럼 보여질 수도 있다——은 실상 아주 극적인 주제, 즉 **침묵의 주제**를 암시하고 있는 것이다. 침묵의 주제는 한계상황의 압도적인 힘에 눌린 무언증의 구조를 나타낸다.

여기서 재차 강조할 것은, 생성적 주제는 현실과 유리된 채 민중 속에서 발견되지도 않고, 또 민중과 유리된 채 현실 속에서 발견되지도 않으며, '인간이 없는 곳'에서는 더더욱 찾을 수 없다는 사실이다. 그것은 오직 인간-세계 관계 속에서만 파악될 수 있다. 생성적 주제를 연구하는 것은 현실에 대한 민중의 사고와 민중이 현실에 가하는 행동, 즉 민중의 프락시스를 연구하는 것이다. 바로 이런 이유 때문에, 제안된 방법론에 따르면 연구자와 민중(이들은 보통 그 연구의 대상으로 간주된다)은 함께 **공동연구자**가 되어야 한다. 사람들은 자신의 주제 연구에 적극적인 자세를 지닐수록 현실에 대한 비판적 의식을 더욱 심화할 수 있으며, 그 주제를 명확히 이해하는 가운데 현실을 장악할 수 있다.

어떤 사람들은 자신의 유의미한 주제를 탐색하는 데 민중들을 연구자로 끌어들이는 게 바람직하지 않다고 생각할지도 모른다. 그들의 참견(자기 자신의 교육에 대해 가장 큰 관심을 가진, 혹은 가져야 하는 사람들의 '참견')이 주제 탐색을 '불순'하게 만들 것이고, 그럼으로써 연구의 객관성이 훼손되리라는 믿음에서다. 그러나 이러한 견해는 주제가 본래의 객관적 순수함으로, 마치 사물과 같은 방식으로 존재한다는 잘못된 전제 위에 서 있다. 사실 주제는 민중 속에, 민중과 세계의 관계 속에 구체적 사실을 전거로 해서 존재하는 것이다. 똑같은 객관적 사실도 시대적 하위 단위가 다르면 다른 종류의 생성적 주제 복합체를 만들어 내게 마련이다. 그러므로 특정한 객관적 사실과 그 사실에 대한 사람들의 인식은 생성적 주제와 관계를 가지고 있다.

유의미한 주제는 민중이 표현하는 것이지만, 그 주제와 관련된 객관적 사실에 대한 민중의 인식이 변화되었다면, 특정한 표현의 계기는 그 전의 계기와 다를 것이다. 연구자의 관점에서 중요한 것은 민중이 그 계기를 볼 수 있게 되는 출발점을 알아내고, 연구 과정 중에 그들이 현실을 인식하는 방법에서 변화가 일어났는지 여부를 검증하는 일이다(물론 객관적 현실은 여전히 불변이다. 설사 연구 과정에서 현실 인식이 달라졌다 해도 연구의 타당성이 훼손되는 것은 아니다).

우리는 유의미한 주제에 함축된 염원, 동기, 목표가 바로 **인간의 염원, 동기, 목표**라는 것을 깨달아야 한다. 그것들은 어딘가 '저 바깥'에 정태적 실체로서 존재하는 게 아니라 바로 **지금 일어나고 있는 것**이다. 그것들은 인간존재만큼이나 역사적이며, 따라서 인간과 분리되어서는 파악될 수 없다. 그 주제를 파악하고 이해하는 것은 그것을 구현하는 민중과 그것과 관련된 현실을 둘 다 이해하는 것이다. 그러나——그 주제를 민중과 분리된 채로 이해하는 게 불가능하기 때문에——그와 더불어 그 주제에 관심을 지닌 사람들도 그에 못지 않게 주제를 이해하고 있어야만 한다. 따라서 주제 연구는 현실 인식과 자기 의식을 향해 공동으로 노력하는 과정이 되며, 그로 인해 해방적 성격을 지니는 교육과정이나 문화 활동을 위한 출발점이 될 수 있는 것이다.

이 연구의 진정한 위험은 가정된 연구 대상이 자신을 공동연구자로 여긴 탓에 분석 결과가 '불순'해질 수 있다는 점이 아니다. 그 반대로 위험은 연구의 초점을 유의미한 주제로부터 민중 자신에게로 옮김으로써 민중을 연구 대상으로 취급하는 데 있다. 이 연구는 교사-학생과 학생들-교사들이 같은 대상에 관한 인식을 결합하는 교육 프로그램을 개발하기 위한 기반으로 기능할 것이기 때문에, 연구 자체도 행동의 상호작용에 기반을 두어야 한다.

인간의 영역에서 일어나는 주제 연구는 기계적 행동으로 전락될 수 없다. 그것은 지식과 창조의 탐색 과정이므로 연구자는 유의미한 주제를 연결짓는 데서 문제들 간의 상호침투를 파악해야 한다. 연구는 가장 비판적일 때 가장 교육적이며, 현실을 파편화하거나 '집중화'하는 편협한 요약을 피하고 **총체적** 현실을 파악하려 할 때 가장 비판적이다. 따라서 유의미한 주제의 탐색 과정에는 주제들 간의 연결에 대한 관심이 포함되어야 한다. 이는 곧 주제를 문제로서 제시하고 주제를 역사적-문화적 맥락에서 바라보는 관심을 뜻한다.

교육자가 민중에게 제시할 프로그램을 애써 만들 필요가 없듯이, 연구자도 주제 영역을 연구하기 위한 '일정표'를 공들여 짜거나 출발점을 **자신이** 미리 정할 필요는 없다. 교육과 교육을 지지하기 위한 연구는 모두 인식론적 의미에서 '교감적' 행동이다. 다시 말해 그것들은 항상 '진행중'이고 복합적으로 인식되는 현실에 대한 공동 경험과 의사소통으로 이루어져야 하는 것이다.

과학적 객관성이라는 이름으로 유기적인 것을 비유기적인 것으로, 진행중인 것을 존재하는 것으로, 산 것을 죽은 것으로 바꿔버리는 연구자는 변화를 두려워하는 사람이다. 그는 변화를 부정하지도 않지만 바람직스러운 것으로 보지도 않으며, 변화를 삶의 징후가 아니라 죽음과 부패의 징후로 여긴다. 그는 변화를 연구하고 싶어하지만, 그것은 변화를 자극하고 심화시키기 위해서가 아니라 멈추기 위해서다. 그러나 변화를 죽음의 징후로 보고 민중을 수동적인 연구 대상으로 만들어 엄격한 모델을 얻으려는 과정에서, 그는 자신이 지닌 삶의 파괴자로서의 성격을 무심결에 드러낸다.

다시 한번 강조하지만 주제 연구에는 민중의 사고에 대한 연구가 포함된다. 그 사고는 민중이 함께 현실을 추구하는 가운데에서만 일어날 수 있다. 나는 **다른 사람들을 위해**, 혹은 **다른 사람들 없이** 사고할 수 없으며, 다른 사람들도 **나를 위해** 사고할 수는 없다. 민중의 사고가 미신적이거나 소박할 경우, 그것이 변화하려면 민중이 행동 속의 전제를 다시 생각해야만 가능하다. 민중이 ──다른 사람들의 생각을 흡수하는 게 아니라──직접 자신의 생각을 생산하고 변화시키는 것이 그 과정을 구성해야만 한다.

'상황 속'의 존재인 민중은 시간-공간의 조건 속에 뿌리박고 있으면서, 시간-공간에 의해 규정되기도 하고, 시간-공간을 규정하기도 한다. 그들은 자신의 '상황성'(situationality)에 관해 성찰하면서 상황의 도전을 받고 상황에 작용을 가한다. 인간존재는 **상황 속에** 있는 한 그럴 수밖에 없다. 또한 인간은 자신의 존재를 비판적으로 성찰하고 비판적으로 행동할수록 **더욱** 그 상황성을 첨예하게 느낄 수밖에 없다.

상황성에 대한 성찰은 존재 조건 자체에 대한 성찰이며, 서로가 '상황 속'에 있음을 발견하기 위한 비판적 사고이기도 하다. 따라서 그 상황이 난해하고 복잡한 현실로서, 혹은 고통스런 막다른 골목으로서 보이지 않게 될 때에야 민중은 그것을 객관적-문제적 상황으로 인식할 수 있게 되며, 그때에야 비로소 민중은 존재에 참여할 수 있게 된다. 현실이 제 모습을 드러내면 인간은 **침잠** 상태에서 **탈출**하여 현실 속에 **개입**할 수 있게 된다. 이렇듯 현실 **개입** ──역사적 자각──은 **탈출**로부터 한 단계 전진한 것이며, 상황에 대한 **의식화**의 결과다. 의식화는 모든 탈출의 특징인 자각의 자세를 심화시킨다.

따라서 역사적 자각을 심화시키는 모든 주제 연구는 교육적이며, 모든 참교육은 사고를 연구한다. 교육자와 민중이 민중의 사고를 연구할수록, 또 그럼으로써 공동으로 교육할수록, 그들은 연구를 더 지속적으로 진행할 수 있게 된다. 문제 제기식 교육관에서 교육과 주제 연구는 단지 같은 과정의 다른 계기를 이룰 뿐이다.

반대화적이고 비의사소통적인 은행 저금식 교육의 '저축'과는 달리 문제 제기식 교육법의 교육 내용은 대화를 특징으로 하며, 학생들 자신의 생성적 주제들이 담긴 학생들의 세계관에 의해 구성되고 조직된다. 따라서 교육 내용은 끊임없이 확장되고 쇄신된다. 학생들의 연구를 통해 드러난 주제 영역을 가지고 활동하는 학제적 팀[여러 학문 분과의 연구자들이 모인 팀 — 옮긴이]에서 대화적 교사의 역할은 그 영역을 처음으로 인식한 학생에게서 '제시'받아 그것을 강의가 아닌 문제의 형식으로 '다시-제시'하는 데 있다.

예를 들어보자. 문맹률이 매우 높은 농촌 지역에서 성인 교육을 위한 계획을 입안하는 집단이 있다고 하자. 이 계획에는 문맹퇴치 작업과 문맹퇴치가 이루어진 뒤의 단계가 포함되어 있다. 앞 단계에서 문제 제기식 교육은 '생성적 언어'를 추구하고 연구하며, 뒷 단계에서는 '생성적 주제'를 추구하고 연구한다.

그런데 여기서 생성적 주제나 유의미한 주제의 연구만을 고려한다고 해보자.[22] 일단 연구자들이 작업할 지역을 정하고, 이차적 문헌을 통해 그 지역에 관한 예비 지식을 얻었다면, 그것으로 연구의 첫 단계가 시작된 것이다. (여느 인간 행동의 출발이 대개 그렇듯이) 이 출발에는 어느 정도까지는 어려움과 위험이 따르는 게 정상이지만, 그 지역에 처음 갔을 때는 그 어려움과 위험이 언제나 즉각 눈에 띄지는 않는다. 이 첫 접촉에서 연구자들은 상당수의 사람들을 확보해서 비공식적 회의를 열고, 그 분야에 뛰어들게 된 목적에 관해 이야기해야 한다. 이 회의에서 그들은 연구의 이유와 진행 방법, 용도를 말하고, 나아가 상호 이해와 신뢰 관계가 없으면 연구가 불가능하리라는 점을 설명한다. 참가자들이 연구와 후속

---

22) 이 탐구와 '생성적 언어'의 사용에 관해서는 내 책 『해방 실천으로서의 교육』을 참조하라.

과정에 동의한다면,[23] 연구자들은 참가자들 중에서 지원자를 뽑아 조수로 일하게 한다. 이 지원자들은 그 지역의 삶에 관해 필요한 자료들을 수집할 것이다. 하지만 그보다 훨씬 중요한 것은 지원자들이 연구에 적극적으로 참여하는 일이다.

한편 연구자들은 처음 그 지역을 방문할 때 자신을 내세우지 않고 보이는 것을 그대로 **이해**하려는 자세를 유지하면서 공감적인 관찰자로 처신해야 한다. 물론 연구자들이 그 지역에 올 때 자기 나름의 가치관을 지니고 있는 것은 정상적이지만, 그렇다고 해서 주제 연구를 구실로 삼아 그 가치관을 강요하려 해서는 안 된다. 자신의 주제를 연구 대상으로 내놓은 사람들로부터 공감을 얻을 수 있는(연구자는 이러한 자질을 갖추고 있다고 가정된다) 가치관의 유일한 차원은 바로 세계에 대한 비판적 인식이며, 여기에는 현실을 드러내기 위해 현실에 접근하는 올바른 방식이 포함된다. 따라서 처음부터 주제 연구는 교육 활동이자 문화 활동으로 나타나야 한다.

연구자는 그 지역을 여러 번 방문하고 연구하는 가운데 그 지역에 관한 자신의 비판적 '목적'을 설정한다. 그 작업은 마치 방대하고 독특하며 살아 있는 '문서'를 푸는 작업과 같다. 연구자는 그 지역을 하나의 총체로 간주하고 여러 차례의 방문을 통하여 얻은 부분적 차원들을 분석함으로써 그 지역을 '분할'한다. 이 과정을 통해 연구자는 여러 부분들이 상호작용하는 것에 대한 이해를 넓히고, 나아가 총체성 자체를 파악하게 될 것이다.

---

23) 브라질의 사회학자 마리아 에디 페레이라(Maria Edy Ferreira)의 미발표 논문에 따르면, 주제 탐구는 민중에게 진정한 그들의 것을 돌려주는 한에서만 정당화될 수 있다. 즉 민중에 관해 배우려 하지 말고 민중과 더불어 현실에 관해 알려 하는 한에서만 주제 탐구를 채택할 수 있다는 것이다.

이 문서 해독 단계에서 연구자는 그 지역 생활의 특정한 계기들을 관찰한다. 이 관찰은 때로는 직접적이기도 하고, 때로는 주민들과의 비공식적 대화를 통하기도 한다. 연구자는 주민들이 말하는 방식, 생활양식, 교회와 직장에서의 행동 등 사소해 보이는 것들까지 포함해서 모든 것을 기록한다. 또한 연구자는 사람들의 언어 생활, 즉 표현, 어휘, 구문 등에 관해서도 기록한다(발음이 부정확하다든가 하는 것을 기록하는 게 아니라 사람들이 자신의 생각을 구성하는 방식을 기록한다는 뜻이다).[24]

연구자가 해당 지역의 다양한 상황을 관찰하는 것은 필수적이다. 즉 연구자는 현장의 노동 상태, 지역 단체의 회의(특히 참가자들의 행동, 구사하는 어투, 간부와 직원의 관계), 여성과 젊은이의 역할, 여가 시간, 오락과 운동, 가정에서 사람들이 나누는 대화(특히 남편-아내와 부모-자식 관계의 사례) 등을 면밀히 관찰한다. 연구자는 초기 지역 조사에서 어떤 행동도 놓치면 안 된다.

관찰 방문을 할 때마다 연구자는 간단한 보고서를 작성해서 전체 팀과 토론하고, 전문적 연구자와 현지 조수들이 일차적으로 발견한 결과를 평가한다. 조수들의 참여를 용이하게 하기 위해 평가 회의는 그 지역에서 여는 것이 좋다.

평가 회의는 그 지역에 고유한 삶의 문서를 해독하는 둘째 단계에 해

---

24) 브라질의 소설가 기마랑스 로사(Guimarães Rosa)는 작가가 어떻게 민중의 발음이나 문법적 훼손이 아니라 구문, 즉 민중의 사고 구조 자체를 올바르게 포착할 수 있는지를 보여 주는 좋은 사례다. 실제로 (작가로서 그의 비상한 가치를 폄하하려는 것은 아니지만) 기마랑스 로사는 브라질 오지 주민들의 '유의미한 주제'를 탁월하게 조사했다. 파울루 데 타르소(Paulo de Tarso) 교수는 현재 그 작가의 작품 『오지에서 돈벌이를 하는 악마들』(Grande Sertão Veredas, 영어판 The Devil to Pay in the Backlands, New York, 1963) 중에서 그동안 거의 고려되지 않았던 측면을 분석하는 논문을 준비하고 있다.

당한다. 각 사람이 문서를 해독하는 과정에서 특정한 사건이나 상황에 대해 인식하고 느낀 것을 말할 때, 그 진술은 모두가 관심을 가진 같은 현실을 말하는 것이므로 다른 사람들에게 자극을 준다. 이 순간 그들은 타인의 '고찰'을 통해 자신의 이전 '고찰'을 '재고찰'하게 된다. 이리하여 각 문서 해독자가 수행하는 현실 분석은 대화적인 방식을 통해 그들 모두를 분할된 전체로 되돌아가게 한다. 이로써 현실은 다시 총체성이 되어 연구자에게 새로운 분석을 요구하게 되며, 그에 따라 새로운 평가와 비판적 회의가 열리게 되는 것이다. 주민들의 대표는 연구자 팀의 성원처럼 모든 활동에 참여한다.

이렇게 연구 집단이 전체를 분할했다가 재통합하는 과정이 되풀이되면서 그들은 그 지역 주민들과 관련된 주요 모순과 부차적 모순의 핵심에 점점 접근할 수 있다. 모순의 핵심을 찾아냄으로써 연구자는 이미 이 단계에서도 교육 활동의 프로그램을 짤 수 있다. 사실 교육 내용이 그 모순을 반영한다면 그 지역의 유의미한 주제도 포함할 것이 틀림없다. 그렇다면 그 관찰에 입각한 행동이 '위에서부터 내려진 결정'에 입각한 행동보다 훨씬 성공할 가능성이 높으리라는 것은 뻔하다. 하지만 연구자는 그 가능성에 현혹되어서는 안 된다. 모순(여기에는 사회의 주요 모순이 포함된다)의 핵심을 초기에 인식하는 과정에서 근본적인 것은 주민들이 모순을 어느 정도로 의식하고 있는지를 연구하는 일이다.

본질적으로 그 모순은 한계상황을 구성하고, 주제를 포함하며, 과제를 제시한다. 만약 개인들이 한계상황에 묶인 채 헤어날 수 없다면, 그 상황과 관련된 주제는 **숙명론**이 되며, 주제에 포함된 과제는 **과제의 부재**가 된다. 따라서 한계상황은 개인들의 요구를 유발하는 객관적 현실이지만, 그 개인들과 함께 상황에 대한 그들의 의식을 연구하는 것이 필요하다.

구체적 현실로서의 한계상황은 지역에 따라(심지어 그 지역의 하위 지역에 따라서도) 다르며, 대립되는 주제와 과제를 낳을 수도 있다. 그러므로 연구의 기본적인 관심은 골드만이 '현실적 의식'과 '잠재적 의식'이라고 부르는 것을 아는 데 집중되어야 한다.

현실적 의식은, 잠재적 의식의 실현을 위해 경험적 현실의 다양한 요소들이 가로막은 수많은 장애물과 탈선을 극복한 결과다.[25]

현실적 의식은 한계상황 너머에 있는 '실험되지 않은 가능성'을 인식할 수 없다는 뜻을 내포한다. 그러나 실험되지 않은 가능성은 '현실적[혹은 현재의] 의식'의 수준에서는 달성될 수 없지만, '실험 행동'을 통해 지금껏 인식되지 않은 가능성을 드러냄으로써 실현될 수 있다. 실험되지 않은 가능성과 현실적 의식은 서로 연관되어 있으며, 실험 행동과 잠재적 의식도 마찬가지다. 골드만이 말하는 '잠재적 의식'의 개념은 니콜라이의 용어인 '인지되지 않은 실용적 해법'[26](우리가 말하는 '실험되지 않은 가능성')과 비슷하며, 니콜라이의 '인지된 실용적 해법'과 '현재의 실용적 해법'은 골드만의 '현실적 의식'에 해당한다. 따라서 연구자들이 연구의 첫 단계에서 모순의 복합체를 대략 이해할 수는 있겠지만, 그것으로 그들이 교육 행동의 프로그램을 편성하기 시작할 권한까지 가지게 되는 것은 아니다. 이러한 현실 인식은 아직 연구자들의 것이지 민중의 것이 아니다.

---

25) Lucien Goldman, *The Human Science and Philosophy*, London, 1969, p. 118.
26) André Nicolaï, *Comportment Économique et Structures Sociales*, Paris, 1960[『경제 행동과 사회구조』].

연구의 둘째 단계가 시작되는 것은 모순의 복합체를 이해하는 때이다. 언제나 팀으로 행동하는 연구자들은 이 모순들 중 일부를 골라 주제연구에 사용될 문서로 만든다. 이 문서화(그림이나 사진)[27]는 해독자들이 비판적 분석을 할 때 중재 역할을 하는 **객체**이기 때문에 문서화를 준비할때는 시각 보조자료를 만드는 통상적인 것과는 다른 원칙이 적용되어야한다.

첫째 조건은 그 문서화가 반드시 주제를 검토받고 있는 사람들 각각에게 익숙한 상황을 나타내야 한다는 점이다. 그래야만 사람들이 그 상황(그리고 상황과 자신의 관계)을 쉽게 이해할 수 있다. 현실의 그림을 참가자들에게 낯선 형태로 제시하는 것은 허용될 수 없다(연구가 진행 중일 때도 그렇고, 유의미한 주제가 프로그램 내용으로 제시되는 후속 단계에서도 그렇다). 그것은 오히려 참가자들이 침잠 상태를 말로 구술하는 더 기본적인 절차, 즉 자신의 현실을 분석하는 사람들이 자신의 왜곡된 일차적 인식을 깨닫고, 그럼으로써 현실에 대한 새로운 인식을 얻게 되는 과정보다더 나을 것이 없다(하지만 낯선 현실을 분석하는 참가자들이 그 그림을 자신의 그림과 비교해 각각의 단점을 발견할 수 있다는 점에서 그 방법도 변증법적이기는 하다).

문서화를 준비하는 데 근본적인 또 다른 조건은 주제의 핵심이 지나치게 노골적이거나 지나치게 난해하지 않아야 한다는 점이다. 노골적인경우에는 단순한 선전으로 전락하여 명확하게 예정된 내용을 진술하는

---

27) 문서화는 구술로 할 수도 있다. 이 경우 문서화는 실존적 문제를 말로써 다룬 다음 해독 작업이
이어지는 식으로 진행된다. 칠레농업개혁기구의 팀은 주제 연구에서 이 방법을 성공적으로
사용한 바 있다.

것 이상으로 실질적인 해독이 이루어지지 않을 것이다. 또한 지나치게 난해한 경우에는 퍼즐이나 수수께끼처럼 보일 우려가 있다. 문서화는 체험적 상황을 표현하므로 가급적 내용이 단순해야 하며, 다양한 해독의 여지를 남겨 선전의 세뇌적 경향을 피해야 한다. 문서화는 구호가 아니라 인식 가능한 대상이며, 해독자의 비판적 성찰이 수용할 수 있는 자극이다.

해독 과정에서 다양한 분석의 여지를 남기기 위해서는 문서화가 '주제의 부재'처럼 조직되어야 한다. 다시 말해 해독자가 문서를 성찰할 때 자연스럽게 문서들이 다른 주제로 연결되도록 구성되어야 한다. 이 연결(주제 내용이 지나치게 노골적이거나 난해하면 이 연결이 있을 수 없다)은 주제와 그 대립물 간에 존재하는 변증법적 관계를 인식하는 데 필수적이다. 그러므로 체험적 상황을 반영하는 문서화는 객관적으로 총체성을 구성해야 한다. 즉 그 요소들이 전체의 구성 속에서 상호작용해야 하는 것이다.

문서 해독 과정에서 참가자들은 자신의 주제를 외면화하며 그럼으로써 세계에 대한 자신의 '현실적 의식'을 명료히 한다. 그 과정에서 그들은 현재 분석하는 상황을 실제로 경험하면서 자신들이 어떻게 행동했는가를 알기 시작하며, '예전 인식에 대한 인식'에 도달한다. 이러한 자각을 얻음으로써 그들은 현실을 다르게 인식하게 된다. 즉 인식의 지평을 넓힘으로써 그들은 '배경 의식' 속에서 더욱 쉽게 현실의 두 차원의 변증법적 관계를 발견한다.

'예전 인식에 대한 인식'과 '예전 지식에 대한 지식'을 자극함으로써 문서 해독은 새로운 인식과 새로운 지식을 낳는다. 이 새로운 인식과 지식은 교육 계획이 출범하는 것과 더불어 체계적으로 지속되며, 그 결과 실험되지 않은 가능성이 실험 행동으로 바뀌고 잠재적 의식이 현실적 의식을 대체하게 된다.

나아가 문서화를 준비하는 또 다른 조건은, 가능하다면 연구 대상 지역의 모순 체계를 구성하는 여타의 문제점들을 '포괄할' 수 있도록 표현해야 한다는 것이다.[28] 이 '포괄적인' 문서화가 이루어질 때 그 안에 '포함'된 다른 모순들도 문서화되어야 한다. 전자의 해독은 후자의 해독에 의해 변증법적으로 명료해질 것이다.

이러한 맥락에서, 칠레의 대단히 중요한 정부기구인 농업발전기구(INDAP)에서 일하는 젊은 공무원 가브리엘 보데(Gabriel Bode)는 우리 방법에 극히 귀중한 기여를 했다.[29] 문맹퇴치 이후 단계에서 이 방법을 사용하던 중에, 보데는 농민들이 문서화가 자신들의 요구에 직접적으로 관련될 때만 토론에 관심을 보인다는 사실을 관찰했다. 그 문서화에서 조금만 벗어나거나, 교육자가 해독 토론을 조금이라도 지도하려 하면 농민들은 곧바로 침묵과 무관심으로 일관하는 것이었다. 게다가 보데는 문서화[30]가 농민들의 요구에 초점을 맞추고 있더라도 농민들은 토론에 체계적으로 집중할 수 없고, 자주 논점에서 벗어나 종합에 이르지 못한다는 사실을 관찰했다. 또한 농민들은 자신들의 요구와 그 요구의 직·간접적 원인의 관계를 거의 인식하지 못했다. 이는 농민들이 자신들의 요구를 낳은 한계상황 너머에 있는 실험되지 않은 가능성을 인식하지 못한 것으로 볼 수도 있다.

그 뒤 보데는 서로 다른 상황을 대상으로 동시적인 계획을 실험하기

---

28) 이 충고는 조제 루이스 피오리의 미발표 논문에 나온다.

29) 최근까지 INDAP는 경제학자이자 신실한 휴머니스트인 자크 촌촐(Jacques Chonchol)이 관리했다.

30) 이 문서화는 피오리의 정의에 따르면 '포괄적'이 아니었다.

로 했는데, 바로 이 기법에 그의 공헌이 있다. 처음에 그는 한 체험적 상황에 대해 아주 단순한 문서화를 실시한다. 그는 이 첫번째 문서화를 '본질적'이라고 부른다. 그것은 기본적 핵심을 나타내고 '보조적' 문서화에까지 이르는 주제의 부채를 펼친다. 본질적 문서화가 해독된 뒤 교육자는 그 투영된 이미지를 참가자들의 전거로 삼고 계속해서 보조적 문서화를 병행한다. 본질적 문서화와 직접 관련된 이 보조적 문서화를 통해 그는 참가자들의 생생한 관심을 유지함으로써 종합에 도달할 수 있게 한다.

가브리엘 보데의 업적은 본질적 문서화와 보조적 문서화의 변증법을 이용하여 참가자들에게 **총체성**의 감각을 전달했다는 데 있다. 현실 속에 침잠해 단지 자신의 요구를 **감지**할 뿐이던 개인들이, 현실로부터 **탈출**하여 자기 요구의 **원인**을 인식한다. 이런 식으로 그들은 현실적 의식의 수준을 넘어 잠재적 의식의 수준으로 넘어갈 수 있다.

이렇게 문서화가 이루어지고 주제의 모든 가능한 측면들이 학제적 팀에 의해 연구되고 나면, 연구자들은 셋째 단계의 연구를 시작한다. 그것은 해당 지역으로 돌아가 '주제 연구 집단'[31]에서 해독을 위한 대화를 시작하는 것이다. 앞선 단계에서 준비된 재료를 해독하는 이 토론은 녹음된 뒤 나중에 학제적 팀에 의해 분석된다.[32] 회의에는 해독 조정자로서

---

31) 각 '연구 집단'은 스무 명을 최대로 해야 한다. 또한 연구 집단의 수는 연구 대상인 지역이나 하위 지역의 10퍼센트를 포괄할 만큼 많아야 한다.
32) 이 후속되는 분석 회의에는 연구에 보조로 참여했던 그 지역의 지원자들과 '주제 연구 집단'의 참가자들 일부가 참가해야 한다. 그들의 참여는 그들의 권리이자 전문가의 분석을 위해서는 필수불가결하다. 그들은 전문가의 공동연구자이므로 전문가가 발견 결과를 해석한 내용을 수정하고 재가한다. 방법론적 관점에서 볼 때 그들의 참여는 연구를 안전하게 만들어 준다(연구는 처음부터 '공감적' 관계를 기초로 한다). 따라서 민중 대표는 주제 분석의 처음부터 끝까지 참여하는 것은 물론이고 해방적 문화 활동으로서의 교육 행동 프로그램 내용을 편성하는 데도 참여해야 한다.

참여하는 연구자 이외에 다른 두 전문가 ─ 심리학자와 사회학자 ─ 도 참여한다. 그들의 임무는 해독자들의 중요한 (그리고 겉보기에는 중요치 않은) 반응을 기록하는 일이다.

해독 과정에서 조정자는 사람들의 이야기를 듣는 것만이 아니라 문서화된 체험적 상황과 그들 자신의 대답을 문제로서 제기하여 그들에게 자극을 주어야 한다. 방법론의 카타르시스적인 힘 덕분에, 주제 연구 집단의 참가자들은 다른 상황이었다면 드러나지 않았을 자신과 세계, 그리고 타인들에 관한 감상과 견해를 외면화할 수 있게 된다.

산티아고에서 진행된 어느 주제 연구 ─ 이 특별한 연구는 불행히도 완성되지는 못했다 ─ 에서는 빈민 집단이, 술에 취해 거리를 걷는 한 사람과 거리 한모퉁이에서 잡담을 하는 세 젊은이가 있는 장면에 관해 토론했다. 집단 참가자들은 이렇게 말했다. "거기서 유일하게 생산적이고 조국에 쓸모가 있는 사람은 술에 취한 사람이에요. 그는 하루종일 저임금을 받으며 일한 뒤 귀가하고 있는 거죠. 그러면서도 그는 가족들의 요구를 충족시킬 수 없어 늘 가족들 걱정을 하고 있죠. 거기서 노동자는 그 사람뿐이에요. 우리처럼 당당한 노동자이고 주정뱅이죠."

연구자[33]는 원래 알코올 중독에 관해 연구할 참이었다. 그가 만약 참가자들에게 자신이 직접 애써 만든 질문서를 주었더라면 앞의 대답 같은 것은 나오지 못했을 것이다. 단도직입적으로 질문을 받는다면 그들은 술을 마시지 않는다고 부인할지도 모른다. 그러나 그들이 이해할 수 있고, 자신이 그 안에 포함되어 있음을 알고 있는 체험적 상황을 문서화한 자

---

33) 정신과 의사인 파트리시오 로페스(Patrício Lopes)를 가리킨다. 그의 작업은 『해방 실천으로서의 교육』에 나와 있다.

료에 관한 토론이었기에 그들은 자신이 진정으로 느끼는 그대로 이야기할 수 있었다.

여기에는 두 가지 중요한 측면이 있다. 한편으로 그들은 저임금, 피착취와 술에 취하는 것 사이의 연관성을 말하고 있다. 술을 마시는 것은 현실로부터의 도피이고, 좌절과 무기력을 극복하기 위한 시도이며, 궁극적으로는 자기파괴적 해법이다. 다른 한편으로 그들은 주정뱅이를 높이 평가하려는 마음을 보이고 있다. 주정뱅이는 "조국에 유일하게 쓸모가 있는 사람이고 다른 사람들은 놈팽이들이죠." 이렇게 주정뱅이를 치켜세운 뒤 참가자들은 자신들을 주정뱅이와, 술도 마시고 일도 하는 '당당한 노동자'와 일치시킨다.

그와 반대로, 도덕주의적 교육자가 실패하는 경우를 상상해 보자.[34] 그는 알코올 중독증을 비난하는 설교를 하고, 사람들에게 도덕의 발현이라고 생각되지 않는 것들을 도덕적인 사례로 제시한다. 이런 경우 유일하게 건전한 방법은 상황의 **의식화**밖에 없는데, 이것은 주제 연구의 처음부터 시도되어야 한다. (의식화란 단순히 주관적인 상황을 인식하는 수준에 머무는 게 아니라 행동을 통해 인간화의 장애물을 극복하는 투쟁을 준비하게 하는 것이다.)

농민들을 상대로 한 또 다른 경험에서 나는 임금 인상에 대한 강력한 의지를 관찰할 수 있었다. 밭에서 일하는 상황을 놓고 토론하는 내내 변하지 않는 동기는 임금 인상 요구였으며, 이 특수한 요구를 달성하기 위해 힘을 합쳐 조합을 결성해야 한다는 필요성이었다. 그 모임에서는 세 가지 상황이 논의되었으나 핵심은 늘 같았다.

---

34) Niebuhr, *Moral Man and Immoral Society* 참조.

이제 어느 교육자가 이들을 위해 교육 프로그램을 편성한다고 상상해 보자. 그는 "물은 우물에 있다"는 사실을 배울 수 있도록 '유익한' 서적들을 읽게 한다. 바로 이런 정도가 교육과 정치에서 늘상 일어나는 일이다. 이런 식이라면 교육의 대화적 성격이 주제 연구와 더불어 시작된다는 사실이 드러나지 못한다.

집단의 문서 해독이 완수된 다음에는 연구의 마지막 단계가 시작된다. 연구자들은 발견 성과를 놓고 체계적인 학제적 연구에 착수한다. 해독 과정을 녹음한 테이프를 듣고, 심리학자와 사회학자가 작성한 기록을 보면서 연구자들은 연구 기간 중에 얻은 진술 중에서 명시적이거나 암묵적인 주제들을 뽑는다. 이 주제들은 사회과학의 여러 분야에 따라 분류된다. 이렇게 분류하는 이유는 프로그램이 만들어졌을 때 주제들을 각각 별개의 범주에 속하도록 하기 위해서가 아니라, 단지 관련된 사회과학의 특수한 관점에서 주제를 바라보기 위한 것일 뿐이다. 예를 들어 발전이라는 주제는 주로 경제학에 적합하지만 반드시 거기에만 속하는 것은 아니다. 그 주제는 사회학, 인류학, 사회심리학 등 문화 활동이나 태도와 가치관의 변화를 다루는 분야에서도 중요하게 취급될 것이다(발전의 철학에서도 다룰 수 있다). 또한 발전의 주제는 정치학에서도 발전을 포함하는 의사결정과 관련된 주제로서 다뤄질 것이며, 교육학에서도 중시될 것이다. 이런 식으로, 총체성을 규정짓는 주제들은 엄격하게 별도로 취급되지 않는다. 주제들이 현실의 다른 측면들까지 아우르는 풍부한 해석과 더불어 상세히 연구된 다음에 오히려 그 풍부함(과 그 영향력)을 무시하는 입장에서 다시 다뤄진다면 그 결과는 보잘것없을 것이다.

주제 분류가 끝나면 각 전문가들은 학제적 팀에게 자기 주제를 '세분'하기 위한 계획을 제시한다. 이 과정에서 전문가가 찾아낸 근본적 핵심에 의해 학습 단위가 구성되고, 순서가 정해지며, 주제에 관한 일반적 견해가 얻어진다. 특정한 계획이 논의될 때마다 다른 전문가들이 의견을 개진한다. 이 의견들은 계획 속에 포함될 수도 있고, 해당 주제에 관한 짧은 논문에 실릴 수도 있다. 서지학적 정보도 함께 수록된 그 논문은 장차 '문화 집단'에서 일하게 될 교사-학생들을 훈련하는 데 귀중한 자료가 된다.

유의미한 주제를 세분하는 중에 학제적 팀은 연구 기간 중에는 민중이 직접적으로 말하지 않았던 몇 가지 근본적인 주제를 포함시켜야 할 필요성을 느끼게 될 것이다. 이 주제의 도입은 이미 필요성이 입증되었고, 교육의 대화적 성격에도 부응한다. 만약 교육 프로그램이 대화적이라면 교사-학생들도 참여할 권리가 있으므로 전에 언급되지 않았던 주제를 포함시킬 수 있다. 그런 종류의 주제를 나는 그 기능을 고려하여 '연결 주제'(hinged theme)라고 부른다. 이 주제는 프로그램 단위 속의 두 주제 간의 간격을 메움으로써 연결을 용이하게 할 수도 있고, 일반적 프로그램의 내용과 민중이 지닌 세계관의 관계를 알기 쉽게 보여 주는 역할을 할 수도 있다. 따라서 이러한 주제는 주제 단위의 초반부에 포함시킬 수도 있다.

인류학적 문화 개념은 그러한 연결 주제의 예다. 그것은 민중이 세계 속에서, 세계와 더불어 살면서 적응하는 존재가 아니라 변혁하는 존재임을 분명히 밝혀준다.[35]

주제들의 세분이 끝나면[36] '문서화'의 단계가 이어진다. 즉 각 주제

---

35) 인류학적 문화 분석의 중요성에 관해서는 『해방 실천으로서의 교육』을 참조하라.
36) 전체 프로그램은 상호연관된 단위들로 구성된 총체성이면서 동시에 그 자체로 별도의 총체성을 이룬다는 점에 유의하라. / 주제들은 그 자체로 총체성이면서 상호작용 속에서 전체 프로그램의 주제 단위를 구성하는 요소들이기도 하다. / 주제의 해부는 총체적 주제를 분리해서 부분

에 맞는 최선의 의사소통 통로와 재현 방식을 선택하는 것이다. 문서화는 단순할 수도 있고 복잡할 수도 있다. 단순한 것은 시각(그림이나 도표), 촉각, 청각을 이용한 소통이고, 복잡한 것은 다양한 방식을 이용한다.[37] 그림이나 도표 방식의 선택은 문서화되는 자료만이 아니라 소통하려는 사람들이 문맹이냐 아니냐에 의해 결정된다.

주제를 문서화한 다음에는 교육용 자료(사진, 슬라이드, 포스터, 서적 등)를 준비한다. 연구 팀은 일부 주제나 일부 주제의 측면들을 외부 전문가에게 맡겨 인터뷰 기록 자료로 삼을 수도 있다.

발전이라는 주제를 예로 들어보자. 연구 팀은 여러 학파에 속한 두 사람 이상의 경제학자를 섭외해서 그들에게 프로그램에 관해 말해 주고, 그 주제에 관해 대중이 이해할 수 있는 언어로 인터뷰를 해달라고 부탁한다. 그 전문가가 부탁을 받아들이면, 15~20분 가량의 인터뷰 내용을 녹음한다. 전문가가 말하고 있는 장면을 찍은 사진이 첨부되어도 좋겠다.

녹음된 인터뷰를 문화 집단에 제출할 때 도입부에는 말하는 전문가가 누구인지를 밝히고 그가 쓴 책, 경력, 지금 하고 있는 일 등을 삽입하며, 그 전문가의 사진이 화면에 투영되도록 한다. 예를 들어 전문가가 대

적 요소를 이루는 근본적 핵심을 찾아내는 일이다. / 문서화 과정은 해체된 주제를 다시 총체화함으로써 체험적 상황을 재현한다. / 문서 해독 과정에서 개인들은 문서를 분리하여 함축적 주제를 파악한다. 변증법적 해독 과정은 거기서 끝나지 않고 해체된 전체를 다시 총체화하여 더 분명히 이해하는 것으로 끝난다(체험적 상황을 재현하는 다른 문서화된 상황들과의 관계도 그런 식으로 처리한다).

37) 문서화
   a) 단순한 방법 ┬ 시각 소통 ┬ 그림
             ├ 촉각 소통 └ 도표
             └ 청각 소통
   b) 복합적 방법 – 여러 소통로를 동시적으로 활용

학 교수라면, 도입부에 참가자들이 대학에 관해 어떻게 생각하며 무엇을 기대하는지에 관한 토론을 삽입할 수도 있다. 문화 집단은 녹음된 인터뷰가 끝난 다음에 그 내용에 관한 토론이 있으리라는 것을 이미 알고 있다 (이는 곧 청각 문서의 기능을 한다). 나중에 연구 팀은 토론 중에 나타난 참가자들의 반응을 전문가에게 보고한다. 이 기법은, 선의는 가지고 있지만 민중의 현실로부터 소외된 지식인들을 그 현실에 연결시켜준다. 또한 민중에게는 지식인들의 생각을 듣고 비판할 기회를 부여한다.

어떤 주제나 핵심은 짧은 연극으로 표현할 수도 있는데, 이 경우에는 그 주제만 포함시키고 절대로 '해결책'은 다루지 말아야 한다! 이 경우 극화는 문서화처럼 토론할 문제 제기식 상황의 역할을 한다. 그밖의 교육 자료—여기에는 은행 저금식 교육법이 아니라 문제 제기식 교육법으로 진행되어야 한다는 조건이 따른다—로 잡지와 신문의 기사, 서적의 일부도 활용할 수 있다(인용문들을 가지고 시작한다). 녹음된 인터뷰의 경우처럼 그 글의 작성자를 초청해서 토론을 벌여도 좋다.

마찬가지 맥락에서, 특정한 사건이 일어났을 때 그것을 다루는 신문 사설의 내용을 분석하는 것도 필수적이다. "왜 같은 사실을 두고도 신문마다 해석이 각기 다를까?" 이러한 훈련은 비판 정신을 계발하는 데 도움이 되므로 민중은 신문이나 뉴스 보도를 접할 때 '성명'을 수용하는 것과 같은 수동적 객체로서가 아니라 자유를 추구하는 의식으로서의 자세를 취할 수 있다.

모든 교육 자료가 구비되고 각 자료마다 짤막한 도입부가 작성되었으면, 교육자 팀은 민중에게 민중 자신의 주제를 체계적이고 증폭된 형태로 제시할 준비를 갖춘 것이다. 주제는 민중에게서 나와 민중에게로 돌아갈 때, 저축되는 것이 아니라 해결해야 할 문제의 형태를 취하게 된다.

기본 교육을 담당하는 교사의 첫째 과제는 교육 운동의 전반적인 프로그램을 제시하는 것이다. 민중은 이 프로그램에서 자기 자신을 찾게 된다. 프로그램은 원래 민중에게서 나왔기 때문에 그들에게 낯설게 보이지 않는다. 교육자는 또한 그 프로그램을 통해 연결 주제가 포함된 이유와 그 의미를 (대화식 교육에 토대를 두고) 설명한다.

교육자에게 앞에서 말한 예비 주제 연구를 진행할 만한 재정이 충분하지 않은 경우, 교육자는 —— 상황에 대한 최소한의 지식을 가지고 —— 몇 가지 기본적인 주제를 '연구할 문서화'로 삼고 프로그램을 진행한다. 이런 경우 교육자는 도입 주제와 동시에 주제 연구를 시작할 수도 있다.

그러한 기본 주제의 한 예로 인류학적 문화 개념이 있다(나는 이것을 핵심적이고 필수불가결한 것으로 간주한다). 글을 배웠거나 문맹퇴치 프로그램에 등록한 민중이 농민이든, 도시 노동자이든 더 많은 지식(도구적인 의미에서의 지식)을 찾으려는 노력의 출발점은 문화의 개념에 관해 토론하는 것이다. 문화의 세계를 토론하면서 그들은 다양한 주제들이 함축된 현실에 대한 자각 정도를 드러낸다. 그들의 토론은 현실의 다른 측면, 즉 비판적 태도에 의해 점점 분명하게 인식되는 측면을 다루는데, 이 측면은 또 다시 많은 다른 주제들을 포함한다.

내가 겪은 경험에 비추어볼 때, 나는 상상력을 발휘하여 문화 개념의 많은 차원들을 토론하면, 교육 프로그램의 다양한 측면을 형성할 수 있다고 확언한다. 게다가 문화 집단 참가자들과 며칠 동안 대화한 뒤 교육자는 참가자들에게 직접 이렇게 물을 수 있다. "그밖에 또 어떤 주제를 가지고 토론할까요?" 그러면 그에 대한 각자의 대답을 기록하고 곧바로 그것을 문제의 형식으로 집단에게 제안하는 것이다.

예컨대 어떤 사람이 이렇게 말할 수도 있다. "나는 민족주의에 관해 말하고 싶습니다." 그럼 교육자는 "좋습니다"라고 말하고 그 제안을 기록한 다음 이렇게 덧붙인다. "민족주의란 무엇입니까? 민족주의에 관한 토론이 우리와 무슨 관계가 있나요?" 내 경험에 따르면 제안이 문제로서 집단에게 제기될 때는 새로운 주제들이 출현한다. 예를 들어 어느 지역에서 30개의 문화 집단이 같은 날 저녁에 모였을 때 모든 '조정자'(교육자)가 이런 식으로 회의를 진행한다면 중앙 팀은 주제에 관한 풍부한 자료를 얻을 수 있게 될 것이다.

해방 교육의 관점에서 중요한 것은 민중이 자기 사고의 주인으로 느끼도록 하는 데 있다. 즉 민중이 명시적으로든 암묵적으로든 자신의 생각과 세계관을 토론하고, 그것을 자신이나 동료의 제안에 담아내도록 하는 것이다. 이러한 교육관은 자체적인 프로그램을 제시하는 대신에 먼저 민중과 함께 대화를 통해 그 프로그램을 찾아야 한다는 신념에서 출발하기 때문에, 피억압자의 교육학을 개발하는 데 도움이 되며 여기에 억압자도 참여하도록 만들 수 있다.

제4장

이 장에서는 반대화적 토대와 대화적 토대로부터 비롯된 문화 활동의 이론들을 분석할 것이다. 그와 더불어 앞의 장들에서 제시한 논점들을 자주 언급하면서, 그것들을 더 확대하거나 새로운 주장들을 명료히 하려 한다.

우선 실천(프락시스)하는 존재인 인간이 순전히 행동하는 존재인 동물과 다르다는 점을 재차 확인하면서 논의를 시작하기로 한다. 동물은 세계를 고찰하는 게 아니라 세계 속에 묻혀 살아간다. 그와 달리 인간존재는 세계로부터 벗어나며, 세계를 객관화하고, 그럼으로써 자신의 노동과 노력을 통해 세계를 이해하고 변혁한다.

동물은 노동하지 않으며, 자신의 환경을 초월할 수 없다. 그러므로 동물의 모든 종(種)은 환경에 적응하며 살아간다. 인간에게는 환경이 열려 있으나, 동물은 환경 속에서 자기들끼리 의사소통을 하지 못한다.

그러나 인간 행위는 행동과 성찰로 이루어진다. 그것은 곧 프락시스이며, 세계의 변혁이다. 인간 행위는 곧 프락시스이기 때문에 이론을 필요로 한다. 인간 행위는 이론과 실천이며, 성찰과 행동이다. 제2장에서 강조했듯이 인간 행위는 탁상공론이나 행동주의로 환원될 수 없다.

레닌이 말한 유명한 문구, 즉 "혁명 이론이 없으면 혁명 운동도 있을 수 없다"[1]라는 말은 혁명이 탁상공론이나 행동주의로 달성되는 게 아니라 변혁되어야 할 구조에 대한 프락시스, 다시 말해 **성찰**과 **행동**에 의해 달성된다는 뜻이다. 이 구조를 근본적으로 변혁하려는 혁명적 노력에서, 단순히 그 지도자를 **사상가**로, 피억압자를 **행위자**로만 지칭할 수는 없다.

민중에게 진정으로 헌신하기 위해, 피억압자가 존재하는 현실을 변혁하기 위해 변혁 행동의 이론이 필요하다면, 그 이론은 당연히 변혁 과정에서 근본적인 역할을 민중에게 할당해야 마땅하다. 혁명 지도부는 피억압자를 단순한 행위자로만 취급하면서, 그들에게 성찰의 기회를 부정하고 단지 행동한다는 환상만 허용해서는 안 된다. 사실 그들은 계속 교묘하게 조종받고 있기 때문이다(이 경우에는 가상의 적에 의한 조종이다).

지도부는 조정의 책무, 때로는 지도의 책무까지 지고 있지만, 피억압자의 프락시스를 부정하는 지도부는 그럼으로써 자신의 프락시스마저도 무효화하고 있는 것이다. 자신의 말을 다른 사람들에게 강요함으로써 그들은 그 말을 허구화하고, 자신의 방법과 목적 간의 모순을 빚는다. 지도부가 진정으로 해방에 헌신하려면 그들의 행동과 성찰은 반드시 다른 사람들의 행동과 성찰을 필요로 한다.

혁명적 프락시스는 지배 엘리트의 프락시스와는 대립해야 한다. 혁명 지도부는 그 본성상 지배 엘리트와 대척적일 수밖에 없기 때문이다. 혁명적 프락시스는 민중의 프락시스가 단지 지도부의 결정만 추종하는 터무니없는 이분법 ——이는 지배 엘리트의 명령식 방법을 반영하는 것이다——을 용납할 수 없다. 혁명적 프락시스는 통일의 프락시스이므로

---

1) Vladimir Lenin, "What is to be Done", *Essential Work of Lenin*, ed. Henry M. Christman, New York, 1966, p. 69.

혁명 지도부는 피억압자를 자신의 소유물처럼 여겨서는 안 된다.

조작, 구호, '저축', 통제, 명령은 바로 지배적 프락시스의 요소이기 때문에 결코 혁명적 프락시스의 요소가 될 수 없다. 지배자는 지배하기 위해 민중의 진정한 프락시스를 부정한다. 그들에게는 민중이 자신의 말을 하며 자신의 생각을 하는 권리를 부정하는 것 이외에 달리 선택의 여지가 없다. 지배자는 변증법적으로 행동할 수 없다. 왜냐하면 그것은 곧 그들이 자신들의 지배권을 철폐하고 피억압자의 대의에 동조하거나, 아니면 판단 착오로 자신들의 권력을 잃는 것을 뜻하기 때문이다.

그 반대로, 민중과의 관계에서 대화적인 자세를 취하지 않는 혁명적 지도부는, 혁명적 성격을 잃고 지배자의 특성을 가지게 되거나, 아니면 자신들의 역할을 완전히 잘못 알고 분파주의에 사로잡히게 되는데, 둘 다 모두 비혁명적인 것은 마찬가지다. 그런 지도부가 권력을 가지게 될 수도 있다. 그러나 무릇 반대화적 행동에서 비롯된 혁명은 그 타당성이 대단히 의심스러울 수밖에 없다.

절대적으로 중요한 것은 피억압자가 혁명 과정에 참여하면서 변혁 주체로서의 역할을 점점 자각해 가는 것이다. 만약 그들이 절반은 자기 자신이고 절반은 억압자의 성격을 내면화한 모호한 존재로서 혁명에 참여한다면 ——더구나 억압 상황에서 비롯된 그 모호함을 그대로 유지한 채 권력을 장악하게 된다면 ——내가 보기에 그들은 권력을 획득했다고 **상상**하는 것에 불과하다.[2] 그들의 실존적 이중성은 분파주의적 분위기를

---

2) 이러한 위험이 있기 때문에 혁명 지도부는 피억압자의 마음 속에 '자리잡은' 억압자의 수단을 결코 모방하지 말아야 한다. 혁명가는 피억압자와 함께 하는 프락시스의 과정에서 피억압자 속에 '안주'하려 하면 안 된다. 그 반대로 혁명가는 (피억압자와 함께) 억압자를 '몰아내야' 하며, 그래야만 피억압자 안에서가 아니라 그들과 **더불어** 살아갈 수 있다.

조성하여 관료제를 정착시킴으로써 혁명을 침해하게 될 수도 있다. 피억압자가 혁명 과정에서 그러한 모호함을 자각하지 못한다면, 그들은 혁명주의가 아니라 보복주의로서 혁명 과정에 참여하게 될 것이다.[3] 또한 그들은 혁명을 해방의 길이 아니라 지배의 수단으로 꿈꾸게 될 것이다.

혁명 지도부가 참된 휴머니즘을 구현하기 위해서는 많은 어려움과 문제가 있지만, 지도부가 (비록 선의에서 나온 것이라 해도) 민중을 **위해서만** 혁명을 수행하려 한다면 그 어려움과 문제는 훨씬 커질 것이다. 그것은 사실상 민중 **없이** 혁명을 수행하려는 것이나 마찬가지다. 왜냐하면 그것은 민중을 억압하던 것과 똑같은 방법과 절차로써 그들을 혁명 과정에 끌어들이려는 시도이기 때문이다.

민중과의 대화는 모든 참된 혁명에 필수적이다. 이것이야말로 혁명을 군사 쿠데타가 아닌 진짜 혁명으로 만드는 요소다. 쿠데타에는 ('정통성'을 확보하기 위한) 책략이나 (민중을 억압하기 위한) 무력만이 있을 뿐 대화를 기대할 수는 없다. 어느 시점에서든 참된 혁명은 민중과 용기있는 대화를 시작해야 한다. 혁명의 정통성은 바로 그 대화에 있다.[4] 혁명은 민중을 두려워하지 않으며, 민중의 발언과 권력에의 참여를 우려하지 않는다. 오히려 혁명은 민중에게 의지해야 하며, 민중에게 솔직히 혁명의 성과와 과오, 판단착오, 어려움을 털어놓아야 한다.

대화가 일찍 시작될수록 더욱 참된 혁명 운동이 될 수 있다. 혁명에

---

3) 피억압자는 늘 착취 체제에 억눌려 있었으므로 혁명 투쟁에 보복적 차원을 덧붙이려는 것도 이해할 수 없는 일은 아니지만, 혁명이 그것 때문에 본래의 힘을 고갈시켜서는 안 된다.

4) 게바라의 죽음을 확인했을 때 피델 카스트로는 쿠바 민중에게 이렇게 말했다. "우리는 의혹으로부터 이득을 얻을 수는 있지만, **거짓**, 진실에 대한 **두려움**, 허구적 환상과의 타협, 거짓과의 타협은 결코 혁명의 무기가 될 수 없습니다"(*Gramma*, October 17, 1967. 강조는 인용자).

절실하게 필요한 대화는 또 다른 절실한 요구에 부응한다. 그것은 곧 의사소통을 통하지 않으면 참된 인간으로 거듭날 수 없다는 민중의 요구다. 민중은 기본적으로 의사소통을 하는 존재이기 때문이다. 의사소통을 저해하는 것은 곧 민중을 '사물'의 지위로 전락시키는 것이며, 그것은 바로 억압자의 일이지 혁명가의 일이 아니다.

여기서 한 가지 강조해 둘 것이 있다. 내가 프락시스를 옹호한다고 해서 이 프락시스가 성찰을 전 단계로 하고 행동을 후속 단계로 하는 식의 이분법을 의미하지는 않는다는 것이다. 행동과 성찰은 동시에 일어난다. 하지만 비판적 현실 분석은 특정한 행동 형태가 현 시기에 불가능하거나 부적절하다는 것을 보여 줄 수도 있다. 따라서 성찰을 통해서 특정한 행동 형태의 불가능성이나 부적절함을 인식하는 사람은 결코 무기력한 게 아니다. 비판적 성찰 역시 나름의 행동이다.

앞에서 나는, 교육에서 교사-학생이 인식 가능한 대상을 이해하려 시도하는 것은 그 대상에만 국한되지 않는다고 말한 바 있다. 그 행동이 다른 학생들-교사들에게로 파급되면 인식 가능한 대상이 그들의 이해력을 중재하는 단계에 이르게 된다. 혁명적 행동도 그와 마찬가지다. 다시 말해서 피억압자와 지도부는 다 같이 혁명적 행동의 주체이며, 현실은 두 집단의 변혁 행동을 위한 중재 역할을 하게 된다. 이러한 행동 이론에서 **행위자**는 단순한 **행위자**가 아니라 **상호 의사소통 속의 행위자**이다.

이러한 주장은 혁명 세력의 분열과 이분법, 균열을 뜻하는 것처럼 보일지도 모른다. 그러나 실은 그 대립물인 친교(communion)를 의미한다. 이 친교가 없으면 이분법밖에 남지 않는다. 한편에는 지도부, 다른 편에는 민중이 위치하므로 억압 관계의 복사판에 불과해지는 것이다. 혁명 과정에서 친교를 부정하고, 민중을 조직한다거나, 혁명적 힘을 강화한다거나, 통일전선을 구축한다는 구실로 민중과의 대화를 회피하는 것은 자유에 대한 공포를 드러낼 뿐이다. 그것은 민중에 대한 공포이거나 신뢰의 부재다. 민중을 믿지 못한다면 해방의 근거가 없어진다. 이 경우 혁명은 **민중을 위한 것**조차도 되지 못하며, 기껏해야 **지도부를 위해 민중이 하는 혁명**이 되어 완전한 자기부정에 빠져버린다.

혁명은 지도부가 민중을 위해 하는 것도, 민중이 지도부를 위해 하는 것도 아니며, 양측이 함께 굳건한 연대를 이룸으로써 실현될 수 있는 것이다. 이 연대는 지도부가 겸손한 자세로 애정과 용기를 가지고 민중과 만날 때만 싹틀 수 있다. 모든 사람이 그러한 만남을 할 만큼 용기 있는 것은 아니지만, 그 만남을 회피한다면 모두가 지나치게 경직되고 다른 사람들을 단지 대상으로만 취급하게 된다. 그 경우 삶을 양육하는 대신 삶을 죽이게 되며, 삶을 찾는 대신 삶으로부터 도피하게 된다. 그것은 바로 **억압자**의 특성이다.

어떤 이들은 대화 —— 세계를 변혁하기 위한 사람들의 만남 —— 를 받아들이면 소박하고 주관적인 관념론에 빠지게 될지도 모른다고 걱정한다.[5] 그러나 인간보다 더 현실적이고 구체적인 것은 없다. 사람들은 세계 속에서, 세계와 더불어, 다른 사람들과 함께 살아가는——때로는 서로 억압 계급과 피억압 계급으로 적대시하기도 하는——구체적인 존재이므로 관념론의 걱정은 할 필요가 없다.

참된 혁명은 비인간화 상태를 낳는 현실의 변혁을 시도한다. 그 현실에서 득을 보는 사람은 그 변혁을 수행할 수 없다. 그것은 반드시 독재에 시달리는 사람들이 그들의 지도부와 함께 달성해야 하는 과제다. 그러나

---

5) 다시 한번 반복하는데, 이 대화적 만남은 적대적인 관계에서는 결코 일어날 수 없다.

이 진리는 근본적으로 결과적이다. 다시 말해 지도부가 민중과의 친교를 통해 **체화**해야 하는 진리다. 친교를 통해 양 집단은 함께 나아가게 되며, 지도부는 독단을 피하고 민중의 프락시스와 함께 자신들의 프락시스를 순수하게 진행할 수 있는 것이다.

　기계적 현실관에 묶여 있는 많은 사람들은 각 개인의 구체적인 상황이 그의 세계관을 규정하며, 그 세계관이 또 다시 그의 태도와 현실을 다루는 방식을 규정한다는 사실을 인식하지 못한다. 그들은 현실이 기계적으로 변혁될 수 있다고 믿는다.[6] 따라서 그들은 현실에 대한 그 사람의 허위 의식을 문제로서 제기하지 않으며, 혁명적 행동을 통해 그 허위를 떨쳐가도록 의식을 발전시키려 하지 않는다. 인간적이지 않은 역사적 현실이란 없다. 인간 **없이**는 역사가 없으며, 인간존재와 **무관한** 역사는 없다. 무릇 역사란 오직 **민중**이 만들고 (마르크스에 따르면) 거꾸로 민중을 만드는 인간성의 역사일 뿐이다. 다수가 주체로서 역사에 참여할 권리가 거부될 때 민중은 지배당하고 소외된다. 민중의 객체적 조건을 주체적 지위로 바꾸기 위해서는——이는 모든 참된 혁명의 목표다——민중이 변혁할 현실에 기반하여 행동하고 성찰해야 한다.

　단순히 억압적 현실을 성찰하고 자신의 지위가 객체라는 것을 깨닫는 것만으로 주체가 되었다고 주장한다면, 그것은 물론 관념론일 것이다. 그러나 그 인식이 저절로 인간을 주체적으로 만들지는 못한다 해도, 나의 어느 공동연구자[7]가 말한 것처럼 적어도 그것으로 인간은 '**잠재적 주체**'

---

6) "지배 계급이 안정적인 시대, 지배 계급이 모든 면에서 확고히 권력을 틀어쥔 채 이따금 노동자들에게 위협을 가하고, 노동자들은 소극적인 방어에만 급급한 시대에는 자연히 현실의 '물질적' 요소, 극복해야 할 장애물, 인간 의식과 행동의 취약성을 강조하는 사회주의 문학이 생겨나게 된다"(Goldman, *The Human Science and Philosophy*, pp. 80~81).

가 될 수는 있으며, 그럼으로써 장차 자신의 새로운 지위를 확고히 하는 방향으로 나아갈 수 있다.

그 반면 행동주의(이것은 진정한 행동이 아니다)가 혁명으로 향하는 길이라고 믿는다면, 그것은 잘못된 전제다. 민중은 프락시스로 충만해서 살아갈 때만 진정으로 비판적일 수 있다. 다시 말해 민중은 비판적 성찰을 포함하는 행동을 통해 현실에 대한 소박한 인식을 더 높은 수준의 인식으로 끌어올림으로써 현실의 **근거**를 인식해야 비판적인 태도를 취할 수 있는 것이다. 혁명 지도부가 민중의 그러한 권리를 부정하면 민중은 사고하는 능력이 손상되거나 올바르게 사고할 수 없게 된다. 혁명 지도부는 민중 **없이**, 또는 민중을 **위해** 사고하는 게 아니라 민중과 **더불어** 사고하는 것이다.

그러나 지배 엘리트는 민중 없이 사고할 수 있으며, 실제로 그렇게 한다. 하지만 그러면서도 그들은 민중을 더 잘 알고 더 효율적으로 지배해야 하기 때문에 민중에 **관한** 생각을 완전히 도외시할 만큼 여유를 부릴 처지는 못 된다. 따라서 설사 지배 엘리트와 대중 간의 대화나 의사소통이 있다고 해도 그것은 대중을 길들이려는 의도를 담은 '성명'을 저축하는 것에 불과하다.

지배 엘리트는 민중과 더불어 사고하지 않는데도 왜 힘이 약화되지 않는 걸까? 그 이유는 민중이 엘리트의 반테제, 즉 그들의 존재 근거를 이루기 때문이다. 만약 엘리트가 민중과 더불어 사고한다면 그 모순은 사라질 것이며, 그들은 더 이상 지배적 위치에 있지 못하게 될 것이다. 지배자의 관점에서 보면 어느 시대에서든 올바른 사고는 민중이 사고하지 않는

---

7) Fernando García, a Honduran, in a course for Latin Americans, Santiago, 1967.

것을 전제로 한다.

나중에 왕립협회의 회장이 되는 기디(Giddy) 씨라는 사람은 모든 나라에서 나올 수 있는 반대를 제기했다. "가난한 노동 계급에게 교육을 제공한다는 계획은, 이론적으로는 그럴듯해 보일지 몰라도 실은 그들의 도덕과 행복을 잘못 판단한 결과입니다. 그 계획은 그들에게 복종을 가르쳐 농업과 같은 힘든 일터의 충직한 일꾼으로 만들기보다는 그들에게 자신의 운명과 처지를 경멸하도록 가르칠 겁니다. 그러면 공업 국가에서 보는 것처럼 그들은 까다롭고 다루기 힘들어질 겁니다. 그들은 선동적인 팜플렛이나 그리스도교에 반하는 사악한 책과 출판물을 읽게 될 테고, 잔뜩 오만해져서 상사에게 복종하지 않을 것이며, 얼마 안 가 입법부는 그들을 힘으로 강력히 제압해야 한다는 필요성을 느끼게 될 겁니다."[8]

기디 씨가 진정으로 바라는 것, 또한 오늘날의 엘리트가 바라는 것 ——물론 그들은 대중 교육 자체를 냉소적이거나 노골적으로 거부하지는 않지만 ——은 민중이 사고하지 않는 것이다. 모든 시대의 기디 씨 같은 사람들, 즉 억압 계급은 민중과 **더불어** 사고할 수도 없으며, 민중이 스스로 사고하도록 허용하지도 않는다.

하지만 혁명 지도부는 그렇지 않다. 그들은 민중과 더불어 사고하지 않으면 죽은 것이나 다름없다. 민중은 단순히 사고의 대상이 아니라 그들을 낳은 모태이다. 물론 혁명 지도부도 민중을 더 잘 이해하려면 민중에 관해 사고해야 하지만, 이 사고는 엘리트의 사고와는 다르다. 그들은 민

8) Niebuhr, *Moral Man and Immoral Society*, pp. 117~118.

중을 (지배하기 위해서가 아니라) 해방시키기 위해 사고하는 것이며, 민중의 사고를 위해 노력하기 때문이다. 전자는 **주인**으로서의 사고이며, 후자는 **동지**로서의 사고이다.

무릇 지배는 그 본성상 서로 대립하고 모순되는 지배와 피지배의 관계만을 필요로 한다. 반면 그 모순을 해소하고자 하는 혁명적 해방은 지배-피지배 관계와 더불어 해방 과정에서 나타나는 지도 집단도 필요로 한다. 이 지도 집단은 민중의 피억압 상태와 자신들을 일체화하지 못하면 혁명성을 가질 수 없다. 지배자들처럼 그냥 민중에 **관해** 사고하면서 그 사고에 몰두하지도, 민중과 **더불어** 사고하지도 않는다면 **혁명** 지도부로서의 역할을 포기하는 것이다.

억압 과정에서 엘리트는 피억압자의 '죽은 것과 다름없는 삶'에 의존해서 살아가며, 피억압자와의 수직적 관계 속에서 자신의 존재 근거를 찾는다. 혁명 과정에서 갓 태어난 지도부가 권위를 획득하려면 한 가지 방법밖에 없다. 즉 그들은 피억압자를 통해, 그리고 피억압자와 더불어 거듭 나기 위해 먼저 '죽어야' 하는 것이다.

억압 과정에서는 누군가가 다른 누군가를 억압한다고 말해도 옳지만, 혁명 과정에서는 누군가가 다른 누군가나 자기 자신을 해방시킨다고 말할 수 없고, 다만 친교 관계에 있는 인간존재들이 서로를 해방시킨다고만 말할 수 있다. 물론 이 말은 혁명 지도부의 중요성을 과소평가하려는 게 아니라 그 반대로 그들의 가치를 강조하려는 것이다. 피억압자와 더불어, '인생의 불합격자'와 더불어, '대지의 저주받은 자'와 더불어 살고 일하는 것보다 더 중요한 게 무엇이겠는가? 이런 친교 속에서 혁명 지도부는 자신의 존재근거와 환희의 동기를 찾아야 한다. 혁명 지도부는 그 본성상 지배 엘리트가—그 본성상—참된 의미에서 할 수 없는 일을 할 수 있는 것이다.

엘리트가 계급으로서 피억압자에게 접근하는 것은 모두 제1장에서 말한 허구적 관용의 견지에서 바라볼 수 있다. 그러나 혁명 지도부는 허구적 관용을 베풀 수 없으며, 대중을 조작할 수도 없다. 억압 엘리트는 민중을 발로 짓밟음으로써 성장하는 데 반해 혁명 지도부는 민중과의 친교를 통해서만 성장할 수 있다. 따라서 억압자의 행동은 휴머니즘이 될 수 없고, 혁명 세력의 행동은 반드시 휴머니즘이어야만 한다.

억압자의 비인간성과 혁명 세력의 휴머니즘은 둘 다 과학을 이용한다. 그러나 전자에 복무하는 과학과 기술은 피억압자를 '사물'의 지위로 전락시키는 데 사용되며, 후자의 과학은 인간화를 증진하는 데 사용된다. 하지만 피억압자가 단순히 과학적 관심의 대상에 머물지 않으려면 그들은 혁명 과정의 주체가 되어야 한다.

과학적·혁명적 휴머니즘은 혁명이라는 이름 아래 피억압자를 분석 대상으로 취급하고 (그 분석에 입각하여) 행동 지침을 내려주어서는 안 된다. 그것은 억압 이데올로기의 신화, 즉 **무지의 절대화**라는 함정에 빠져버리게 된다. 이 신화는 누군가가 다른 누군가에게 무지를 강요하는 관계를 의미한다. 그렇게 강요하는 자는 자기 자신과 자신이 속한 계급을, 지식을 가진 자 혹은 지식을 가질 수밖에 없는 자로 규정하며, 또 그럼으로써 다른 사람들을 이질적인 존재로 규정한다. 그가 속한 계급의 말은 '진리'의 말이 되며, 그는 그것을 다른 사람들에게 강요한다. 반면 피억압자의 말은 빼앗기고 사라져버린다. 다른 사람들의 말을 빼앗는 자는 다른 사람들의 능력에 깊은 회의를 품게 되며, 그들을 무능력자로 간주한다. 억압자는 말하지 못하도록 금지당한 사람들의 말을 듣지 않고, 자신의 말을 할 때마다 점점 더 권력에 익숙해지며, 지도, 명령, 강제의 단맛을 느끼게 된다. 결국 억압자는 명령을 내릴 사람이 없으면 살아갈 수 없게 된다. 이러한 상황에서는 대화가 불가능하다.

그 반면에 과학과 휴머니즘을 바탕으로 삼는 혁명 지도부는 민중의 무지에 관한 신화를 믿지 않는다. 그들은 단 한 순간도 그것이 신화에 불과하다는 점을 의심하지 않을 수 없다. 그들은 자신들만이 뭔가를 안다고 생각하지 않는다. 왜냐하면 그것은 곧 민중을 의심하는 것이기 때문이다. 비록 그들이 혁명적 의식 덕분에 민중의 경험적 지식과는 다른 차원의 혁명적 지식을 가지고 있다고 자인하는 것은 올바르지만, 그렇다고 자신의 지식을 민중에게 강요해서는 안 된다. 그들은 민중을 구호의 대상으로 삼아서는 안 되며, 민중과 대화적 관계를 이루어야만 한다. 그래서 지도부의 비판적 지식을 이용하여 민중의 경험적 현실 인식을 점점 현실의 **원인**에 대한 지식으로 바꾸어야 하는 것이다.

억압 엘리트가 민중의 무지를 절대화하는 신화를 스스로 포기하리라고 기대한다면 그것은 소박한 생각이다. 그러나 혁명 지도부가 그 신화를 버리지 **않는다면** 그것은 모순이며, 그 신화에 따라 행동한다면 그것은 더욱 큰 모순이다. 혁명 지도부의 임무는 이 신화만이 아니라 억압 엘리트가 억압을 위해 사용하는 모든 신화를 문제로서 제시하는 데 있다. 그렇지 않고 혁명 지도부가 만약 억압자의 지배 방식을 계속 답습한다면 민중은 다음 둘 중의 한 가지 방식으로 대응할 것이다. 특정한 역사적 상황의 경우, 민중은 지도부가 그들에게 저축시킨 새로운 내용에 의해 길들여질 가능성이 있다. 다른 경우, 민중은 자기 안에 내면화된 억압자의 요소를 위협하는 '말'에 대해 겁을 집어먹을 수도 있다.[9] 어떤 경우이든 민중은 혁명적이 될 수 없다. 첫째 경우에는 혁명이 환상으로 바뀌며, 둘째 경우에는 혁명이 불가능해진다.

의도는 좋지만 생각이 잘못된 사람들은 대화 과정이 지난하다는 이유로[10](이것은 사실이 아니다) 일단 의사소통 없이 '성명'만으로 혁명을 수행한 다음, 혁명이 성공하면 **그 뒤에** 철저한 교육적 노력을 기울여야 한다고 말하기도 한다. 나아가 그들은 권력을 획득하기 전에 교육적 과제를 수행하기란 불가능하다는 말로써 그 절차를 정당화한다. 여기서 그런 주장의 몇 가지 근본적 논점을 분석할 필요가 있겠다. 그런 주장을 하는 사람들은 민중과의 대화가 필요하다고는 생각하지만, 권력을 획득하기 이전에는 그 대화가 가능하지 않다고 생각한다. 지도부가 권력을 획득하기 전에도 비판적인 교육 형식을 취할 수 있다는 가능성을 부인한다면,

---

9) 어떤 경우 이 '말'은 밖으로 나오지 않기도 한다. 설사 혁명 세력에 속하지 않는 사람이라 해도 누가 민중 속에 '내면화'된 억압자의 요소를 위협한다면 그것만으로도 충분히 민중은 파괴적인 입장을 취하게 될 수 있다.

한 학생은 전에 내게 이렇게 말한 적이 있다. 라틴아메리카의 농촌 사회에서 어느 광적인 신부는 '공산주의자' 두 사람이 있다는 이유로 모임에 참여하기를 거부했다. 그들은 이른바 '가톨릭 신앙'을 '파괴'한다는 게 이유였다. 모임이 있던 날 밤 농민들은 한 사람도 빠지지 않고 함께 모여 그저 현지 어린이들을 가르치고 있는 초등학교 교사에 불과했던 그 두 사람을 산 채로 태워 죽였다. 아마 그 신부는 그 전에 교사들의 집에서 수염을 기른 한 남자[마르크스를 가리킨다 — 옮긴이]가 표지에 나오는 책을 본 적이 있었을 것이다.

10) 다시 한번 강조하건대, 대화 행동과 혁명 행동을 나누는 이분법 같은 것은 없다. 대화의 단계가 따로 있고 혁명의 단계가 따로 있는 게 아니라 오히려 혁명 행동의 본질이 대화다. 이러한 행동 이론에서는 **행위자**가 상호주관적으로 자신의 행동을 **대상**(행위자들을 매개하는 **현실**)에게 향하며, 인간의 인간화를 **목표**(그 현실을 변혁하는 것)로 삼게 된다.

반대화를 본질로 하는 억압적 행동의 이론에서는 앞의 구도가 단순화된다. **행위자**는 **현실**과 **피억압자**를 한꺼번에 자기 행동의 **대상**으로 삼으며, (억압적 현실의 유지를 통해) 억압의 유지를 자신의 목적으로 삼는다.

	혁명적 행동의 이론			억압적 행동의 이론
상호주관성	주체-행위자 (혁명지도부)		행위자-주체 (피억압자)	행위자-주체 (지배 엘리트)
상호작용	매개하는 대상	변혁할 현실	매개하는 대상	대상-유지해야 할 현실 대상-피억압자 (현실의 일부)
지향하는 것	목표	영구한 과정으로서의 인간화	목표	목표-억압의 유지

혁명의 교육적 특성이 **문화 혁명**을 준비하는 **문화 활동**이라는 사실을 부인하는 것이다. 그들은 문화 활동과, 권력을 획득한 뒤 시작할 새로운 교육을 혼동하고 있다.

앞서 나는 억압 엘리트가 해방 교육을 시행하리라는 기대는 소박한 생각이라고 말한 바 있다. 그러나 혁명은 교육적 성격을 분명하게 가지고 있기 때문에 —해방을 이루지 못하면 혁명이 아니라는 의미에서— 권력 획득은 혁명 과정에서 (중요하기는 하지만) 단지 하나의 계기에 불과하다. 혁명 '이전'은 억압 사회 내에 있으므로 혁명적 의식 앞에서만 확연하게 드러난다.

혁명은 사회적 실체로서 억압 사회 내부에서 태어난다. 따라서 혁명은 문화 활동이어야만 그 사회적 실체가 지니고 있는 잠재성에 올바르게 부응할 수 있다. 무릇 모든 실체는 그 자체의 내부에서, 그 모순의 상호작용을 통하여 전개되거나 변화하게 마련이다. 외부 조건은 비록 필요하기는 하지만 그 실체의 잠재성에 일치하는 한에서만 효과적이다.[11] 혁명의 새로움은 낡은 억압 사회 내에서 태동한다. 그러므로 권력 획득은 단지 지속적인 혁명 과정의 중대한 한 계기에 지나지 않는다. 정태적이 아닌 역동적인 혁명관에는 절대적인 '이전'과 '이후'의 개념이 없으므로 권력 획득은 뚜렷한 구분이 될 수 없다.

객관적인 조건에서 비롯되는 혁명은 사회 내에서 지속적인 해방 과정을 출범시킴으로써 억압의 상황을 지양하고자 한다. 혁명을 '문화 활동'으로 만드는 혁명의 교육적이고 대화적인 성격은 혁명의 모든 단계에서 나타난다. 이 교육적 성격은 혁명이 반혁명적 관료제로 제도화되고 성

---

11) Mao Tse-tung, "The United Front in Cultural Work".

층화되는 것을 방지하는 가장 효율적인 수단 가운데 하나다. 반혁명은 혁명 세력이 반동화될 때 일어난다.

민중이 대화 경험이 없다는 이유 때문에 권력을 획득하기 전에 민중과 대화하는 것이 불가능하다면, 민중이 권력에 다가서는 것도 불가능해진다. 민중은 권력을 행사하는 데도 역시 경험이 없기 때문이다. 혁명 과정은 역동적이다. 지속적인 역동성, 그리고 민중과 혁명 지도부의 프락시스 속에서 민중과 지도부는 대화와 권력 행사를 한꺼번에 익히는 것이다 (이는 마치 수영을 배우려면 도서관이 아니라 물 속에 있어야 하는 것처럼 명백한 사실이다).

민중과의 대화는 양보도 아니고, 선물도 아니며, 지배를 위해 사용하는 책략은 더더욱 아니다. 대화는 세계를 '이름짓기' 위한 사람들 간의 만남이며, 참된 인간화를 위한 근본적인 조건이다. 가조 페트로비치의 말을 빌리면 다음과 같다.

> 자유로운 행동이란 오직 인간이 자신의 세계와 자기 자신을 변화시키는 행동만을 가리킨다. …… 자유의 적극적 조건은 필연성의 한계를 알고 인간의 창조적 능력을 의식하는 것이다. …… 자유로운 사회를 위한 투쟁은 개인의 자유가 더 큰 폭으로 창조되는 것이 아니라면 자유로운 사회를 위한 투쟁일 수 없다.[12]

---

12) Gajo Petrovic, "Man and Freedom", *Socialist Humanism*, ed. Erich Fromm, New York, 1965, pp. 274~276. 또한 Gajo Petrovic, *Marx in the Mid-Twentieth Century*, New York, 1967도 참조하라.

이 견해를 받아들이면 혁명 과정의 교육적 성격은 더욱 분명해진다. 혁명으로 가는 길은 이와 같이 민중을 무시하지 않고 솔직하게 대하는 태도, 불신이 아닌 친교의 태도를 포함한다. 레닌이 지적했듯이 혁명이 이론을 필요로 하면 할수록 혁명 지도부는 민중과 더불어 존재하면서 억압의 힘에 대항해야 한다.

이러한 일반적 토대 위에서 반대화적 행동과 대화적 행동의 이론들을 더 상세히 분석해 보자.

정복

반대화적 행동의 첫째 특징은 정복 욕구다. 반대화적인 사람은 타인과의 관계에서 타인을 정복하고자 한다. 이를 위해서 그는 조잡한 것에서 세련된 것까지, 억압적인 것에서 온정적인 것(가부장제)까지 온갖 수단을 동원한다.

모든 정복 행동은 정복자와 정복 대상(사람과 사물)을 포함한다. 정복자는 자신의 목표를 피정복자에게 강요하며, 그들을 자신의 소유물로 만든다. 그는 자신의 모습을 피정복자에게 강요하고, 피정복자는 그 모습을 내면화해서 타자를 자기 안에 가진 모호한 존재가 된다. 인간을 사물의 지위로 전락시키는 정복 행동은 처음부터 네크로필리아적이다.

반대화적 행동이 현실적이고 구체적인 억압 상황의 필연적인 결과라면, 대화적 행동은 억압 상황을 혁명적으로 지양하는 데 필수적이다. 인간은 추상적으로 반대화적이거나 대화적인 게 아니라 구체적인 세계 속에서 반대화적이거나 대화적이다. 인간은 처음에 반대화적이었다가 나중에 억압자가 되는 게 아니라 동시적으로 반대화적인 억압자가 되는 것이다. 억압의 객관적인 상황 속에서 반대화는 억압자에게 더 큰 억압——경제적 억압이 아니라 문화적 억압——을 위한 수단으로서 필수적이다. 즉 피정복자는 자신의 말과 표현력과 문화를 빼앗긴다. 나아가 억압 상황이 시작되면 반대화는 그 상황을 유지하기 위해서도 필수불가결하다.

해방 행동은 본질적으로 대화적이기 때문에, 대화는 해방 행동에 대해 후천적인 것이 아니라 해방 행동에 수반되는 것이다. 또한 해방은 영구적인 상태여야 하므로 대화는 해방 행동의 지속적인 측면이 된다.[13]

정복 욕구(혹은 정복의 필요성)는 반대화적 행동 속에 항상 나타난다. 이를 위해 억압자는 세계를 '고찰'하는 피억압자의 능력을 파괴하고자 한다. 그러나 억압자는 그 파괴를 완전히 수행할 수 없기 때문에 세계를 **신화화**해야만 한다. 피억압자와 피정복자에게 위선의 세계를 제시함으로써 소외와 수동성을 더욱 강화하기 위해, 억압자는 세계를 문제로서 제시하는 것을 방해하고, 대신 고정된 실체로서, 주어진 것으로서 보여 준다. 그리하여 민중은 단순한 구경꾼으로서 세계에 적응할 수밖에 없는 것이다.

억압자의 입장에서는 정복을 통해 민중이 계속 수동적인 상태로 남아 있도록 만들어야 한다. 그 방법은 민중과 **더불어 살아가는** 것을 포함하지 않고 진정한 의사소통을 필요로 하지도 않는다. 그 대신 억압자는 현상유지에 반드시 필요한 신화를 저축시키는 방법을 구사한다. 예를 들어

---

13) 민중 혁명이 권력을 장악하면 새로운 권력이 예전의 억압적 권력을 부활시키려는 일체의 시도를 진압할 윤리적인 의무를 가진다는 사실이, 혁명이 본래 가지고 있는 대화적 성격과 모순을 빚는 것은 결코 아니다. 서로 적대적 계급이었던 예전의 억압자와 피억압자 사이의 대화는 혁명 이전에도 가능하지 않았으며, 혁명 이후에도 여전히 불가능하다.

억압적 질서가 '자유로운 사회'라는 신화, 모든 사람이 원하는 대로 자유롭게 일하며, 따라서 직장 상사가 마음에 들지 않으면 언제든 직장을 떠나 다른 일자리를 찾을 수 있다는 신화, 현 질서는 인권을 존중하므로 정당하고 올바르다는 신화, 근면하기만 하면 누구나 기업가가 될 수 있다는 신화 등이 그것이다. 그밖에 더 나쁜 신화들도 많다. 노점상도 대규모 공장주에 못지 않은 기업가라는 신화, 브라질의 모든 초등학생 중에 대학까지 진학하는 학생은 극히 일부인데도 교육의 보편적 권리가 보장되고 있다는 신화, "내가 누군지 알아?" 하는 식의 말이 여전히 통용되고 있음에도 불구하고 모든 개인이 평등하다는 신화, 억압 계급이 '호전적 야만주의'에 맞서 '서구 그리스도교 문명'을 수호하는 영웅이라는 신화, 실제로 계급으로서 하는 일은 선택적인 '선행'에 불과한 엘리트가 자선과 관용을 베푼다는 신화(이것은 나중에 국제적 차원에서 교황 요한 23세가 혹독하게 비판한 '무관심한 원조'의 신화로 발전된다),[14] '자신들의 의무를 인식한' 지배 엘리트가 민중의 지위를 향상시킨 결과 민중이 감사하는 자세로 엘리트의 말을 받아들이고 온순하게 따른다는 신화, 반역은 신에게 죄를 짓는 것이라는 신화, (실은 억압자만이 참된 인간으로 간주되면서도) 사유재산이 인간의 개인적 발전에 근본적인 역할을 한다는 신화, 억압자는 근면하며 피억압자는 게으르고 부정직하다는 신화, 피억압자는 본성적으로

---

14) "게다가 경제적으로 발전한 나라들은 특별한 배려를 해야 합니다. 가난한 나라들을 원조하면서 실은 현재의 그 정치적 상황을 자신들의 이익에 맞도록 바꾸고 그들을 지배하려 한다는 이야기를 듣지 않으려면 말입니다. 만약 그러한 시도를 한다면 그것은 분명히 식민주의의 또 다른 형태 외에 다름아닐 것입니다. 비록 이름은 다를지라도 그것은 지금 많은 나라에서 포기된 낡고 케케묵은 지배권을 반영하는 것에 불과합니다. 국제 관계가 저해되면 모든 민족의 고른 진보가 위험에 처하게 됩니다"(Pope John XXIII, "Christianity and Social Progress", the Encyclical Letter *Mater et Magistra*, articles 171 and 172).

열등하며 억압자는 우월하다는 신화 등등.[15]

　이 모든 신화들(독자들도 이외에 얼마든지 다른 신화들을 말할 수 있을 것이다)을 피억압자에게 내면화시키면 그들을 정복할 수 있다. 그래서 억압자는 그 신화들을 잘 만든 선전과 구호에 담아 대중 '의사소통' 매체를 이용해서 피억압자에게 전달한다. 마치 그러한 소외가 진짜 의사소통을 형성하는 것처럼![16]

　요컨대 모든 억압적 현실은 필연적으로 반대화적일 수밖에 없다. 또한 억압자는 피억압자의 항구적인 정복을 위한 수단으로 끊임없이 반대화를 사용할 수밖에 없다. 고대 로마의 지배 엘리트는 민중에게 '빵과 서커스'를 주고 그들을 '어르고 달래서' 침묵하도록 만들어야 한다고 말했다. 오늘날의 지배 엘리트도 여느 시대의 엘리트처럼 늘 (마치 일종의 '원죄'처럼) 다른 사람들을 정복해야 하지만 이제는 빵이나 서커스 같은 것조차 없다. 정복의 내용과 방식은 역사적으로 달라졌지만, (지배 엘리트가 존재하는 한) 억압을 향한 네크로필리아적 열정만큼은 전혀 변하지 않는다.

분할 통치

이것은 억압 자체만큼이나 오래된 억압 행동 이론의 근본적인 차원이다. 소수의 억압자가 다수를 정복하고 지배할 때는 다수를 분할하고 그 분할 상태를 지속시켜야만 권력을 유지할 수 있다. 소수는 민중의 단결을 용

---

15) 멤미는 식민자가 피식민자에게 심어주는 이미지에 관해 이렇게 말한다. "식민자는 피식민자가 게으르다고 비난한다. 그리고 그 게으름은 피식민자의 본성 자체에 내재해 있다고 결론짓는다"(Memmi, *The Colonizer and the Colonized*, p. 81).

16) 내가 비판하는 것은 대중 매체 자체가 아니라 그것이 사용되는 방식이다.

인할 만큼 여유를 부릴 수가 없다. 그것은 곧 그들의 헤게모니에 대한 심각한 위협을 뜻하기 때문이다. 따라서 억압자는 피억압자에게 단결의 필요성을 일깨울지도 모르는 일체의 행동을 온갖 수단과 방법(폭력이 포함된다)을 동원해 막으려 한다. 단결, 조직, 투쟁 같은 개념들에는 즉각 위험하다는 낙인이 찍힌다. 물론 그 개념들이 억압자에게 **위험한** 것은 사실이다. 그것들의 실현은 해방 행동에 필요하기 때문이다.

억압자의 이해관계를 위해서는 피억압자가 한층 약화되고 고립되어야 하며, 그들 사이에 갈등이 생겨나고 심화되어야 한다. 이를 위해서는, 정부 관료제의 억압적 방법에서부터 민중에게 도움을 준다는 인상을 통해 민중을 교묘하게 조작하는 문화 활동의 형태에 이르기까지 다양한 수단이 동원된다.

억압적 문화 활동의 특징 가운데 하나는 문제를 **총체성**의 차원에서 보지 않고 **국부적**인 것만 강조한다는 점이다. '공동체 발전' 계획에서는 대개 한 지역을 작은 '현지 공동체들'로 분할하고 그 공동체들을 나름의 전체로서, 혹은 다른 전체(지방, 지역 등등)의 일부로서 고찰하지 않는다(이 전체는 또 나라나 대륙 같은 더 큰 전체의 일부가 된다). 따라서 소외는 더욱 심화된다. 이렇게 민중이 소외될수록 민중을 분할하고 그 분할 상태를 유지하는 것이 한층 쉬워진다. 이러한 국부적인 행동 양식은 피억압자의 국부적인 생활양식을 더욱 심화시킴으로써 (특히 농촌 지역의 경우) 피억압자가 현실을 비판적으로 인식하는 것을 저해하고 다른 지역의 피억압자와 접촉하지 못하도록 고립시킨다.[17]

---

17) 이러한 비판은 물론 변증법적 관점의 행동에는 적용되지 않는다. 변증법적 관점에서는 지역 공동체를 그 자체로 하나의 전체로 보고, 동시에 더 큰 전체의 일부로 간주하기 때문이다. 따

이른바 '리더십 훈련 과정'에서도 그와 똑같은 분할 효과가 일어나므로 그것도 결국에는 소외적이 될 수밖에 없다(설사 많은 조직자들이 그런 의도를 품지 않았다 하더라도). 이 과정은 공동체의 지도자들을 훈련시키면 공동체를 발전시킬 수 있다는 단순하고 고지식한 전제를 토대로 하고 있다. 이는 마치 전체가 부분들을 발전시키는 것이 아니라 전체를 발전시키는 것이 부분들이라고 믿는 것이나 다름없다. 이 과정에 발탁되기에 충분할 만큼 리더십 역량을 가진 공동체 성원들은 필연적으로 다른 성원들의 열망을 반영하고 표현하게 된다. 그들은 '지도자'의 자격을 얻을 만큼 특별한 능력을 지니고 있으면서도 생활양식과 현실 인식에서는 동료들과 일치한다. 그런데 훈련 과정을 마치고 공동체로 복귀하면, 그들은 새로 얻은 능력을 이용하여 동료들의 침잠되고 억눌린 의식을 통제하거나, 자신의 공동체에서 이방인이 되어 예전에 지녔던 지도자의 지위를 위협당하게 될 수 있다. 따라서 지도자의 지위를 잃지 않기 위해 그들은 공동체를 더 효과적인 방식으로 계속 조작하고자 한다.

그러나 총체화되고 총체화하는 과정의 성격을 지닌 문화 활동이 공동체의 지도자만이 아니라 공동체 전체에 다가가면 그 반대의 과정이 일어난다. 즉 예전의 지도자가 다른 모든 사람들과 잘 어울리거나, 새로운 사회적 공동체 의식에 힘입어 생겨난 새로운 지도자로 대체되는 것이다.

공동체 전체의 발전을 도모할 여유가 없는 억압자는 일부 선택된 지도자들만 지원할 수 있다. 지도자들은 소외 상태를 온존시킴으로써 총체

라서 그 비판은, 한 지역 공동체가 발전하려면 전체적인 맥락에서 다른 지역과의 상호작용이 반드시 필요하다는 것을 인식하지 못하는 사람들을 겨냥하고 있다. 이 비판이 요구하는 것은 다양성 속에서의 단결의식, 분산된 힘들을 연결시키는 조직화, 현실 변혁의 필요성에 대한 명확한 인식이다. 당연한 일이지만, 억압자가 두려워하는 것은 바로 그것이다.

적 현실에 대한 의식과 비판적 개입이 싹트는 것을 방해한다. 비판적 개입이 없으면 피억압자가 하나의 계급으로 통일을 이루기란 매우 어렵다.

계급 갈등은 억압자를 괴롭히는 또 다른 개념이다. 왜냐하면 그들은 자신을 억압 계급으로 간주하고 싶어하지 않기 때문이다. 아무리 애를 써도 사회 계급의 존재를 부인할 수는 없으므로, 억압자들은 노동력을 사고 파는 사람들 사이에 이해와 조화가 필요하다고 역설한다.[18] 하지만 두 계급 사이에 존재하는 감출 수 없는 적대 관계는 그 '조화'를 불가능하게 만든다.[19] 지배 엘리트는 계급들 간의 조화를 부르짖으면서, 계급이라는 것을 일요일 오후에 상점 진열창을 호기심 어린 시선으로 바라보는 군중처럼 우연히 모인 사람들로 간주하려 한다. 그러나 성립 가능하고 입증 가능한 유일한 조화는 억압자들 안에서만 찾아볼 수 있을 뿐이다. 비록 그들도 구성이 다양하고 때로는 자기들끼리 이해관계가 충돌하기도 하지

---

18) 프라닉 스플리트(Franic Split) 주교는 이 점에 관해 이렇게 웅변한다. "노동자들이 어떻게든 자기 노동의 주인이 되지 못한다면 일체의 구조 개혁이 효과가 없을 것입니다. 설사 그들이 현재의 경제 제도에서 높은 임금을 받고 있다 해도 그것에 만족하지 않는다면 마찬가지입니다. 그들은 자기 노동력의 판매자가 아니라 소유자가 되고 싶어하기 때문입니다. …… 현재 노동자들은 노동이 인간존재의 일부라는 점을 점점 자각해 가고 있습니다. 인간은 팔거나 살 수 있는 존재가 아닙니다. 노동을 사고파는 것은 노예제와 다를 바 없습니다. 이런 면에서 인간 사회의 진보는 오히려 우리 사회보다 인간의 존엄성이라는 문제에 대해 덜 민감하다고 여겨지는 체제, 즉 마르크스주의 사회에서 더 명확히 보인다고 할 수 있을 겁니다"("15 Obispos hablan en prol del Tercer Mundo", *CIDOC Informa*, Mexico, 1967, Doc. 67/35, pp. 1~11[「제3세계 문제에 관한 주교 15명의 발언」, 『CIDOC 보고서』]).

19) 사회 계급과 계급들 간의 투쟁(마르크스는 자주 계급투쟁을 발명했다는 비난을 받는다)에 관해서는 마르크스가 바이데마이어(J. Weydemeyer)에게 보낸 1852년 3월 1일자 편지를 참조하라. "현대 사회에서 계급과 계급투쟁의 존재를 발견한 것은 결코 내 공로가 아닙니다. 이미 오래전에 부르주아 역사가들은 계급투쟁의 역사적 전개에 관해 서술했으며, 부르주아 경제학자들도 계급을 경제적으로 분석했습니다. 내가 한 일은 다음을 입증한 것뿐입니다. 1) 계급의 존재는 생산 발전의 특수한 역사적 국면에서만 가능하다. 2) 계급투쟁은 필연적으로 프롤레타리아트 독재로 이어진다. 3) 이 독재는 모든 계급의 폐지와 무계급 사회로 이행하는 과도기를 형성할 따름이다"(Marx and Engels, *Selected Works*, p. 679).

만, 억압자는 자신들의 계급 자체에 위협을 느끼면 즉시 단결한다. 그와 마찬가지로, 피억압자의 조화도 그 구성원들이 해방을 위한 투쟁에 동참했을 때에만 가능하다. 아주 예외적인 경우에는 두 계급이 단결하고 조화롭게 행동하는 것이 가능하고 또 필요하기도 하다. 그러나 두 계급을 결합시킨 비상 시기가 지나고 나면, 그들은 다시 그들의 존재를 규정하고 결코 사라지지 않을 모순 관계로 되돌아간다.

지배 계급의 모든 행동에는 억압 상태의 유지를 용이하게 하기 위한 분할의 필요성이 드러나 있다. 노동조합 활동을 방해한다든가, 피지배 계급의 '대표'를 선호한다든가(이들 대표는 실상 동료들이 아닌 억압자를 대표한다), 지도적 역량을 가지고 있어 장차 위협이 될 만한 인물을 승진시켜 '유화'시킨다든가, 일부에게는 혜택을 주고 나머지에게는 제재를 가한다든가 하는 것들이 모두 엘리트에게 유리한 체제를 유지하기 위한 분할 방법이다. 그것들은 모두 피억압자의 약점, 그들의 근본적 불안정성을 직·간접적으로 악이용하는 행동 양식이다. 피억압자는 억압자를 '내면화'하고 있는 이중적 존재이므로 불안정할 수밖에 없다. 한편으로는 억압자에게 저항하지만 다른 한편으로는 관계의 특정한 단계에서 억압자에게 이끌린다. 이러한 상황에서 억압자는 분할 행동을 통해 쉽게 긍정적인 결과를 얻을 수 있다.

게다가 피억압자는 자신들이 하나의 계급으로 단결하지 못하도록 하기 위해 억압자가 제안하는 '초대'를 거절할 경우 치르게 될 대가가 무엇인지 경험을 통해 잘 알고 있다. 그것은 곧 직장을 잃고 다른 직장에도 갈 수 없는 '블랙 리스트'에 이름이 오르는 것인데, 그나마 그 정도면 최소한의 대가다. 이렇듯 피억압자는 근본적 불안정성으로 인해 자신의 노동력을 노예화하게 된다(스플리트 주교가 강조했듯이 그것은 사실상 그 자신의 인간적 노예화를 의미한다).

인간은 자신의 변혁적 노동을 통해 자신의 세계(인간적 세계)를 창조하는 한에서만 자신을 실현할 수 있다. 그렇다면 인간이 인간존재로서 자신을 실현하는 것은 곧 세계를 실현하는 것이다. 만약 노동의 세계 속에 있는 인간이 전적으로 종속적이고, 불안정하며, 영속적인 위협을 받는다면 ─ 그의 노동이 그의 것이 아니라면 ─ 그는 자신을 실현할 수 없다. 자유롭지 않은 노동은 실현을 추구하는 행위가 되지 못하고 오히려 비인간화의 효과적인 수단이 되고 만다.

단결을 향한 피억압자의 모든 노력은 또 다른 행동으로 이어진다. 즉 피억압자는 곧 자신의 비인간적 상태를 인식하게 되며, 자신들이 분할되어 있는 한, 조작과 지배의 손쉬운 희생물에서 벗어나지 못하리라는 것을 깨닫는다. 단결과 조직화는 그 약점을 변혁의 힘으로 바꿔 세계를 더 인간적으로 재창조할 수 있게 해준다.[20] 하지만 피억압자가 바라는 더 인간적인 세계는 억압자의 '인간적 세계'에 대한 반명제이다. 억압자의 세계에서는 모든 것을 독점한 억압자가 (비인간화하는) 자신들과 (비인간화되는) 피억압자 사이의 불가능한 조화를 역설한다. 이처럼 억압자와 피억압자는 서로 반명제이므로 한 측의 이익은 다른 측의 이익을 침해하게 된다.

그렇다면 현상유지를 위한 분할 전략은 반대화적 행동 이론의 근본

─────────────

20) 이런 이유 때문에 억압자는 농민을 도시 노동자와 분리하고, 두 집단을 학생층과 분리하려 필사적으로 애쓰는 것이다. 학생층의 저항운동은 (비록 그들이 사회학적으로 계급을 구성하지는 못하지만) 그들이 민중과 손잡을 경우 대단히 위험한 존재가 된다는 것을 보여 주었다. 따라서 억압자는 학생들이 무책임하고 무질서하다고 하층 계급들에게 인식시켜야만 한다. 공장 노동자와 농민들이 '국가의 발전'을 위해 일을 해야 하듯이 학생들은 공부를 해야 하므로 학생 운동은 잘못이라는 점을 널리 선전해야 하는 것이다.

적인 목적이 될 수밖에 없다. 게다가 지배자는 자신들이 비인간화하고 분할하고 있는 사람들을 구원하는 듯한 제스처를 취한다. 그러나 그들은 이 메시아주의로 자신들의 진정한 의도, 즉 자신들을 구원한다는 목적을 감출 수는 없다. 그들은 자신들의 재산, 자신들의 권력, 자신들의 생활방식, 타인들을 정복할 수 있도록 해준 모든 것들을 보호하고자 한다. 그들의 실수는 개인으로서든, 억압 계급으로서든 인간은 자기 자신을 구원할 수는 없다는 데 있다('구원'을 어떻게 이해하는가는 상관이 없다). 구원은 오직 타인들과 **더불어** 살아감으로써만 얻을 수 있다. 하지만 엘리트는 억압을 가하고 있으므로 피억압자와 **더불어** 살 수 없다. 피억압자와 **대립**하는 것이 곧 억압의 본질이기 때문이다.

억압 행동을 정신분석해 보면 억압자의 '허구적 관용'(제1장에서 다룬 바 있다)은 일종의 죄의식이라는 사실을 알 수 있다. 이 허구적 관용을 통해 그는 부당한 네크로필리아적 질서를 온존하려 할 뿐 아니라 자신의 평화를 돈으로 '사려' 한다. 하지만 평화는 돈으로 살 수 없다. 평화는 연대감과 사랑의 행동에서만 경험되므로 억압 상태에서는 발현되지 않는다. 따라서 반대화적 행동 이론의 메시아적 요소는 그 행동의 첫째 특성, 즉 정복의 욕구를 강화한다.

현상유지와 지배자의 권력을 온존시키기 위해서는 민중을 분할해야만 하기 때문에 억압자는 피억압자가 자신들의 전략을 눈치채지 못하도록 해야 한다. 그러므로 억압자는 피억압자가 현재 '주변인, 싸움꾼, 신의 적'(용감하게 인간화를 추구하는 사람들을 가리키는 별명들이다)들이 저지르는 사악한 행동으로부터 '보호'를 받고 있다고 믿도록 만든다. 민중을 분할하고 혼동시키기 위해 파괴자는 건설자를 가장하며, 참된 건설자를 파괴적이라고 비난한다. 하지만 역사는 언제나 그러한 호칭을 수정한다.

비록 오늘날의 공식 용어에 따르면 여전히 티라덴테스[21]는 음모가('인콘 피덴테')이고 그가 이끈 해방 운동은 음모('인콘피덴시아')이지만, 사실 진 정한 민족적 영웅은 티라덴테스를 '악당'이라 부르고 목을 매달고 사지 를 찢는 극형에 처한 다음 조각난 그 시신을 인근 촌락의 거리에 본보기 삼아 늘어놓은 자[22]가 아니다. 영웅은 바로 티라덴테스다. 역사는 엘리트 가 그에게 부여한 '호칭'을 벗겨버리고, 그의 행동을 있는 그대로 인정했 다. 진정한 영웅은 권력을 위해 분할 통치를 하는 자가 아니라 자기 시대 에 해방을 위한 단결을 추구한 사람이다.

조작

조작은 반대화적 행동 이론의 또 다른 측면이다. 분할 전략처럼 이것 역 시 반대화적 행동 이론의 모든 측면과 연관된 정복의 한 도구이다. 조작 을 통해 지배 엘리트는 대중을 자신들의 목적에 따르도록 만든다. (농촌 과 도시의) 대중이 정치적으로 미성숙할수록 권력을 놓치지 않으려는 자 들이 자행하는 조작은 그만큼 더 쉽게 먹힌다.

민중에 대한 조작은 주로 이 장의 앞 부분에서 소개한 여러 신화들 을 통해서 이루어지지만 또 다른 신화도 있다. 그것은 부르주아지가 민 중에게 신분 상승의 가능성을 보여 주는 모델이라는 신화다. 하지만 이

---

21) 티라덴테스(Tiradentes)는 1789년 미나스제라이스주(州)의 오루프레투에서 포르투갈로부터 브라질을 독립시키려는 반란을 일으켰다가 실패한 인물이다[브라질은 1822년에 독립에 성공했 다―옮긴이]. 이 운동은 역사적으로 인콘피덴시아 미네이라(Inconfidência Mineira)라고 불린 다―영역자 주.
22) 그 지역을 담당한 왕실 행정관이었던 비스콘데 데 바르바세나(Visconde de Barbacena)를 가 리킨다―영역자 주.

신화가 제대로 기능하려면 민중이 부르주아지의 말을 받아들이고 믿어야 한다.

구체적인 역사적 상황에서 조작은 보통 지배 계급과 피지배 계급 사이의 계약을 통해 이루어진다. 계약이라니까 얼핏 생각하면 두 계급 간에 대화가 있는 듯한 인상을 받게 되지만, 사실 그 계약에는 대화가 없다. 명백히 지배 엘리트의 이해관계에 따라 계약의 진정한 목표가 결정되기 때문이다. 결국 그것은 지배자들이 자신의 목적을 달성하기 위해 사용하는 수단일 뿐이다.[23] 민중이 이른바 '민족 자본주의'를 수호하기 위해 '민족 부르주아지'에게 보내는 지지가 그 적절한 사례다. 이런 계약은 조만간 민중의 종속을 심화시키게 된다. 계약의 필요성이 제기되는 시기는 민중이 역사 과정에 (비록 소박하게나마) 본격적으로 등장하면서 지배 엘리트에게 위협을 가하기 시작하는 때다. 이렇게 민중이 단순한 구경꾼이 아니라 처음으로 적극성을 띠고 역사 과정에 등장하면 지배 엘리트는 크게 당황하여 조작의 책략을 부리게 된다.

이 역사적 국면에서 조작은 지배의 유지를 위한 근본적인 도구가 된다. 민중이 등장하기 전까지는 (엄밀한 의미에서) 조작이 없고 전면적인 압박만이 있을 뿐이다. 피억압자가 현실 속에 거의 완전하게 침잠해 있을 때는 그들을 조작할 필요가 없다. 반대화적 행동 이론에서 자주 구사되는 조작은 역사적 과정에서 새로이 나타난 구체적 상황에 대한 억압자의 대응이다. 지배 엘리트는 조작을 통해 민중을 거짓된 형태의 '조직화'로 이끌고, 그럼으로써 지배 엘리트에게 위협적인 다른 대안, 즉 민중의 참된

---

23) 계약이 대중의 입장에서 타당하려면 현재 진행중이거나 곧 전개될 행동의 목표가 대중에 의해 결정되어야만 한다(그렇지 않으면 계약이라 할 수 없다).

조직화를 회피한다.[24] 역사적 과정에서 민중이 참된 조직화를 이루는 길은 두 가지다. 하나는 민중이 자신들의 해방을 위해 스스로 조직화하는 길이고, 다른 하나는 엘리트에 의해 조작되는 길이다. 그러나 참된 조직화는 지배자에 의해 추동되는 것이 아니라 혁명 지도부의 과제다.

피억압자의 대다수가 도시 프롤레타리아트를 형성하는 경우도 있을 수 있다. 특히 산업화가 진척된 지역에서 그렇다. 이들은 다루기 힘든 세력이지만, 혁명적 의식이 없고 자신을 특권층으로 여긴다. 그래서 이런 지역에서는 대개 각종 속임수와 약속을 통해 조작이 쉽게 소기의 목적을 달성하는 경우가 많다.

조작에 대한 대책은 비판 의식을 갖춘 혁명적 조직화를 이루는 데 있다. 그러면 민중에게 역사 과정에서의 올바른 위치, 민족의 현실, 조작의 사실 등을 문제로서 제기할 수 있다. 프란시스코 웨퍼트의 말을 빌리면 이렇다.

좌익의 모든 정책은 대중에 기반하고 있으며 대중의 의식에 의존한다. 따라서 대중의 의식이 올바르지 않을 경우 좌익은 뿌리를 잃고 몰락하게 된다. 설사 (브라질의 경우처럼) 좌익이 신속히 권력을 장악함으로써 혁명에 성공할 수 있다는 미망에 빠져 있을 경우에도 이는 마찬가지이다.[25]

---

24) 조작 행위로 '조직화'가 이루어지면 민중은 단순한 지도 대상으로 전락하며, 조작자의 목적에 순응하게 된다. 반면에 참된 조직화가 이루어지면 민중 개개인이 조직화 과정에 적극적으로 참여하며, 조직화의 목적이 그들에게 강요되지 않는다. 전자의 경우 조직화는 '집합화'(브라질의 정치 용어에서 '집합화'란 민중을 사고할 줄 모르는 다루기 편한 집체체를 뜻한다—영역자)의 수단이고, 후자의 경우에는 해방의 수단이다.

25) Francisco Weffert, "Política de massas", *Política e Revolução social no Brasil*, Rio de Janeiro, 1967, p. 187[「대중 정치」, 『브라질의 정치와 사회 혁명』].

조작의 상황에서 좌익은 거의 언제나 '신속한 권력 장악'의 유혹을 받는다. 그럴 경우 좌익은 피억압자와 더불어 조직을 형성해야 한다는 필요성을 잊고, 지배 엘리트와의 불가능한 '대화'에 주력하게 된다. 그 결과 좌익은 지배 엘리트에 의해 조작되어 제 발로 '현실적 사고'라는 이름의 엘리트 게임 속에 빠져버리는 경우가 많다.

조작은 그 목적인 정복과 마찬가지로 민중을 마비시켜 사고하지 못하도록 만든다. 그 이유는 민중이 역사 과정에 관한 비판적 사고를 가진 상태에서 역사 과정에 등장할 경우 혁명이 일어날 가능성이 있기 때문이다. 이 올바른 사고를 '혁명적 의식'이라 부르든 '계급 의식'이라 부르든 간에 그것이 혁명의 필수불가결한 조건임은 틀림없다. 지배 엘리트는 그 사실을 잘 알고 있으므로 본능적으로 물리적 폭력을 포함한 모든 수단을 동원해서 민중이 사고하지 못하도록 방해한다. 민중은 비판적 역량을 계발하기 위한 대화를 할 수 있는 기민한 직관적 능력을 가지고 있다. 일부 혁명 지도자들 중에는 민중과의 대화를 '부르주아적이고 반동적인' 행위라고 간주하는 사람도 있지만, 부르주아지는 피억압자와 혁명 지도부의 대화를 매우 현실적인 위험으로 간주하고 막으려 애쓴다.

조작 기법 가운데 하나로, 사람들에게 개인적 성공이라는 부르주아적 욕망을 주입하는 방법이 있다. 이러한 조작은 엘리트가 직접 실행하기도 하며, 민중주의적 지도자들을 통해 간접적으로 실행하기도 한다. 웨퍼트가 지적하듯이 그 지도자들은 과두 엘리트와 민중 사이를 매개하는 역할을 하게 된다. 민중주의가 정치 행동의 한 양식으로 등장하는 시기는 공교롭게도 피억압자의 등장과 일치한다. 그 과정에서 성장한 민중주의 지도자는 두 가지 환경 속에서 살아가는 '양서류' 같은 모호한 존재다. 그들은 민중과 과두 지배자들 사이를 오락가락하면서 두 집단의 특성을 모두 지니게 된다.

민중주의 지도자는 참된 민중의 조직을 위해 싸우지 않고 조작에만 전념하기 때문에 혁명에는 거의 기여하지 못한다. 자신의 모호한 성격과 이중적 행동을 버리고 단호하게 민중을 위해 일하겠다고 결심해야만 (즉 민중주의를 포기해야만) 그는 조작을 거부하고 조직의 혁명적 과제에 헌신할 수 있다. 그러는 순간 그는 더 이상 민중과 엘리트의 매개자가 되지 않고 엘리트의 모순이 되므로 엘리트는 즉각 힘을 모아 그를 제압하려 한다. 제툴리우 바르가스[26]가 국가 수반으로 마지막 임기를 보낼 때 노동절 행사에서 노동자들에게 말한 다음과 같은 극적이고 솔직한 이야기를 들어보라.

내 행정부가 시작한 거대한 쇄신 작업은 노동자 여러분의 변함없는 지지와 꾸준한 협력이 없다면 성공적으로 완료될 수 없다는 것을 나는 여러분에게 말하고 싶습니다.[27]

그 다음에 바르가스는 자신의 직무 초기 3개월간에 관해 이렇게 말했다. "이 기간 동안에는 정부의 조치에 대해 여기저기서 반대가 제기되어 숱한 어려움과 장애를 겪었습니다." 그리고 그는 민중을 향해 "역경과 빈곤, 높은 생활비와 낮은 임금 …… 불행한 이들의 낙담과 더 나은

---

26) 제툴리우 바르가스(Getulio Vargas)는 1930년 당시 브라질 대통령이었던 워싱턴 루이스(Washington Luis)를 타도하는 혁명을 이끌었다. 그는 1945년까지 독재자로 군림하다가 1950년에 대통령에 당선되어 다시 권좌에 복귀했다. 1954년 8월 반대파가 그를 타도하려 했을 때 그는 자살로 삶을 마감했다—영역자 주.

27) 1950년 5월 1일 바스코다가마(Vasco da Gama) 운동장에서 있었던 연설. Getulio Vargas, *O Governo Trabalhista no Brasil*, Rio de Janeiro, 1952, pp. 322~324[『브라질 노동자 정부』].

시절을 맞고자 하는 대다수의 요구"를 마음 깊이 느꼈다고 솔직히 토로했다.

이어지는 노동자에 대한 그의 호소는 한층 객관적인 어조다.

솔직히 말해서 지금 정부는 아직 민중의 경제를 보호하기 위한 법률도 마련하지 못했고, 구체적인 수단이나 즉각적인 조치도 준비하지 못했습니다. 따라서 지금은 민중이 스스로 **조직화**되어 자신의 이익을 보호하는 것은 물론, 정부에게 그 과제를 수행하는 데 필요한 지지 기반을 제공해야 할 시기입니다. …… 나는 여러분의 단결을 **요구**합니다. 여러분이 연대해서 스스로 조합을 **결성**하기를 원합니다. 여러분이 정부와 별도로 **강력하고 응집력 있는 블록**을 구성하여 여러분의 문제를 해결하기 위한 모든 힘을 결집하기 바랍니다. 여러분이 일치단결하여 파괴 행위에 단호히 맞서고, 투기꾼과 약탈을 일삼는 불한당들의 희생물이 되지 않기를 바랍니다. …… 지금은 노동자들에게 호소할 때입니다. 조합으로 단결하여 자유롭고 조직화된 힘으로 결집하십시오. ……지금은 **노동 조직체들의 지지를 받지 못한다면** 어떤 정부든 **살아남을 수도, 사회적 목적을 달성할 힘**을 가질 수도 없는 시기입니다.[28]

요컨대 이 연설에서 바르가스는 민중에게 조직을 이루고 단결하여 자신들의 권리를 방어하라고 열정적으로 촉구하고 있다. 또한 그는 국가수반으로서 민중과 **함께 하는** 정치 행위에 따르는 숱한 어려움과 장애물, 방해 책동에 관해 이야기하고 있다. 이 시기부터 그의 정부는 점점 더 커

---

28) Vargas, *O Governo Trabalhista no Brasil*[『브라질 노동자 정부』]. 강조는 인용자.

지는 어려움에 시달리다가 마침내 1954년 8월에 비극적인 절정을 맞게 된다. 만약 바르가스가 민중의 조직화를 고취하는 노골적인 태도를 취하지 않았다면, 그리고 이후 국익을 보호하기 위한 일련의 조치를 취하지 않았다면, 반동적 엘리트는 아마도 그렇게 극단적인 조치로 맞서지 않았을 것이다.

과두 엘리트의 중재 없이 민중에게로 곧장 다가가는 민중주의 지도자는 (아무리 신중하게 처신하더라도) 아직 엘리트의 힘이 충분히 남아 있을 경우 그들의 반발을 사게 된다. 그러나 지도자가 가부장제를 유지하고 사회 복지에만 힘쓴다면, 간혹 그와 과두 지배 집단 사이에 이익의 충돌은 있겠지만 그다지 깊은 갈등은 일어나지 않는다. 그 이유는 조작의 도구로 사용되는 복지 프로그램이 궁극적으로는 정복이라는 목적에 기여하기 때문이다. 복지 프로그램은 피억압자의 의식을 마비시키고 분산시켜, 문제의 진정한 원인과 구체적인 해결책을 찾지 못하게 한다. 또한 피억압자를 조금이라도 더 자신의 이익을 도모하려는 각 개인들의 여러 집단으로 분열시킨다. 하지만 이러한 상황에서도 긍정적인 요소를 찾을 수 있다. 약간의 도움을 받은 사람들은 더 많은 것을 원하게 마련이며, 도움을 받지 못한 사람들은 도움을 받은 사람들을 보고 시샘하면서 자신도 도움을 바라게 마련이다. 지배 엘리트는 모든 사람을 '도와줄' 수는 없으므로 결국에는 피억압자를 제대로 다루지 못하는 지경에 이르게 된다.

혁명 지도부는 그런 조작의 모순을 잘 이용해서 피억압자에게 문제로서 제시하여 그들을 조직화해야 한다.

문화 침략

반대화적 행동 이론은 한 가지 근본적인 특징을 가지고 있다. 그것은 바로 문화 침략이다. 분할 책동이나 조작과 마찬가지로 이것 역시 정복의 목적에 기여한다. 문화 침략 현상이 일어날 경우 침략자는 다른 집단의 문화적 배경을 꿰뚫어보면서 그 문화의 잠재력을 경멸한다. 그리고는 피침략자에게 자신의 세계관을 강요하고, 피침략자의 표현을 억제함으로써 그들의 창조성을 금지한다.

문화 침략은 세련된 것이든 조잡한 것이든 침략당한 문화권의 사람들, 자기 문화의 독창성을 훼손당하고 나아가 그것을 잃을 위기에 처한 사람들의 입장에서 보면 언제나 폭력 행위일 수밖에 없다. 문화 침략이 일어날 때 (반대화적 행동의 모든 양식이 그러하듯이) 침략자는 그 과정의 창조자이자 행위자이며, 그들이 침략하는 사람들은 대상으로 전락한다. 즉 침략자는 만드는 위치에 서고, 피침략자는 만들어지는 지위에 처한다. 침략자는 선택하고, 피침략자는 그 선택에 따르거나 따를 것을 강요당한다. 침략자는 행동하고, 피침략자는 침략자의 행동을 통해 행동한다는 착각만을 가질 뿐이다.

모든 지배는 침략을 포함한다. 그 침략은 물리적이고 노골적인 것일 수도 있으며, 침략자가 친구의 역할을 가장하는 위장된 형태를 취할 수도 있다. 궁극적으로 침략은 경제적·문화적 지배의 한 형태다. 침략은 대도시 사회가 종속적 사회에게 자행할 수도 있으며, 한 사회 내에서도 한 계급이 다른 계급을 지배하는 가운데 암묵적으로 행해질 수도 있다.

문화 정복은 침략당하는 사람들의 문화적 정체성을 파괴하므로 피침략자는 침략자의 가치관, 기준, 목표를 따르게 된다. 침략자는 타인들을 지배하고 그들을 자신의 틀과 생활방식에 꿰어맞추려는 목적에서, 피침략자가 현실을 얼마나 알고 있는지를 파악하고자 한다. 물론 침략자의 의도는 피침략자를 더 효과적으로 지배하려는 데 있다.[29] 문화 침략에서는 피침략자가 자신의 현실을 바라볼 때 자신의 관점이 아닌 침략자의 관점을 취하도록 하는 것이 중요하다. 피침략자가 침략자를 모방할수록 침략자의 지위는 그만큼 더 안정되기 때문이다.

문화 침략이 성공하기 위해서는 피침략자에게 그들이 본래 열등하다는 것을 납득시켜야 한다. 모든 것은 대립물이 있게 마련이므로 피침략자가 스스로를 열등하다고 여긴다면 당연히 침략자가 우월하다는 것도 인정할 수밖에 없게 된다. 이렇게 해서 침략자의 가치관은 피침략자가 본받을 모델이 된다. 침략이 점점 명백해지고 피침략자가 자신의 문화와 자기 자신으로부터 소외될수록 피침략자는 침략자를 닮고 싶어하게 된다. 그들처럼 걷고, 그들처럼 입고, 그들처럼 말하고 싶어하는 것이다.

모든 사회적 자아가 그렇듯이 피침략자의 사회적 자아는 사회구조의 사회문화적 관계 속에서 형성되므로 침략당한 문화의 이중성을 반영하고 있다. 바로 이 이중성(이것에 관해서는 앞에서 다룬 바 있다) 때문에 피침략자와 피지배자는 구체적 경험의 특정한 단계에서 억압자의 자아에 거의 '유착'되어버리는 것이다. 피억압자의 자아는 억압자의 자아에 유착되어 있는 상태에서 벗어나야 한다. 억압자의 자아로부터 벗어나 자신을 어느 정도 객관적으로 바라볼 수 있게 되면, 피억압자는 자신이 억

---

29) 이를 위해 침략자는 사회과학과 테크놀로지를 점점 많이 이용하며, 물리학까지 동원하여 침략 행동을 개선하고 세련되게 포장한다. 침략자는 피침략자의 과거와 현재를 알아내고, 그것을 이용하여 피침략자의 미래를 어느 정도 예측한 다음, 그 미래의 진화를 자신의 이해관계에 부합하는 방향으로 인도하고자 한다.

압자와 모순 관계 속에 있음을 비판적으로 인식한다. 그러는 가운데 그는 자신이 억압당하고 있는 구조를 비인간적인 현실로서 '고찰'할 수 있게 되는 것이다. 이런 세계 인식의 질적 변화는 오직 프락시스를 통해서만 얻을 수 있다.

문화 침략은 한편으로 지배의 **수단**이면서 다른 한편으로는 지배의 **결과**이기도 하다. 따라서 지배적 특성을 가진 문화 활동은 (다른 형태의 반대화적 행동과 마찬가지로) 의도적이고 계획적일 뿐 아니라 어떤 의미에서는 억압적 현실에서 비롯된 산물이기도 하다.

예를 들어 엄격하게 억압적인 사회구조는 필연적으로 그 구조 내에서 육아와 교육을 담당하는 기관에 영향을 미친다. 이 기관들은 사회구조의 양식을 모방하여 행동하며, 사회구조의 신화를 전달한다. 가정과 학교(탁아방에서 대학교까지)는 추상적으로 존재하는 것이 아니라 구체적인 시간과 공간 속에 존재한다. 지배 구조 내에서 그 기관들은 대개 미래의 침략자를 준비하는 도구로 기능한다.

가정에서의 부모-자식 관계는 보통 그것을 둘러싼 사회구조의 객관적인 문화적 상태를 반영하게 마련이다. 가정에까지 관철되는 그 상태가 권위주의적이고, 경직되고, 위압적일 경우에는 가정에도 억압적 분위기가 생겨난다.[30] 부모와 자식 간의 권위주의적 관계가 심화되면 자식은 어

---

30) 젊은이들은 점점 부모와 교사의 권위주의가 자신들의 자유를 침해한다고 여긴다. 이 때문에 그들은 자신들의 표현을 위축시키고 자아 의식을 가로막는 행동 형태에 대해 반대하게 된다. 이렇듯 적극적인 태도가 생겨나는 것은 우연이 아니다. 그것은 사실 우리 시대를 인류학적 시대로 특징짓는 역사적 분위기의 징후이다(이에 관해서는 제1장에서 다룬 바 있다). 그렇기 때문에 (특별히 사적인 이해관계가 개재된 경우가 아니라면) 젊은이의 반항이 단지 세대 간의 전통적 차이에 기인한다고만 볼 수는 없는 것이다. 여기에는 그보다 더 심층적인 원인이 있다. 반항하는 젊은이들은 지배 관계로 이루어진 사회를 거부하고 경멸하고 있다. 하지만 특수한 의미를

릴 때부터 부모의 권위를 점차 내면화하게 된다.

프롬은 특유의 명확한 서술로 네크로필리아와 바이오필리아[bio-philia, 네크로필리아와 반대 의미로 만든 조어로서 삶을 사랑하는 정신 — 옮긴이]의 문제를 제기한 뒤, 두 가지 상태를 낳는 객관적 조건을 가정 환경(무관심하고 억압적인 분위기의 부모-자식 관계와 사랑이 충만하고 자유로운 분위기의 부모-자식 관계)과 사회문화적 환경으로 나누어 분석한다. 애정이 없고 억압적인 분위기에서 성장했을 경우, 그로 인해 잠재력이 좌절된 아이는 나중에 자라서 참된 반항의 길을 걷지 못한다. 그 결과 그는 전적인 무관심에 빠져 현실에서 소외된 채 현실이 만들어 낸 권위와 신화에 매몰되거나, 여러 가지 형태의 파괴 행동에 빠져들게 된다.

가정의 분위기는 학교로 연장된다. 학생들은 어느 정도 만족을 얻으려면 (가정에서처럼) 미리 위에서 정한 방침에 따라야 한다는 사실을 이내 깨닫는다. 그 방침 중 하나는 사고하지 않는 것이다.

학교에서 강조하는 경직된 관계 구조를 통해서 가장의 권위를 내면화한 이 젊은이들은 나중에 전문가가 되었을 때 (그 관계에서 생겨난 자유에 대한 공포 때문에) 잘못 교육받은 경직된 패턴을 답습하게 된다. 많은 전문가들이 반대화적 행동에 집착하는 이유는 아마 그런 현상과 그들이 속한 계급적 위치로 설명될 수 있을 것이다.[31] 어떤 전문 분야를 가지고 민중과 접촉하든 간에 그들은 민중에게 자신의 지식과 기술을 '전달'하

지니는 그러한 반항은 상당히 최근의 현상이다. 사회는 지금도 여전히 권위주의를 기반으로 하고 있다.

31) 반대화적 행동을 하는 사람 중에는 혁명적 헌신성이 확실한데도 여전히 민중을 믿지 못하고 민중과의 친교를 두려워하는 사람이 있는데, 그 이유 역시 마찬가지일 것이다. 그런 사람들은 억압자를 자기 내면에 무의식적으로 지니고 있는데, 그렇게 주인을 '내면화'한 탓으로 그들은 자유를 두려워한다.

는 것이 자신의 임무라고 철석같이 믿는다. 즉 그들은 자신을 민중의 '선동가'로 여기는 것이다. 그들의 행동 계획(이것은 뛰어난 억압적 행동 이론가에 의해 미리 정해져 있다)에는 그들 자신의 목적, 신념, 선입견 등이 담겨 있다. 그들은 민중의 이야기를 듣지 않고 오히려 민중에게 '저개발을 낳은 게으름을 떨쳐버리는' 방법을 가르치고자 애쓴다. 이 전문가들에게는 민중이 지닌 세계관을 존중해야 한다는 주장이 터무니없는 생각으로 보인다. 그들은 자신의 확고한 세계관을 가진 전문가들이다. 따라서 그들은 교육 행동의 프로그램 내용을 편성할 때 민중과 반드시 상의해야 한다는 생각도 터무니없는 것으로 여긴다. 민중은 워낙 철저히 무지한 탓에 전문가의 가르침을 받는 것 이외에는 어느 것도 제대로 할 수 없다는 것이 그들의 견해다.

하지만 구체적인 경험의 특정한 시점에서 피침략자가 어떤 방식으로든 그 침략(피침략자가 이미 순응하고 있었던)을 거부하기 시작하면, 전문가는 자신의 실패를 정당화하려 한다. 이를테면 피침략자들은 '배은망덕하고, 나태하고, 병들고, 심지어 혼혈이기' 때문에 '열등'할 수밖에 없다는 것이다.

선의를 가진 전문가(이들은 '침략'을 의도적인 이데올로기로 사용하지 않고, 자신이 어린 시절 받은 교육의 표현으로 사용한다)는 결국 자신의 교육이 실패한 이유가 '평범한 사람들'의 본래적인 열등함 때문이 아니라 자신의 폭력적인 침략 행위 때문임을 깨닫는다. 이렇게 깨달은 사람은 까다로운 대안을 마주하게 된다. 침략을 포기할 필요는 느끼지만 지배의 유형이 자신의 내부에 워낙 깊이 박혀 있어 침략의 포기는 곧 그의 정체성을 위협하게 될 것이다. 즉 침략의 포기는 피지배자이자 지배자인 그의 이중적 지위가 종식된다는 것을 뜻한다. 또한 침략을 조장한 신화를 모두

버리고 이제부터 대화적 행동을 구체화해야 한다는 것을 뜻한다. 이런 이유 때문에 침략의 포기는 곧 (외국인처럼) **군림**하거나 **내면화**하려는 시도를 중단하고 (동료로서) **더불어** 살아가야 한다는 것을 뜻한다. 이런 식으로 그는 자유의 공포에 시달리게 되는 것이다. 이 고통스런 과정을 겪으며 그는 자연스럽게 온갖 핑계로써 그 공포를 합리화하려 한다.

자유의 공포는 아직 자기 행동이 침략적이며 비인간화를 촉진한다는 것을 깨닫지 못한 전문가들에게서 더욱 심하게 나타난다. 특히 구체적인 상황을 해독하는 시점에서는 훈련 과정의 참가자들이 짜증난 기색으로 조정자에게 이렇게 묻는 경우를 적지 않이 볼 수 있다. "우리를 대체 어디로 조종해 가는 거죠?" 실은 조정자가 그들을 어디로 '조종'해 가는 것은 아니다. 단지 구체적인 상황을 문제로서 제시하는 과정에서, 참가자들은 상황 분석이 더 진행될 경우 자신들이 지녔던 신화를 떨쳐버리거나, 아니면 오히려 다시 긍정하게 되리라는 것을 깨닫기 시작했을 뿐이다. 신화를 떨쳐버리는 것은 그 시점에서 자기파괴적 행동이 된다. 그 반면 신화를 재확인하는 것은 자기 자신을 폭로하는 결과가 된다. 따라서 유일한 탈출구이자 방어 기제는 자신의 통상적인 관습, 즉 **조종**, **정복**, **침략**을 조정자에게 대신 투사하는 것이다.[32)]

구체적인 억압 상황에 시달리고 자선에 길들여진 일부 민중에게도, 규모는 조금 작지만 그와 똑같은 도피 현상이 일어난다. 로버트 폭스(Robert Fox)의 조정 아래 뉴욕 시에서 귀중한 교육 프로그램을 진행한 '풀 서클'(Full Circle)[33)]의 어느 교사는 다음과 같은 사건을 이야기한다.

---

32) Paulo Freire, "Extensão ou Comunicação?", *Introducción a la Acción Cultural*, Santiago, 1969「『강연이냐 의사소통이냐』, 『문화 활동 입문』」를 참조하라.

뉴욕 빈민가의 어느 집단에게 거리 한모퉁이에 있는 커다란 쓰레기 더미를 보여 주는 문서화된 상황을 제시했다. 그 집단이 모인 바로 그 장소였다. 한 참가자가 즉각 말했다. "아프리카나 라틴아메리카의 거리 같아요." 그러자 교사는 물었다. "뉴욕은 그러면 안 된다는 법이라도 있나요?" "여기는 미국이니까 그래서는 안 되죠." 이 사람과 그의 말에 동조하는 동료들은 분명히 현실로부터 도피하고 있다. 현실이 워낙 불만스러운 까닭에 그 현실이 위협적이라는 사실을 인정조차 하지 않으려는 것이다. 개인적 성취와 성공을 믿는 문화적 여건 속에서 살아가는 소외된 사람은, 자신의 상황이 객관적으로 불리하다는 것을 인정하면 마치 자신의 성공 가능성이 가로막힌 듯한 느낌을 가지게 된다.

앞에 인용한 사례와 전문가들의 사례를 통해 인간에게 내면화되는 신화를 창조할 수 있는 문화의 결정력을 뚜렷이 볼 수 있다. 두 가지 사례에서 모두 지배 계급의 문화는 인간이 결정을 내리는 존재로서 규정되는 것을 저해하고 있다. 전문가들도, 또 뉴욕 빈민가의 토론 참가자들도 자신들이 역사 과정의 능동적인 주체라고 말하지는 않는다. 그들은 지배를 다루는 이론가나 사상가가 아니다. 그 반대로 그들은 **결과**이며, 거꾸로 지배의 **원인**이 되는 사람들이다. 이것은 혁명이 권력을 얻을 경우 직면하게 되는 가장 심각한 문제들 가운데 하나다. 이 단계에서는 지도부의 정치적 지혜와 결의, 용기가 무엇보다도 중요하다. 바로 그런 이유 때문에 지도부는 분별 없이 분파적인 입장에 빠지지 않도록 충분한 판단력을 갖춰야만 하는 것이다.

전문 분야를 가진 전문가는 대학 졸업자이든 아니든, 자신을 이중적

---

33) 이 기관의 활동에 관해서는 Mary Cole, *Summer in the City*, New York, 1968을 참조하라.

인 존재로 만든 지배 문화에 의해서 '위로부터 결정된'[34] 사람들이다. (설사 그들이 하층 계급 출신이라 해도 잘못된 교육의 효과는 마찬가지다.) 그러나 사회를 새로이 재조직하기 위해서는 전문가가 반드시 필요하다. 게다가 전문가들 대다수가 실은 그동안 잘못된 교육을 받은 것밖에는 다른 문제가 없기 때문에 ──설사 그들이 '자유를 두려워하고' 인간화 활동에 동참하기를 꺼린다 해도── 그들은 혁명에 의해 교정될 수 있고, 또 교정되어야만 한다.

이 교정을 위해 혁명 지도부는 예전의 대화적 문화 활동에서 한 걸음 더 나아가 '문화 혁명'을 시작해야 한다. 이 시점에서 혁명 권력은 인간성을 부정하려는 세력의 장애물이었던 그 전까지의 역할을 넘어, 새롭고 더 대담한 입장에서 사회의 개조에 참여하려는 모든 사람들을 공개적으로 **초대**할 수 있게 된다. 이런 의미에서 '문화 혁명'은 혁명이 권력을 획득하기 이전에 수행해야 하는 대화적 문화 활동의 필수적인 연장이다.

'문화 혁명'은 전체 사회의 개조를 필요로 하며, 모든 인간 행동을 개조 활동의 대상으로 삼는다. 사회는 기계론적으로 개조될 수 없다. 혁명을 통해 문화적으로 재창조된 문화는 사회의 개조를 위해 필수적인 도구이다. '문화 혁명'은 혁명 정부가 **의식화를** 위해 최대한의 노력을 기울이는 것을 가리킨다. 즉 개인적 행로와 무관하게 모든 사람의 의식화를 꾀하려는 것이다.

따라서 그 의식화를 향한 노력은 전문가 후보들을 기술적으로나 과학적으로 훈련시키는 데 만족할 수 없다. 새로운 사회는 낡은 사회와 단

---

34) 루이 알튀세르는 『마르크스를 위하여』(*Pour Marx*, Paris, 1967)에서 한 개 장 전체를 할애하여 '중층적 결정의 변증법'을 다루고 있다.

지 부분적인 차이만 있는 것이 아니라 질적인 차이가 있다.[35] 혁명적 사회는 예전 사회에서와 같은 목적을 테크놀로지에 부여할 수는 없다. 그러므로 민중 훈련도 예전 사회와는 당연히 달라야 한다. 혁명 사회의 과학과 기술이 영속적인 해방과 인간화에 기여하는 것이라면, 기술 훈련과 과학 훈련이 인간화 교육에 해를 끼쳐서는 안 된다.

이러한 관점에서, 개인들을 상대로 한 올바른 직업 훈련에서는 (모든 직업은 시간과 공간 속에 있으므로) 다음 두 가지를 납득시켜야 한다. ① 문화는 과거의 '흔적'[36]이 혁명적 전환을 거치고 있는 하부구조 속에 남아 있도록 유지하는 상부구조이다. ② 직업 자체가 문화 변혁을 위한 도구이다. 문화 혁명이 새 사회의 창조적 프락시스를 통해 의식화를 심화시킬 때, 민중은 옛 사회의 신화적인 흔적이 새 사회 속에 잔존하고 있는 이유를 알게 될 것이며, 또한 그 과거의 망령으로부터 자유로워질 수 있게 될 것이다. 과거의 망령은 새 사회의 발전을 가로막음으로써 모든 혁명에서 늘 심각한 문제를 초래해 왔다. 그 문화적 흔적을 통해 억압 사회는 침략을 계속해 왔으며, 혁명 사회에서도 그 침략은 유지되고 있는 것이다.

이 침략이 특히 무서운 이유는 재편된 지배 엘리트가 아니라 혁명의 참가자들이 침략을 수행하기 때문이다. 그들은 억압자를 '내면화'하고 있기 때문에 마치 자신이 억압자라도 된 것처럼 혁명이 계속 거쳐야 할 기본 단계들에 대해 반대하고 나선다. 이중적 존재인 그들은 또한 (아직 과거의 흔적이 남아 있기 때문에) 폭력적으로 자신들을 짓누르는 관료제적

---

35) 하지만 이 과정은 기계론적 이론가들이 순진하게 생각하는 것처럼 급작스럽게 일어나지 않는다.
36) Althusser, *Pour Marx*.

권력을 인정한다. 오히려 이 폭력적이고 관료제적인 권력은 알튀세르가 말했듯이 새로운 사회에서 특수한 사정을 고려할 때마다 '낡은 요소들이 재활성화되는'[37] 것으로 설명할 수 있다.

이상과 같은 이유로 인해 나는 혁명 과정을, 권력을 장악한 뒤에도 '문화 혁명'으로 연장되는 대화적 문화 활동으로 해석하고자 한다. 두 단계에서 모두 의식화를 향한 진지하고 심원한 노력이 필수적이다(의식화 덕분에 민중은 참된 프락시스를 통해 **대상**의 지위에서 벗어나 역사적 **주체**의 지위를 획득할 수 있다).

마지막으로, 문화 혁명은 지도부와 민중 사이의 영구적인 대화 관습을 발전시키며, 민중의 권력 참여를 보장한다. 이렇게 해서 지도부와 민중이 함께 비판적 활동을 지속함에 따라 혁명은 관료제적 경향(이것은 새로운 형태의 억압을 낳는다)과 '침략'(이것은 언제나 똑같다)으로부터 스스로를 방어할 수 있다. 침략자는 ──부르주아 사회에서든, 혁명적 사회에서든── 농업경제학자나 사회학자일 수도 있고, 경제학자나 공중보건 전문가, 신부나 목사, 교육자나 사회복지사일 수도 있으며, 심지어 혁명가일 수도 있다.

정복의 목적과 억압의 온존에 기여하는 문화 침략은 늘 편협한 현실관, 정태적인 세계관을 포함하며, 한 세계관을 타인에게 강요하려는 경향이 있다. 문화 침략은 침략자의 '우월성'과 피침략자의 '열등함'을 나타내며, 피침략자를 소유한 침략자가 그들을 잃을지 모른다는 걱정에서 자신의 가치관을 그들에게 강요하는 것을 뜻한다.

---

37) 이 문제에 관해 알튀세르는 이렇게 언급한다. "중충적 결정을 고려하지 않는 변증법에서는 그러한 재활성화를 제대로 고찰할 수 없다"(Althusser, *Pour Marx*, p. 116).

나아가 문화 침략은 피침략자의 행동에 관한 궁극적인 결정권이 그들 자신이 아니라 침략자에게 있다는 것을 의미한다. 결정권이 당사자가 아닌 외부에 있다면 피침략자는 자신이 결정한다는 착각만 품을 수 있을 뿐이다. 그렇기 때문에 이중적이고 '반사적'인 피침략 사회에서는 사회경제적 발전이 불가능한 것이다. 발전이 일어나려면 다음 두 가지 조건이 필요하다. ① 탐색과 창조성의 운동에 대한 결정권이 탐색자에게 있어야 한다. ② 이 운동은 공간에서만이 아니라 의식적 탐색자의 실존적 시간에서도 일어나야 한다.

　　이와 같이, 모든 발전이 변화인 것은 분명하지만 모든 변화가 발전인 것은 아니다. 좋은 조건에서 발아하고 싹을 틔우는 씨앗에서 일어나는 변화는 발전이라고 말할 수 없다. 그와 마찬가지로 동물의 변화도 발전이 아니다. 씨앗이나 동물의 변화는 그것이 속한 종에 의해 결정된다. 즉 그 변화는 씨앗이나 동물에 속하지 않는 시간 속에서 일어난다. 시간은 인간에 속하기 때문이다.

　　발전하는 것은 미완성의 존재인 인간뿐이다. 역사적이고 자전적(自傳的)이며 '대자존재'인 인간의 변화(발전)는 인간 자신의 구체적인 시간 속에서 일어나는 것이다. 구체적인 억압 상황 속에서 '대자존재'라는 허울 아래, 실은 소외된 '타자존재' ── 즉 자신이 의지하는 타자를 위한 존재 ── 로서 살아가는 인간은 참다운 의미의 발전을 이룰 수 없다. 자신의 결정권을 억압자에게 빼앗겨버린 인간은 억압자의 지침을 따르게 된다. 피억압자가 발전할 수 있는 것은 오직 자신이 처해 있는 모순을 극복하고 진정한 의미의 '대자존재'가 될 때뿐이다.

　　만약 사회를 생물이라고 간주한다면 '대자존재'인 사회만이 발전할 수 있다는 것은 명백하다. 이중적이고, '반사적'이고, 침략당하고, 대도시 사회에 종속적인 사회는 소외되어 있기에 발전할 수 없다. 따라서 그런 사회의 정치적·경제적·문화적 의사결정권은 그 사회의 외부, 즉 침략자 사회에 있다. 결국 침략자 사회가 그 사회의 운명을 결정하므로 그 사회는 변화밖에 할 수 없다. 대도시 사회의 이해관계에 따르기 때문에 발전이 아니라 변화인 것이다.

중요한 것은 근대화와 발전을 혼동하지 않는 것이다. 근대화는 비록 '위성 사회' 내의 일부 집단에 영향을 주기는 하지만 거의 늘 수동적이다. 거기에서 진짜 이익을 이끌어내는 것은 대도시 사회다. 발전 없이 근대화만 이룬 사회는——설사 약간의 결정권을 위임받았다 하더라도——여전히 외부 사회에 종속되어 있다. 이것은 모든 종속적 사회가 종속 상태에 머물고 있는 한 피할 수 없는 운명이다.

사회가 발전하고 있는지 여부를 판단하려면 '1인당' 소득(이러한 통계적 수치는 현실을 오도한다) 등의 지표를 기반으로 하거나, 총 소득 연구를 중심으로 하는 기준 같은 것은 포기해야 한다. 이 기본적이고 기초적인 기준은 그 사회가 '대자존재'인가 아닌가와는 무관하다. 설사 그렇지 않다 해도 그것은 발전이 아니라 근대화와 관련된 기준에 불과하다.

이중적 사회의 주요한 모순은 그 사회와 대도시 사회 사이의 종속 관계다. 그 모순이 극복되고 나면 그때까지 주로 대도시 사회에게 이득이 되는 '도움'을 통해 이루어졌던 변화는 '대자존재'에게 이득을 주는 진정한 발전이 될 수 있다.

이러한 이유들 때문에 그런 사회에서 시도되는 순수히 개량적인 해결책(비록 어떤 개량은 반동적인 성향을 지닌 엘리트 집단에게 당혹감과 공포를 주기도 하지만)은 그 사회의 외부 모순과 내부 모순을 해소하지 못한다. 대도시 사회는 역사 과정의 요구에 부응하여 자신의 헤게모니를 보존하는 새로운 방법으로서 거의 언제나 개량주의적 해법을 도입한다. 마치 대도시 사회는 "민중이 혁명을 수행하기 전에 먼저 우리가 개량을 실시하자"고 말하는 듯하다. 또한 이 목표를 달성하기 위해 대도시 사회는 정복, 조작, 종속 사회의 경제적·문화적(때로는 군사적) 침략 이외에 선택할 수 있는 다른 대안이 없다. 이 침략에서 피지배 사회의 엘리트 지도자들은 상당 부분 대도시 사회 지도자들을 위한 중개인 노릇을 하는 데 불과하다.

이상과 같이 반대화적 행동 이론의 시험적인 분석을 마치면서 내가 다시 한번 강조하고 싶은 것은, 혁명 지도부는 억압자가 사용한 것과 같은 반대화적 방법을 사용하지 않아야 한다는 점이다. 혁명 지도부는 대화와 의사소통의 길을 모색해야 한다.

이제 대화적 행동 이론의 분석으로 들어가기 전에 먼저 혁명 지도부는 어떻게 형성되며, 혁명 과정의 역사적·사회학적 결과는 무엇인지에 관해 간략하게 언급하는 것이 좋겠다. 보통 혁명 지도부는 어떤 식으로든 지배자의 사회 계층에 속했던 사람들로 이루어진다. 구체적 경험의 특정한 시점에서, 특정한 역사적 상황에서 이 지도자들은 자신이 속한 계급을 버리고 피억압자에게 참된 연대감을 느끼고 동참하게 된다(아니면 그런 희망을 품거나). 이러한 변화가 과학적 현실 분석에서 비롯된 것이든 아니든 그것은 (참된 것이라면) 사랑과 진정한 헌신의 행동을 나타낸다.[38] 피억압자에게 동참하려면 그들에게로 가서 그들과 의사소통을 해야 한다.

---

38) 이 주제에 관한 게바라의 생각은 앞 장에서 인용된 바 있다. 구즈만(Germán Guzmán)은 카밀로 토레스(Camilo Torres)에 대해 이렇게 말한다. "⋯⋯ 그는 모든 것을 주었다. 그는 늘 민중에게 무한히 헌신적인 자세를 취했다. 신부로서, 그리스도교도로서, 그리고 혁명가로서"(Germán Guzmán, *Camilo, El Cura Guerrillero*, Bogota, 1967, p. 5[『카밀로, 게릴라 신부』]).

민중은 이 새 지도자에게서 자기 자신을 발견해야 하며, 지도자는 민중에게서 자기 자신을 발견해야 한다.

새 지도자로 떠오른 사람은 피억압자를 통해 자신에게 전달된 지배 엘리트의 모순에 관해 성찰해야 한다. 피억압자는 아직 자신의 억압 상태를 명확히 인식하지 못하며, 억압자와 자신의 적대 관계를 비판적으로 이해하지 못해서,[39] 여전히 억압자에게 '유착'된 상태로 남아 있을 수 있다. 하지만 객관적인 역사적 조건으로 인해 그들이 이미 어느 정도 명확하게 자신의 억압 상태를 인식하고 있을 가능성도 충분하다.

전자의 경우에는 민중이 억압자에게 유착──부분적인 유착일 수도 있다──되어 (파농이 말하듯이) 민중은 자신의 **외부**에서 억압자를 발견할 수 없다. 후자의 경우, 민중은 억압자를 발견할 수 있고 억압자와 자신의 적대 관계를 비판적으로 인식할 수 있다.

첫째 경우에서 억압자는 민중 안에 '내면화'되어 있으며, 그로 인한 모호함 때문에 민중은 자유를 두려워한다. 그래서 그들은 (억압자에게서 자극받아) 주술적 설명에 호소하거나, 허구적인 신의 개념에 의지하면서 자신이 처한 피억압 상태에 대한 책임을 숙명론적으로 신에게 전가한다.[40] 이 자기불신에 가득찬 좌절하고 무기력한 민중이 스스로 해방의 길을 추구할 가능성은 거의 없다. 그들은 반란 행위를 신의 뜻에 따르지 않는 것으로, 운명에 근거 없이 맞서는 것으로 간주한다. (그렇기 때문에 나

---

39) '계급 욕구'와 '계급 의식'은 서로 별개다.
40) 1966년 헤시피를 방문했던 지혜롭고 고결한 칠레의 어느 신부는 내게 이렇게 말했다. "페르남부쿠[헤시피의 옛 이름 ─ 옮긴이]의 한 동료와 내가 판자촌(모캄보)에 살고 있는 가난에 찌든 몇몇 가정을 방문했을 때 나는 이런 생활을 어떻게 견딜 수 있는지 물었죠. 그런데 그들의 대답은 늘 한결같았어요. '어쩌겠어요? 신의 뜻이니 따를 수밖에요.'"

는 억압자가 민중에게 주입하는 신화를 **문제**로서 제시해야 한다고 여러 차례 강조한 바 있다.) 둘째 경우에서 민중은 억압에 관해 어느 정도 명확한 상을 지니게 되었고 자신의 외부에서 억압자를 찾을 수 있게 되었으므로, 자신을 옭아매고 있는 모순을 극복하려는 투쟁에 참여하게 된다. 이 순간 민중은 '계급 욕구'와 '계급 의식'의 간극을 극복하는 것이다.

첫째 경우에 혁명 지도부는 불행히도 본의 아니게 민중의 모순이 된다. 둘째 경우에 신흥 지도부는 민중에게서 동조와 즉각적인 지지를 얻으며, 혁명 활동 과정 내내 지지가 늘어난다. 또한 지도부는 자발적으로 대화적인 자세를 취하며 민중에게 다가간다. 민중과 혁명 지도부 사이에는 거의 직접적인 감정이입이 생겨나며, 서로에 대한 헌신성이 순식간에 확고해진다. 그들은 서로가 둘 다 지배 엘리트의 모순이라는 점에서 동등한 동료애를 느낀다. 이 시점부터 민중과 지도부 사이에 확립된 대화의 관습은 대단히 튼튼해진다. 이 대화는 권력을 장악한 뒤에도 지속되며, 민중은 바로 **자신들이** 권력을 획득했다고 생각하게 될 것이다.

민중으로부터 이런 공감을 얻었다고 해서 혁명 지도부에게 필요한 투쟁의 의지나 용기, 사랑의 능력이 감소되는 것은 아니다. 대화적 지도로 이름을 떨친 피델 카스트로(Fidel Castro)와 그의 동지들(대부분 그 당시에는 '무책임한 협잡꾼'으로 불렸다)은 바티스타 독재의 야만적인 폭력에 신음하는 민중과 한몸이 되고자 했다. 이러한 일체화는 쉽지 않았다. 지도부에게는 민중을 위해 기꺼이 자신을 희생할 만큼 민중을 사랑하는 용기가 필요했기 때문이다. 큰 시련을 겪을 때마다 지도부가 다시 일어설 수 있었던 것은 미래의 승리가 지도부만의 것이 아니라 지도부**와** 민중의 것, 혹은 지도부를 **포함하는** 민중의 것이라는 희망이 내재해 있었기 때문이다.

피델은 점차 쿠바 민중의 유착을 양극화했다. 그들은 역사적 경험으로 인해 이미 억압자에게 유착된 상태에서 벗어나기 시작하고 있었다. 이렇게 억압자에게서 '분리'됨으로써 민중은 억압자를 객관화하게 되고 자신들을 억압자의 모순으로 보게 된다. 그래서 피델은 민중과의 모순을 빚지 않았다. (게바라가 『쿠바 혁명전쟁 회고록』——여기서 그는 억압자에게 유착된 수많은 사람들을 언급하고 있다——에서 종종 언급한 탈당과 배신은 충분히 예견된 것이었다.)

그러므로 특정한 역사적 상황에서 혁명 지도부가 민중에게 다가가는 운동은 수평적이거나 삼각형의 모양을 취한다. 수평적인 경우는 지도부와 민중이 억압자와의 모순 관계에서 한몸을 이루는 것이고, 삼각형의 경우는 억압자와 피억압자와 혁명 지도부가 모순 관계에서 삼각형의 세 꼭지점을 이루는 것이다. 앞에서 보았듯이 삼각형의 경우는 민중이 아직 억압적 현실을 비판적으로 인식하지 못하고 있을 때 혁명 지도부들이 택하게 되는 상황이다.

하지만 대개의 경우 혁명 지도부는 민중과 모순을 빚는다는 점을 인식하지 못한다. 사실 그 점을 인식하면 고통이 따르므로 방어 기제로서 그에 대한 저항이 싹틀 수도 있다. 피억압자에 대한 헌신을 바탕으로 생겨난 지도부가 그런 민중과 모순 관계에 있다고 인정하기란 결코 쉽지 않은 일이다. 그러나 본의 아니게 민중과 모순(적대적인 모순까지는 아니더라도)을 빚게 된 혁명 지도부의 특정한 활동 형태를 분석할 때는 그 점을 솔직히 인정하는 것이 매우 중요하다.

혁명을 수행하기 위해서는 혁명 지도부가 민중을 확고부동하게 신봉해야 한다. 하지만 민중과 모순을 빚는 지도부가 무리하게 신봉을 추구하다가 오히려 민중에게 냉담해지고 불신이 쌓이면, 지도부는 흔히 그런 현상을 민중에게 내재하는 결함이 나타난 것으로 간주한다. 특정한 역사적 계기에 나타나는 민중 의식을 민중에게 고유한 결점이라고 해석하는 것이다. 혁명을 달성하기 위해서는 민중의 지지가 필요하므로 (그러나 그와 동시에 의심 많은 민중을 불신한다) 지도부는 지배 엘리트가 억압을 위해 구사했던 방법을 사용하고픈 유혹을 느끼게 된다. 그래서 지도부는 민중에 대한 신뢰가 부족한 것을 합리화하면서 권력을 획득하기 전에는 민중과의 대화가 불가능하다고 말하고, 반대화적 행동 이론을 채택한 다음, 지도부는——지배 엘리트와 똑같이——민중을 정복하고자 한다. 메시아주의를 취하고, 조작과 문화 침략을 수행하는 것이다. 이와 같이 억압의 방향으로 나아감으로써 지도부는 혁명을 달성하는 길에서 이탈하게 된다. 설사 그들이 혁명을 달성한다 해도 그것은 참된 혁명이 아니다.

혁명 지도부의 역할은 (어떤 상황에서든 같지만 앞에서 언급한 상황에서는 더더욱이) 활동하는 중에 늘 민중의 입장에서 생겨날 수 있는 불신의 태도를 진지하게 고려하고, 민중과 친교를 맺을 수 있는 길을 모색하는 데 있다. 그리하여 민중을 도우면서 자신도 억압적 현실에 대한 비판적인 인식을 가지는 것이다.

피지배 의식은 이중적이고, 모호하며, 두려움과 불신에 차 있다.[41] 게바라는 볼리비아에서의 투쟁을 기록한 일기에서 몇 차례나 농민의 저조한 참여에 관해 언급하고 있다.

---

41) 이 점에 관해서는 Erich Fromm, "The Application of Humanist Psychoanalysis to Marxist Theory", *Socialist Humanism*, New York, 1966; Reuben Osborn, *Marxism and Psychoanalysis*, London, 1965를 참조하라.

농민의 동원은 우리에게는 다소 당혹스런 유익한 임무가 진행될 때 이외에는 가능하지 않다. 농민은 그리 빠르지도, 능률적이지도 못하고, 중립화될 수 있을 뿐이다. …… 농민의 참여는 전혀 없다. 다만 우리에 대한 두려움이 점점 사라지고 있으며, 우리는 점점 농민의 존경을 얻고 있는 중이다. 더디고 고된 작업이다.[42]

농민이 두려움을 품고 무능한 이유는 그들의 피지배 의식이 억압자를 내면화하고 있기 때문이다.

혁명가는 억압자의 문화 침략을 불러들이는 피억압자의 행동과 반응을 고려하여 다른 활동 이론을 수립해야 한다. 혁명 지도부와 지배 엘리트가 다른 점은 목적이 아니라 절차에 있다. 혁명가가 지배 엘리트와 똑같이 활동한다면 목적도 동일해질 수밖에 없다. 지배 엘리트가 인간-세계 관계를 민중에게 문제로서 제시한다면 그것은 자기모순이듯이, 혁명적 지도부가 그렇게 하지 **않는다면** 그것 역시 자기모순이다.

이제부터는 대화적 문화 활동의 이론을 분석하고 그 구성요소들을 이해하도록 해보자.

협동

반대화적 행동 이론의 주요한 특징은 정복의 주체가 다른 사람들을 정복하고 '사물'로 전락시키는 것이었다. 반면 대화적 행동 이론에서는 주체들

---

42) Che Guevara, *The Secret Papers of a Revolutionary: The Diary of Che Guevara* (The Ramparts Edition), New York, 1968, pp. 105~106, 120.

이 서로 협동해 세계를 변혁하는 데 참여한다. 반대화적이고 지배적인 **나**(I)는 지배당하고 정복당하는 **당신**(thou)을 단지 **사물**(it)로 변화시킨다.[43] 그러나 대화적인 **나**는 자신의 존재를 불러내는 것이 바로 **당신**이라는 것을 안다. 또한 자신의 존재를 불러내는 **당신**이 또 다른 나를 구성하며, 그 나의 안에는 또 다른 **당신**이 있음을 안다. 이렇게 해서 **나**와 **당신**은 변증법적 관계를 통해 두 개의 **당신**이 되고 이 당신은 또 두 개의 **나**가 된다.

대화적 행동 이론에서는 정복을 위해 지배하는 주체와 지배당하는 대상이 없다. 그 대신 세계를 변혁하기 위해 세계를 **이름짓는** 주체들이 있다. 특정한 역사적 계기에 피억압자가 앞에서 말한 이유로 인해 주체로서의 소명을 완수할 수 없을 경우, 그 억압을 문제로서 제시하면(여기에는 항상 모종의 행동이 포함된다) 그 소명을 달성하는 데 도움이 될 수 있다.

이상의 이야기는 대화의 과제가 혁명 지도부의 역할이 아니라는 뜻은 아니다. 다만 그것은 지도부가——비록 중요하고 필수불가결한 역할을 하기는 하지만——민중을 소유하지 않으며, 자신들의 구원을 위해 민중을 맹목적으로 조종할 권리를 가지지 않았다는 뜻일 뿐이다. 그러한 구원은 지도부가 민중에게 주는 선물에 불과하며, 그들 사이의 대화적 유대를 깨고 민중을 해방 행동의 공동 주체로부터 대상으로 전락시키는 행위다.

대화적 행동의 특징인 협동——이것은 주체들 사이에서만 가능하다(하지만 이 주체들은 다양한 차원의 기능과 책무를 지닌다)——은 오직 의사소통을 통해서만 실현될 수 있다. 본질적 의사소통인 대화는 모든 협동에 내재해야 한다. 대화적 행동 이론에는 혁명적 대의를 위해 민중을 정복해

---

43) Martin Buber, *I and Thou*, New York, 1958.

도 좋다는 내용은 없고, 그 대신 민중의 지지를 얻어야 한다는 내용만 있다. 대화는 강요나 조작, 사육, '구호화'와 무관하다. 하지만 그렇다고 해서 대화적 행동 이론이 완전히 무방향적이라는 뜻은 아니다. 또한 대화적 인간이 자신의 욕구에 대한 명확한 견해나 자신이 헌신하고 있는 목적을 갖고 있지 않다는 뜻도 아니다.

혁명 지도부가 피억압자에게 헌신하는 것은 곧 자유에 헌신하는 것이다. 그러한 헌신 때문에 지도부는 피억압자를 정복하려 해서는 안 되며, 반대로 해방에 대한 피억압자의 지지를 얻어내야 한다. 정복당한 지지는 진짜 지지가 아니다. 그것은 피정복자가 정복자를 '맹신'하는 것이며, 그가 처방한 방침을 그대로 따르는 것이다. 진정한 지지는 자유로운 선택의 결과여야 한다. 따라서 이것은 현실에 의해 매개되는 민중의 의사소통과 분리되어서는 있을 수 없다.

이와 같이 협동은 대화적 주체가 그들을 매개하고 그들에게 자극──이것은 문제로서 제시된다──을 주는 현실에 관심을 기울일 수 있도록 해준다. 이 자극에 대한 반응으로 대화적 주체는 현실에 작용을 가하며 현실을 변혁한다. 여기서 다시 한번 현실을 문제로서 제시하는 것은 구호화가 아니라는 점을 강조해 두자. 그것은 문제시되는 현실의 비판적 분석을 뜻한다.

세계를 신화화하는 지배 엘리트의 습관과는 반대로 대화적 이론은 세계를 드러내고자 한다. 하지만 누구도 다른 사람을 **위해** 세계를 드러낼 수는 없다. 비록 한 주체가 다른 주체들을 대신해서 세계의 정체를 밝힐 수는 있겠지만, 다른 주체들 역시 이 행동의 주체가 되어야 한다. 민중의 지지는 참된 프락시스를 통해 세계와 자신을 드러냄으로써 가능하다.

민중의 지지는 민중이 자기 자신과 혁명 지도부에 보내는 신뢰와 일치한다. 민중이 지도부의 헌신성과 순수함을 알게 될 때 그 지지가 가능하다. 지도부에 대한 민중의 신뢰는 지도부가 민중에 대해 가지고 있는 믿음을 반영한다.

그러나 지도부가 민중에 대해 갖는 믿음이 단순하고 고지식한 것이어선 안 된다. 지도부는 민중의 잠재력을 믿어야 하며, 민중을 자기 활동의 대상으로만 취급해서는 안 된다. 즉 민중이 해방의 추구에 참여할 수 있음을 믿어야 하는 것이다. 하지만 지도부는 피억압 민중의 모호함과 민중 속에 '내면화'된 억압자에 관해서는 반드시 불신해야 한다. 그러므로 혁명가는 언제나 불신에 차 있어야 한다는 게바라의 말[44]은 대화적 행동 이론의 근본 조건을 무시하라는 이야기가 아니다. 그는 단지 현실적인 사고를 하라고 충고하는 것이다.

대화에는 신뢰가 필수적이지만 그것이 대화의 선험적 조건인 것은 아니다. 신뢰는 인간이 세계 변혁의 일환으로 세계를 탄핵하는 공동 주체일 때 생겨날 수 있다. 그러나 피억압자 '내부'의 억압자가 피억압자 자신보다 강할 경우에는 자유의 공포로 인해 세계 대신 혁명 지도부를 탄핵하게 된다! 지도부는 늘 그럴 가능성에 대비해야 한다. 게바라의 『쿠바 혁명전쟁 회고록』은 바로 그런 위험, 혁명의 대의를 버리는 데서 더 나아가 배신하게 되는 위험까지도 언급하고 있다. 이 책에서는 집단의 단결과 규율을 보존하기 위해 배신자를 응징할 필요성도 인정하고 있지만, 게바

---

44) 게바라는 쿠바를 떠나 자기 나라에서 게릴라 활동에 참여하려는 과테말라 출신의 엘 파토호라는 젊은이에게 이렇게 말했다. "불신이 중요하다네. 처음에는 자네의 그림자도 믿지 말고 가까운 농민, 정보원, 안내자, 접촉선도 모두 믿지 말게. 한 지역이 완전히 해방되기 전까지는 어느 것도, 어느 누구도 믿으면 안 된다네"(Che Guevara, *Episodes of the Revolutionary War*, New York, 1968, p. 102).

라는 또한 그 배신을 설명해 주는 몇 가지 요인도 인정하고 있다. 그 요인 가운데 가장 중요한 것은 배신자의 모호한 태도다.

게바라의 책에서 또 한 부분을 보자. 시에라마에스트라[쿠바의 산맥. 카스트로가 이끄는 쿠바 혁명군의 거점이었다 — 옮긴이]의 어느 농촌 사회에 게릴라로서가 아니라 의사로서 갔을 때, 그는 우리가 지금 논의하는 협동과 관련된 충격적인 경험을 했다.

> 매일 이 농민들과 접촉하고 그들의 문제를 이야기한 결과 우리는 농민들의 삶이 완전히 변화되어야 한다는 **굳은 확신**을 가지기에 이르렀다. 토지개혁의 필요성은 너무도 명백했다. **민중과의 친교**는 이론에 그치는 게 아니라 우리 자신의 중요한 일부가 되었다.
>
> 게릴라와 농민은 **단단한 한 덩어리로 합쳐지기** 시작했다. 이 오랜 과정에서 우리가 언제부터 농민의 **일부가 되었다**고는 정확히 말할 수 없다. 하지만 적어도 나에 관한 한은 분명히 말할 수 있는데, 나는 시에라에서 환자들과 만나면서 원래는 **무의식적이고 다소 낭만적이었던 각오**가 점점 더 **명료한 힘**으로, **전혀 다른 하나의 가치**로 변화되는 것을 느낄 수 있었다. 이 가난하고, 딱하고, 충직한 시에라의 농민들은 **우리의 혁명적 사상이 형성되는 데 자신이 얼마나 큰 기여를 했는지** 전혀 상상하지 못할 것이다.[45]

게바라는 민중과의 친교가 '무의식적이고 다소 낭만적이었던 각오'를 '명료한 힘으로, 전혀 다른 하나의 가치로' 변화시키는 데 결정적인 역할을 했다고 말한다. 그렇다면 농민과의 대화에서 게바라의 혁명적 프락

---

45) Guevara, *Episodes of the Revolutionary War*, pp. 56~57. 강조는 인용자.

시스가 결정되었다고 할 수 있다. 게바라가 말하지 않은 것은——아마 겸손함 때문이었겠지만——그가 지닌 겸손함과 사랑할 줄 아는 능력이 민중과의 친교를 가능하게 했다는 점이다. 결국 대화적 친교가 곧 협동이 된 것이다. "**민중과의 친교**가 이론에 그치는 게 아니라 우리 자신의 중요한 일부가 되었다"는 게바라의 이야기를 되새겨 보라(모험을 찾아나선 좌절한 젊은이였을 때의 그는 피델의 반군과 함께 시에라마에스트라를 오르지 않았다). 그는 농민과 친교하는 순간부터 게릴라의 '혁명적 사상'을 형성하게 되었다고 강조하고 있는 것이다.

자신과 동료들이 겪은 경험을 정확하게 기록하고, '가난하고 충직한' 농민과의 만남을 거의 성스럽게 묘사하고 있는 게바라의 글은, 그가 얼마나 사랑과 의사소통에 뛰어난 능력을 갖춘 인물인지를 보여 준다. 그 다음에 그는 사랑을 아는 또 하나의 인물 '게릴라의 사제'로 불리었던 카밀로 토레스의 활동을 열정적으로 서술한다.

진정한 협동을 일궈낸 친교가 없었다면 쿠바 민중은 시에라마에스트라에서 전개되는 혁명 활동의 대상에 머물렀을 것이며, 그렇기 때문에 혁명 세력이 그들의 신봉을 얻어내기란 불가능했을 것이다. 기껏해야 '지지' 정도가 있었을 텐데, 이것은 지배의 구성요소이지 혁명의 구성요소는 아니다.

대화 이론에서는 모든 단계의 혁명 활동이 민중과의 **친교**를 필요로 한다. 게바라가 말했던 것처럼 **친교**는 **협동**을 낳고, 협동은 지도부와 민중을 **융합**시킨다. 이 융합은 혁명 활동이 진정으로 인간적이고, 공감적이며, 사랑과 의사소통과 겸손한 태도를 취해야만 가능하며 해방으로 이어질 수 있다.

혁명은 삶을 사랑하고 창조한다. 삶을 창조하기 위해서는 일부 사람들의 삶이 제한되지 않도록 해야 한다. 자연적인 삶-죽음의 순환 이외에 현실에는 비자연적이라 할 **살아 있는 죽음**이 있다. 실현을 거부당한 삶이 바로 그것이다.[46]

여기서 통계까지 인용할 필요는 없을 것이다. 브라질을 비롯하여 라틴아메리카 사람들의 상당수는 이미 '살아 있는 시체'이자 인간존재의 '그림자'에 불과하며, 그칠 줄 모르는 '보이지 않는 전쟁'[47]에 무기력하게 시달리고, 겨우 남아 있는 삶의 흔적조차 결핵, 주혈흡충증[혈관에 사는 기생충에 의해 걸리는 병 ─ 옮긴이], 유아 설사 등등 빈곤이 낳은 무수한 질병에 의해 말살되고 있다(억압자의 용어에 따르면 그 병들의 대부분은 '열대병'이라고 한다).

셰누 신부는 그같은 극단적인 상황에 대해 취할 수 있는 반응에 관해 다음과 같이 말하고 있다.

종교회의에 참석하는 사제들이나 학식 있는 평신도들 중 많은 사람들은 가난과 고통에 시달리는 세계에 직면하여, 우리가 단지 감정적인 항의에 그치면서 빈곤과 부정의의 현상과 증상을 완화하는 데만 주력하고 있는 게 아닌가 하는 우려를 표명하고 있다. 우리는 그 현상의 원인을 분

---

46) '신의 죽음'에 뒤이은 인간의 죽음을 거부하는 현재 유행하는 사상에 관해서는 Mikel Dufrenne, *Pour L'Homme*, Paris, 1968[『인간을 위하여』]를 보라.

47) "기아를 면하기 위해 자신이나 식구를 노예로 파는 농민들이 많다. 벨로리존테[브라질 남부의 도시 ─ 옮긴이]의 어느 신문에 따르면 무려 5만 명이 (총액 150만 달러에) 팔렸으며, 한 기자는 그 사실을 증명하기 위해 부부 한 쌍을 30달러에 노예로 사기도 했다. 그 노예는 이렇게 설명했다. '착한 사람들이 많이들 굶주리고 있어요. 그래서 나도 노예로 팔리는 것에 신경쓰지 않는 거죠.' 1950년 상파울루에서 체포된 한 노예상은 '상품'을 찾아 상파울루의 목장과 커피 플랜테이션, 건설장을 누비고 다녔다고 털어놓았다. 십대 소녀들은 매음굴로 팔리기도 했다고 한다"(John Gerassi, *The Great Fear*, New York, 1963, p. 398).

석해야 하며, 불의를 초래하고 빈곤을 유발하는 체제를 탄핵하는 데까지 나아가야 한다.[48]

해방을 위한 단결

반대화적 행동 이론에서는 지배자가 지배하기 위해, 억압 상태를 쉽게 유지하기 위해 분할 정책을 구사해야 하지만, 대화적 이론에서는 지도부가 해방을 이루기 위해 피억압자의 단결——그리고 지도부와 피억압자의 단결——을 끊임없이 도모해야 한다.

어려운 점은, (다른 것들도 그렇지만) 대화적 행동은 프락시스와 유리된 상태에서는 일어날 수 없다는 것이다. 지배 엘리트에게 억압의 프락시스는 쉽다(적어도 어렵지는 않다). 그러나 혁명 지도부에게 해방적 프락시스는 결코 쉬운 일이 아니다. 지배 집단은 권력의 도구를 그냥 사용하면 되지만, 혁명 집단은 권력을 그 반대로 사용해야 한다. 지배 집단은 우연하고 일시적인 분열을 겪는다 하더라도 자유롭게 스스로 조직화될 수 있으며, 근본적인 이해관계에 대한 위협이 발생하면 즉각 단결한다. 그러나 혁명 집단은 민중 없이는 존재할 수 없으며, 그 점이 바로 조직화하는 데 첫번째 걸림돌이 된다.

혁명 지도부가 조직을 이룰 수 있도록 지배 엘리트가 놔둔다면 그것은 모순일 것이다. 지배 엘리트가 단결을 통해 힘을 증강하고 조직하기

---

48) M. D. Chenu, *Temoignage Chrétien*, April 1964[『그리스도교의 증언』]. André Moine, *Christianos y Marxistas después del Concilio*, Buenos Aires, 1965, p. 167[『종교회의에서 논의된 그리스도교와 마르크스주의』]에서 재인용.

위해서는 민중을 분할해야 한다. 반면 혁명 지도부의 단결은 오직 민중이 단결하고 또 민중과 지도부가 단결해야만 가능하다. 엘리트의 단결은 민중과의 **적대 관계**에서 비롯되지만, 혁명 지도부의 단결은 (단결된) 민중과의 **친교**에서 비롯된다. 억압의 구체적 상황──여기서는 피억압자의 자아가 이중화되므로 피억압자는 모호하고, 정서적으로 불안정하며, 자유를 두려워한다──은 지배자의 분할 책동을 용이하게 하며, 해방을 위해 필수불가결한 단결 행동을 저해한다.

나아가 지배는 **객관적으로도** 분할적이다. 지배는 피억압자의 자아를 현실에 '고착'된 상태로 유지함으로써 현실이 막강하고 압도적인 것으로 보이게 한다. 그런 다음 신비스런 힘으로 억압자의 권력을 설명함으로써 피억압자로부터 현실을 소외시키는 것이다. 피억압자의 자아의 일부는 '고착'된 현실 속에 있으며, 일부는 자아의 바깥, 그 신비스런 힘 속에 있다. 그래서 그 힘이 현실을 좌지우지하는 것처럼 보이므로 피억압자는 아무것도 할 수 없다는 느낌을 가지게 되는 것이다. 개인은 동일한 과거와 현재로 분열되며, 미래는 희망이 없다. 그는 자신을 **변화**하는 존재로 인식하지 못하며, 그렇기 때문에 타인들과의 단결을 통해 미래를 건설할 수 있다고 생각하지 않는다. 그러나 그가 이 '고착'을 분쇄하고 현실을 객관화시켜 바라볼 때, 그는 주체(자아)로서 통합되기 시작하고 대상(현실)을 직면할 수 있게 된다. 이 순간 분열된 자아의 허구적 통일은 깨어지고 인간은 참된 개인이 된다.

피억압자를 분열시키기 위해서는 억압의 이데올로기가 반드시 필요하다. 그와 반대로 피억압자를 단결시키려면 그들로 하여금 현실에 고착되도록 만든 **이유**와 **과정**을 알 수 있게 해주는 일종의 문화 활동, 즉 탈이데올로기화 작업이 필요하다. 따라서 피억압자를 단결시키기 위해서는 이데올로기적인 '구호화' 같은 것이 필요치 않다. 구호는 주체와 객관적 현실 사이의 진정한 관계를 왜곡시킴으로써 동시에 분리될 수 없는 총체적 인격의 **인지적**이고, **정서적**이고, **능동적**인 측면들을 분열시킨다.

대화적-해방적 행동의 목적은 피억압자를 신화적 현실로부터 떼어 놓고 또 다른 현실을 보지 못하도록 하는 데 있지 않다. 그 반대로 대화적 행동의 목적은 피억압자로 하여금 그들의 고착을 인식하게 함으로서 부당한 현실을 변혁하도록 나서게 하는 데 있다.

피억압자의 단결은 피억압자가 각자의 지위와 무관하게 연대할 것을 뜻하므로 명확한 계급 의식을 요구한다. 그러나 라틴아메리카 농민들처럼 피억압자가 현실에 침잠해 있을 경우에는 계급으로서의 의식 이전에 개인으로서의 의식부터 깨어나야 한다(혹은 적어도 양자가 동시적으로 진행되어야 한다).[49]

유럽의 농민에게 그가 하나의 인간이라는 사실을 문제로서 제기한다면 그는 오히려 이상하게 여길 것이다. 그러나 라틴아메리카 농민의 경우는 다르다. 그들의 세계는 거의 라티푼디움의 경계 안에 머물러 있고, 그들의 자세는 동물이나 나무와 닮은 데가 있다. 실제로 그들은 흔히 동물이나 나무와 자신을 동일시한다.

이런 식으로 자연과 억압자에게 묶인 인간은 자신을 **사물 존재**가 아닌 **인격체**로서 구분할 줄 알아야 한다. 이러한 자각은 곧 자신을 **페드루**,

---

49) 개인이 자신의 피억압적 지위를 비판적으로 의식하려면 자신의 현실이 억압적 현실임을 인정해야 한다. 바로 이런 이유 때문에 '사회의 본질에 대한 이해'에 도달해야 하는 것이다. 루카치가 볼 때 그것은 '모든 일차적 질서를 결정하는 강력한 요인'이다. "왜냐하면 그것은 무엇보다 순수하고 유일하게 결정적인 무기이기 때문이다"(Georg Lukács, *Histoire et Conscience de Class*, Paris, 1960, p. 93).

안토니우, 조세파[모두 브라질의 평범한 이름들 — 옮긴이] 등으로 자각하는 것을 뜻한다. 이러한 자각은 지칭된 의미를 인식하는 것과는 다른 인식을 가리킨다. 그렇게 되면 '세계', '인간', '문화', '나무', '노동', '동물' 등의 말들은 참된 의미를 되찾게 된다. 이제 농민은 창조적 노동을 통해 자신을 현실(전에는 이해할 수 없는 실체였던)의 변혁자로 보게 된다. 그들은 자신이 더 이상 타인의 소유물과 같은 '사물'이 아니라는 점을 깨달으며, 피억압자로서의 의식에서 벗어나 억압 계급의 의식으로 나아간다.

'구호'에만 의존하면서 근본적 측면들은 다루지 않는 행동주의 방법으로써 농민을 단결시키려 할 경우에는, 단지 개인들의 병렬만 만들 수 있을 뿐이며, 농민의 행동도 순전히 기계적인 성격만 지니게 될 뿐이다. 피억압자의 단결은 사물에게서 일어나는 일이 아니라 인간에게서 일어나는 일이다. 따라서 그 현실은 하부구조와 상부구조 간의 변증법으로만 제대로 이해될 수 있다.

피억압자가 단결하기 위해서는 먼저 자신들을 억압적 세계에 묶고 있는 주술과 신화의 탯줄을 끊어야 한다. 피억압자들 개개인을 연결시키는 단결은 그와 다른 성격이다. 이 필수적인 단결을 이루기 위해서는 혁명 과정이 처음부터 **문화 활동**이어야 한다. 피억압자의 단결을 이루는 데 사용되는 방법은 사회구조 내에서 피억압자가 겪는 역사적·실존적 경험에 따라 달라진다.

농민은 억압적 결정이라는 단일하고 압축적인 중심을 가진 '폐쇄적' 현실 속에서 살아가며, 도시의 피억압자는 억압의 지휘 중심이 다원적이고 복합적인 환경 속에서 살아간다. 농민은 억압 체제를 대표하는 지배적 인물의 통제를 받으며, 도시 지역의 피억압자는 '비인격적 억압'에 종속된다. 두 경우 모두 억압하는 힘은 거의 '눈에 보이지 않는다.' 농촌 지역에서는 피억압자가 너무 가까이 있기 때문에 보이지 않으며, 도시에서는 분산되어 있기 때문에 보이지 않는 것이다.

이렇게 상황이 다른 만큼 문화 활동의 형태도 지역에 따라 달라지지만 그래도 그 목적은 어디서나 같다. 그것은 곧 피억압자에게, 그들을 억압자에 묶고 있는 객관적 상황——그것이 가시적이든 아니든——을 분명하게 보여 주는 것이다. 아무런 소용이 없는 '허튼소리'를 일삼으면서 기계적인 행동주의만 앞세우는 행동 형태를 피할 때에야 비로소 지배 엘리트의 분열 책동을 극복하고 피억압자의 단결로 나아갈 수 있다.

조직

반대화적 행동 이론에서는 정복과 지배를 위해 조작이 반드시 필요하다. 반면 대화적 행동 이론에서는 민중의 조직이 그 조작의 적대적 대립물을 형성한다. 조직은 단결과 직접적으로 연결될 뿐 아니라 그 단결의 자연스런 발전이기도 하다. 그러므로 지도부가 단결을 추구한다면 필연적으로 민중을 조직해야 하며, 해방 투쟁이 공동의 과제라는 사실을 증명해야 한다. 협동과 공동의 노력을 통해 꾸준히 겸손하고 용기있게 증명한다면 반대화적 통제의 위험에서 벗어날 수 있다. 증명의 형식은 해당 사회의 역사적 조건에 따라 달라지겠지만, 증명 자체는 혁명 활동의 필수불가결한 요소다.

그 증명의 내용과 방법을 결정하기 위해서는 현재의 역사적 맥락, 민중이 지닌 세계관, 사회의 주요한 모순, 그 모순의 주요한 측면 등에 관해 비판적으로 인식하는 것이 중요하다. 이 여러 가지 증명은 역사적이고 대화적이며, 따라서 변증법적이기 때문에 해당 사회의 상황을 먼저 상세하게 분석하지 않고 무작정 다른 사회의 상황을 참고해서 증명하는 것은 옳지 못하다. 그럴 경우 상대적인 것을 절대화하고 신화화하게 되며, 소외를 면치 못하게 된다. 대화적 행동 이론에서의 증명은 혁명의 문화적·교육적 성격을 보여 주는 주요한 표현 가운데 하나다.

역사적으로 변하지 않는 증명의 필수적 요소로는 다음과 같은 것들이 있다. 말과 행동의 일치, 존재를 항구적인 위험으로 직면하는 **대담성**, 증명과 그 증명에 따른 행동을 낳는 **근본적인 사고**(분파주의가 아니다), 사랑할 줄 아는 **용기**(부당한 세계에 적응하는 것이 아니라 인류의 해방을 위해서 그 세계를 변혁하는 것), 민중에 대한 **신뢰**(증명은 바로 민중을 대상으로 하는 것이기 때문이다). 하지만 민중에게 증명하는 것은, 민중이 지배 엘리트와 변증법적 관계에 있기 때문에 엘리트에게도 영향을 미친다(그들은 자기들 나름의 방식으로 그 증명에 대응한다).

참된 증명(즉 비판적 증명)은 위험을 감수할 용기가 필요하며, 지도부가 항상 민중의 즉각적인 지지를 얻지는 못할 수도 있다는 사실을 감안해야 한다. 증명은 특정한 순간이나 특정한 조건에서 결실을 낳지 못할 수도 있지만, 그렇다고 해서 내일에도 결실을 낳을 수 없는 것은 아니다. 증명은 추상적인 제스처가 아니라 행동이므로 ─ 세계나 민중과의 대결이므로 ─ 정태적이지 않고 역동적이다. 증명은 사회적 맥락의 일부이므로 증명이 행해지는 순간부터 그 맥락과 영향을 주고받는다.[50]

반대화적 행동에서는 조작이 민중을 마비시키고 지배를 용이하게

---

50) 참된 증명은 하나의 과정이므로 즉각적인 결실을 맺지 못한다 하더라도 절대적인 실패라고 간주될 수는 없다. 티라덴테스를 살해한 자는 그의 몸을 죽일 수는 있었으나 그가 한 증명을 지워 버릴 수는 없었다.

하지만, 대화적 행동에서는 조작이 참된 조직에 의해 극복된다. 반대화적 행동에서는 조작이 정복의 목적에 기여하지만, 대화적 행동에서는 대담하고 충실한 증명이 조직의 목적에 기여한다.

지배 엘리트에게 조직이란 자신들이 조직되는 것을 뜻하지만, 혁명 지도부에게 조직이란 자신들과 민중이 **함께** 조직되는 것을 뜻한다. 지배 엘리트는 자신의 권력을 구조화하여 효과적인 지배와 비인격화를 도모하지만, 혁명 지도부의 조직은 그 본성과 목적에 부합하며, 그 자체로 자유의 실천을 이룬다. 따라서 모든 조직에 필요한 규율을 군대의 편성과 혼동해서는 안 된다. 리더십, 규율, 판단력, 목적이 없으면 ——수행할 과제와 처리된 보고가 없으면 ——조직이 생존할 수 없고 혁명 활동이 느슨해진다는 것은 분명한 사실이다. 하지만 그렇다고 해서 민중을 활용 도구로 취급하는 것이 정당화될 수는 없다. 민중은 억압에 의해 이미 비인격화되어 있으므로 혁명 지도부가 민중을 **의식화**로 이끌지 않고 조작하려 한다면, 조직의 목적(즉 해방)은 그 자체로 부정되는 것이다.

민중을 조직하는 것은 민중처럼 발언권을 가지지 못했던[51] 혁명 지도부가 세계를 **이름짓는** 방법을 배우기 시작했다는 것을 뜻한다. 이것은 참된 학습 경험이므로 대화적이다. 따라서 지도부는 자신들의 말만을 할 것이 아니라 민중과 **더불어** 말해야 한다. 대화적으로 행동하지 않는 지도부는 결국 민중을 조작하는 것이다. 그런 지도부는 해방할 수도, 해방될

---

51) 쿠바 어느 대학교의 의과대학 학장인 오를란도 아기레 오르티스(Orlando Aguirre Ortiz) 박사는 내게 이런 말을 했다. "혁명은 세 개의 'P'를 의미하죠. 팔라브라(palavra), 포보(povo), 폴보라(plvora)가 그겁니다[각각 말, 민중, 화약을 뜻한다]. 화약이 폭발하면 민중은 자신이 처한 구체적 상황을 분명히 깨닫게 되고, 행동을 통해 해방을 추구하게 됩니다." 이 의사 출신의 혁명가가 말을 이 책에서 사용한 것과 같은 행동, 성찰, 프락시스의 의미로 사용하고 있다는 것이 흥미로웠다.

수도 없으며, 단지 억압만 할 뿐이다.

민중을 조직하는 지도부는 자신의 말을 민중에게 마음대로 강요할 권리를 가지고 있지 않지만, 그렇다고 해서 지도부가 자유주의적 입장에 빠져서 억압에 길들여진 민중의 방종을 조장해야 한다는 뜻은 아니다. 대화적 행동 이론은 권위주의와 방종을 모두 부정하며, 그 대신 참된 권위와 자유를 긍정한다. 권위가 없으면 자유도 없으며, 자유가 없으면 권위도 없다. 모든 자유는 특수한 사정에서(또한 다양한 구체적 단계에서) 권위가 될 수 있는 가능성을 포함한다. 자유와 권위는 분리되어 있는 것이 아니라 상호관계 속에서 고찰되어야 한다.[52]

참된 권위는 단지 권력이 **이전**되었다고 해서 저절로 얻어지는 것이 아니라 **위임**이나 공감적 **지지**를 통해서만 얻어지는 것이다. 권위가 단순히 한 집단에서 다른 집단으로 이전되었거나 다수에게 강요되는 것이라면, 그 권위는 권위주의로 타락한다. 권위는 '자유에서 비롯된 것'이어야만 자유와 상충하지 않을 수 있다. 자유와 권위 중 어느 하나만 비대하게 커지면 다른 하나는 약화될 수밖에 없다. 권위가 자유 없이 존재할 수 없고 그 반대도 마찬가지듯이, 권위주의는 자유를 부정해야만 존재할 수 있으며, 방종도 권위를 부정해야만 존재할 수 있다.

대화적 행동 이론에서 조직은 권위를 필요로 하지만 권위주의에 빠져서는 안 되며, 자유를 필요로 하지만 방종에 빠져서는 안 된다. 조직화란 지도부와 민중이 함께 참된 권위와 자유를 경험하는 고도화된 교육 과정이다. 그것이 제대로 이루어져야만 지도부와 민중은 그들을 매개하는 현실을 변혁함으로써 사회 속에 확고히 뿌리를 내릴 수 있는 것이다.

---

52) 이 상호관계는 객관적 상황이 억압적이거나 방종적일 경우 모순을 빚게 된다.

문화 통합

문화 활동은 언제나 체계적이고 계획적이며, 사회구조에서 작용하면서 그 구조를 유지하거나 변혁하는 목적을 지닌다. 이렇듯 계획적이고 체계적인 행동이기 때문에 문화 활동은 그 목적과 방법을 규정하는 이론을 가지고 있다. 문화 활동은 지배에 기여하거나 (의식적으로든 무의식적으로든) 인간 해방에 기여한다. 서로 변증법적으로 대립하는 이 두 가지 문화 활동은 사회구조를 바탕으로 작용하면서 **영속성**과 **변화**의 변증법적 관계를 만들어 낸다.

사회구조가 계속 **존재**하기 위해서는 **변화**해야 한다. 바꿔 말하자면 **변화**는 사회구조가 베르그송적 의미에서 '**지속**'되는 것을 나타내는 방식이다.[53]

대화적 문화 활동은 영속성-변화의 변증법을 없애는 것을 목표로 삼지 않는다(이것은 불가능한 목표다. 그 변증법이 사라지려면 사회구조 자체, 나아가 인간도 사라져야 하기 때문이다). 대화적 문화 활동의 참된 목표는 사회구조의 적대적 모순을 극복함으로써 인간존재의 해방을 이루는 데 있다.

그 반면 반대화적 문화 활동은 그 모순을 신화화함으로써 현실의 근본적 변혁을 회피하고자 한다(혹은 가능한 한 저해하고자 한다). 반대화적 행동은 명시적으로든 암묵적으로든 사회구조 내에서 반대화적 행위자에

---

53) 한 구조를 **사회**구조로(또한 역사-문화적 구조로) 만드는 것은 절대적으로 말해서 영속성도 변화도 아니고, 양자 사이의 변증법적 관계다. 다시 말해 궁극적으로 사회구조를 지속시키는 것은 영속성이나 변화가 아니라 바로 영속성-변화의 변증법인 것이다.

게 유리한 상황을 조성하는 것을 목표로 삼는다. 그 행위자는 적대적 모순을 극복할 정도의 근본적인 구조 변혁을 결코 받아들이지 않겠지만, 피억압자에 대한 자신의 결정권에 큰 영향을 미치지 않는 범위 내에서의 개량은 받아들일 수 있다. 그렇기 때문에 이러한 행동 양식은 민중의 **정복, 분할, 조작, 문화 침략**을 포함한다. 그것은 본질적으로 **유도된** 행동일 수밖에 없다. 그러나 대화 행동의 특징은 그러한 유도된 요소가 전혀 없다는 점이다. 반대화적 문화 활동이 유도된 성격을 탈피하지 못하는 이유는 그 목적이 지배에 있기 때문이다. 대화적 문화 활동이 유도된 성격을 벗어버릴 수 있는 이유도 역시 그 목적이 해방에 있기 때문이다.

문화 침략의 행위자는 자신의 가치관과 이데올로기로부터 행동의 주제 내용을 끌어낸다. 즉 그는 그 자신의 세계를 출발점으로 삼아 자신이 침략한 세계 속으로 들어간다. 그러나 문화 통합의 행위자는 '다른 세계'에서 출발하여 민중의 세계로 들어가며, 침략자로서 들어가지도 않는다. 그는 무언가를 **가르치고 전달하고 부여하기** 위해 들어가는 것이 아니라 민중과 더불어 민중의 세계에 관해 배우기 위해 들어가는 것이다.

문화 침략의 행위자(그는 심지어 직접 피침략 문화에게 다가갈 필요조차 없다. 그의 행동을 점점 기술적 도구가 대신해 주기 때문이다)는 민중 위에 군림하면서 민중에게는 구경꾼이나 대상의 역할을 부여한다. 그러나 문화 통합의 행위자는 민중과 통합을 이루며, 민중을 공동 행위자로 여기고 함께 활동한다.

문화 침략에서는 구경꾼과 온존되는 현실이 모두 행위자의 활동대상이 된다. 그러나 문화 통합에서는 구경꾼이 없으므로 행위자의 활동 대상은 인간 해방을 위해 변혁해야 할 현실이다.

이처럼 문화 통합은 문화 자체를 직면하면서 그것을 낳은 문화 구조를 보존하는 행동 양식이다. 문화 활동은 역사적 행동이며, 소외되고 소외시키는 지배 문화를 극복하기 위한 도구다. 이런 의미에서 모든 참된 혁명은 문화 혁명이라고 할 수 있다.

제3장에서 이야기한 민중의 생성적 주제나 유의미한 주제를 연구하는 것은 문화 통합을 향한 행동 과정의 출발점을 이룬다. 사실 이 과정을, 먼저 주제 연구를 한 다음 문화 통합을 향한 행동을 한다는 식으로, 두 가지 별개의 단계로 구분하는 것은 불가능하다. 그러한 이분법은 초기 단계에 민중을 수동적 대상으로 여기고 연구, 분석, 탐구하는 과정이 포함되는데, 이것은 반대화적 행동에 부합하는 절차다. 또한 그러한 구분은 문화 침략으로서의 행동이 있고 나서 문화 통합으로서의 행동이 뒤따른다는 소박한 결론으로 이어지게 될 것이다.

대화적 이론에서는 그러한 구분이 없다. 주제 연구를 하는 주체들은 전문적 연구자뿐만이 아니라 주제 영역의 당사자인 일반 민중이기도 하기 때문이다. 문화 통합 행동의 첫 걸음인 이 연구로 인해 조성된 창조적인 분위기는 후속되는 행동 단계에서 더욱 발전한다. 그러나 문화 침략에서는 그런 분위기가 생겨날 수 없다. 오히려 피침략자는 소외로 인해 창조적 열정을 잃고, 절망적인 상태에서 실험당하는 위험을 두려워하게 되는 것이다.

피침략자는 어떤 수준에 있든 간에 침략자가 명령한 모델을 좀처럼 뛰어넘지 못한다. 그러나 문화 통합에서는 침략자가 없으며, 따라서 강요된 모델 따위도 없다. 그 대신 비판적으로 현실을 인식하고 (이 분석을 행동과 분리시키지 않고) 역사 과정에 주체로서 참여하는 행위자들이 있다.

지도부와 민중은 예정된 계획을 따르는 것이 아니라 상호 일체화하여 함께 행동 지침을 만든다. 이러한 문화 통합에서는 지도부와 민중이 새로운 지식과 새로운 행동으로 재탄생한다. 소외된 문화에 대한 지식은 변혁적 행동으로 이어져 소외로부터 자유로운 문화를 낳는다. 지도부의 지식이 민중의 경험적 지식과 맞물려 발전할수록 민중도 지도부에 의해 발전한다.

문화 통합에서는──그리고 문화 통합에서만──지도부의 세계관과 민중의 세계관 사이의 모순이 해소되며, 함께 풍요로워진다. 문화 통합은 두 세계관의 차이를 부정하지 않고 오히려 그 차이를 토대로 삼는다. 부정되는 것은 바로 한 측의 다른 측에 대한 **침략**일 뿐이다. 문화 통합에서는 한 측이 다른 측에게 확고한 **지지**를 보내게 된다.

혁명 지도부는 민중과 유리된 채 스스로를 조직화하는 데 주력해서는 안 된다. 특정한 역사적 조건으로 인해 민중과의 사이에서 예기치 않게 모순이 생겨날 경우, 그것을 해소하지 못하면 강요된 관계의 문화 침략으로 더욱 증폭시키는 결과를 빚을 수도 있다. 그럴 때 문화 통합은 유일한 방책이다.

민중의 세계관처럼 대단히 현실적인 문제를 감안하지 않는다면 혁명 지도부는 많은 실수와 판단착오를 저지르게 될 것이다. 민중의 세계관은 민중의 관심사, 의혹, 희망, 지도부를 바라보는 태도, 자신과 억압자에 대한 인식, 종교적 신념(이것은 대개 복합적이다), 숙명론, 저항 행동 등을 노골적이고 함축적으로 반영하고 있다. 이 요소들 중 어느 것도 별개로 보아서는 안 된다. 그 모든 요소들의 상호작용이 하나의 총체를 구성하기 때문이다. 억압자는 이 총체를 자신의 침략 행동과 지배의 유지에 도움이 되는 것으로만 파악하게 마련이다. 그러나 문화 통합을 위한 혁명 지도부의 행동에서는 그 총체가 필수적이다.

문화 통합은 (그것이 바로 **통합**이기 때문에) 혁명 행동의 목적이 반드시 민중의 세계관 속에 표현된 열망의 제약을 받아야만 한다는 것을 의미하지는 않는다. 만약 그럴 경우 혁명 지도부는 (민중의 세계관을 존중한다는 명목으로) 그 기대에 수동적으로 묶이게 될 것이다. 지도부가 민중의 세계관을 침략하는 것이나, 지도부가 민중의 열망에 (소박하게) 순응하는 것은 모두 용인될 수 없다.

구체적으로 말해 보자. 특정한 역사적 시기에 민중의 근본적 열망이 단지 임금인상 요구를 넘어서지 못한다면, 지도부는 한두 가지 실수를 저지를 수 있다. 즉 그 임금인상 요구를 고무하는 정도로만 행동을 제한하거나,[54] 아니면 그 민중의 열망 대신 더 원대한, 그러나 아직 민중의 관심의 전면에 나서지는 않은 다른 것으로 대체하는 것이다. 첫째 경우는 혁명 지도부가 민중의 요구에 순응한 결과고, 둘째 경우는 민중의 기대를 저버림으로써 문화 침략으로 빠져버린 결과다.

해결책은 통합에 있다. 지도부는 한편으로 민중의 임금인상 요구에 주력하면서, 다른 한편으로는 그 요구의 의미를 문제로서 제시해야 한다. 그렇게 함으로써 지도부는 임금인상 요구를 포함하는 현실적이고, 구체적이고, 역사적인 상황을 문제로 제기할 수 있는 것이다. 그러면 임금인상 요구만으로는 실상 결정적인 해결책이 될 수 없다는 점이 명확해진다. 이 해결책의 핵심은 앞에서 인용한 제3세계 주교의 발언에서 찾을 수 있다. "만약 노동자들이 자기 노동의 소유자가 되지 못한다면 모든 구조 개혁은 효과가 없을 것이다. …… 노동자는 자기 노동을 소유하는 것이지

---

54) 레닌은 프롤레타리아트의 경제적 요구를 혁명 투쟁의 도구로 부각시키려는 러시아 사회민주당의 경향에 대해 날카롭게 비판했다. 그것은 그의 용어를 빌리면 '경제적 자발성'에 불과하다. Vladimir Lenin, "What is to be Done?", *On Politics and Revolution, Selected Writings*, New York, 1968.

파는 것이 아니다. …… 노동의 구매와 판매는 노예제의 한 형태다."

누구나 '자기 노동의 소유자'가 되어야 한다, 노동은 '인간 인격의 일부분이다', '인간은 팔거나 팔릴 수 없는 존재다' 등의 사실들을 비판적으로 의식할 수 있다면, 미봉책의 함정에서 벗어날 수 있다. 인간을 인간화하는 길은 현실을 인간화함으로써 현실을 올바르게 변혁하는 데 동참하는 것이다.

반대화적 행동 이론에서는 문화 침략이 조작의 목적에 기여하며, 조작은 또한 정복의 목적에, 정복은 지배의 목적에 기여한다. 그 반면 문화 통합은 조직의 목적에 기여하며, 조직은 해방의 목적에 기여한다.

이 연구는 대단히 명백한 진리를 다루고 있다. 그것은 곧, 억압자가 억압하기 위해 억압적 행동 이론을 필요로 한다면, 피억압자가 자유를 얻기 위해서도 역시 행동 이론이 필요하다는 진리다.

억압자는 민중과 대립하기 때문에 민중을 배제한 채 자신의 행동 이론을 구성한다. 민중은 짓밟히고, 억눌리며, 억압자의 이미지를 내면화하고 있는 한, 스스로 해방의 행동 이론을 구성할 수 없다. 해방의 행동 이론은 민중과 혁명 지도부가 친교와 프락시스를 통해 함께 만날 때만 수립될 수 있는 것이다.

"투쟁은 계속된다"(A luta continua) 『페다고지』후기

이라 숄

(미국 뉴욕시립대학교, 컬리지 오브 스태튼 아일랜드)

나는 이제 더 이상 '대중'의 일원이 아니다. 나는 '국민'이며 내 권리를 요구할 수 있다.

— 프란시스카 안드라지(Francisca Andrade), 안지쿠스(Angicos) 프레이리 문맹퇴치 모임 학생, 1963

안지쿠스 문맹퇴치 모임은 1963년 4월 2일에 파울루 프레이리뿐만 아니라 자유주의자 브라질 대통령 주앙 굴라르(João Goulart)까지 참석한 가운데 마지막 모임을 축하했다. 프레이리는 대통령에게 "이제 결정하는 국민, 봉기하는 국민, 자기 운명을 의식하고 브라질의 역사에 참여하기 시작한 국민이 있습니다"라고 말했다.[1] 기념식에는 또 다른 고위 인사 움베르투 카스텔루 브랑쿠(Humberto Castelo Branco) 장군도 참석했는데, 그는 1년 뒤 굴라르 정권을 전복하고 파울루의 국가적 프로그램을 파괴하고 그를 투옥함으로써 민주주의를 후퇴시켰고, 그것이 거의 현재까지

---

1) Andrew J. Kirkendall, *Paulo Freire and the Cold War Politics of Literacy*. Chapel Hill: UNC Press, 2010, p. 40.

영향을 끼치고 있다.

그때 이후 브라질은 너무나 오랫동안 빛이 꺼진 상태였다. 이 책은 어둠에서, 아니 어둠에 맞서서, 아니 억압에 맞선 저항과 희망에서 태어났다고 말할 수 있을 것이다. 브라질 민주주의 운동은 프레이리식 방법을 이용해서 저렴한 40시간 교육만으로 문맹자들에게 읽고 쓰는 법을 가르쳤다. 기본적으로 문맹이었던 가난한 농부와 노동자들은 위로부터 강제된 아주 오랜 침묵 끝에 마침내 투표를 할 수 있게 되었고 아래에서부터 유권자를 널리 확장시켰다. 끔찍했던 1964년 4월 이후 원래 계획대로 수천 개의 프레이리식 문화 모임이 실시되었더라면 글을 모르는 노동계급 문맹자 수백만 명이 읽고 쓰는 법을 배워서 유권자로 등록하여 정치적 힘을 모을 수 있었을 것이다.

그러나 민주주의 가능성을 막기 위해 독재 정치가와 군대가 선거를 통해 선출된 굴라르 정부를 전복시켰는데, 굴라르 대통령은 프레이리를 브라질의 기둥으로 임명한 장본인이었다. 프레이리는 심문과 투옥 끝에 브라질을 떠날 수밖에 없었다. 프레이리는 아내인 엘자와 다섯 아이들과 함께 1980년까지 전 세계를 떠돌았다. 그의 책은 브라질에서 금지되었고, 그는 정치적 전성기에 고국으로부터 추방당했다. 달아나지 못한 사람들은 감옥에 갇히거나 구타당하거나 뒤쫓겼고, 군대의 장군들은 보수주의 엘리트를 권력에 복귀시켰다. 그 후 몇 년 동안 파울루 프레이리는 살아남은 기회를 활용하여 유럽과 북아메리카의 많은 청중 앞에서 연설을 했을 뿐 아니라 정부, NGO, 지역 프로젝트의 컨설팅을 맡아 당대의 가장 유명한 교육자이자 최고의 사회정의 옹호자가 되었고, 쿠데타의 상처가 아직 아물기도 전에 『페다고지』를 발표했다. "문제 제기식 교육은 혁명적 미래를 개척하므로 예지적이다. …… 일부 사람들이 다른 사람들의 참여를 배제하는 상황은 폭력적인 상황이다"(107쪽).

이토록 많은 사람들이 논의하고, 인용하고, 발췌한 책, 그리고 교사 학교나 대학 및 대학원 과정, (2012년 투산에서 이 책이 금지되었을 때 드러났듯이) 일부 고등학교에서 이토록 널리 이용한 책은 거의 없다. 『페다고지』가 나온 지 50년이 지난 오늘날, 이 책의 비범한 매력을 무엇으로 설명할 수 있을까?

파울루 프레이리는 짧막한 네 장에서 다양한 문제를 뛰어난 방식으로 배치하여 통합했다.

1. 사회정의의 이름으로 현상에 의문을 제기하는 비판적 교육학의 이론과 실천.

2. 다양한 장소, 서로 다른 이해 관계자들, 여러 가지 조건에 적용할 수 있는 '상황에 따른 교육학'이 이론과 실천에 포함되었다.

3. 상황에 따른 교육학은 대화식 교수법, '저금식 교육법'의 암기를 대체하는 '문제 제기식 탐구', '실험되지 않은 가능성', '한계 상황 및 한계 행동', '문화 모임', '교사-학생과 학생-교사', '어휘의 우주', '생성적 주제와 생성적 언어', '코드화와 탈코드화', 의식화 또는 비판적 의식, '연결 주제'와 '인류학적 문화 개념', 프락시스 또는 행동/성찰-주기적인 이론화 실천과 실천 이론 등 풍부한 실천 목록을 제공했다.

4. 파울루 프레이리는 쿠데타가 일어나기 전까지 15년 동안 공적인 교육 체제 외부에서 성인 문맹퇴치 교육을 실시하면서 이러한 비판적 이론과 실천의 목록을 발전시켰다. 나중에 이러한 방법은 유치원부터 고등학교까지, 그리고 그 이상의 고등교육에도 적용되었다.

5. 비판적 실천을 위해 다양한 환경에 열려 있는 이 책은 다문화, 반인종차별, 페미니즘 교육학과 교차하며, 당시 평등, 민주주의, 사회정의

를 위해 비슷한 지향으로 발생한 운동들과도 교차했다.

6. 이 책의 사회정의를 향한 지향은 급진적인 변화를 위한 대중 운동이 세계적 현상이 되었던 때, 미셸 푸코의 말처럼 "사물, 제도와 실천, 담론의 거대하고 증식적인 비판가능성"[2]으로 유명한 시기, 교육계에서 학생 중심 접근법과 구성주의적 방법이 공세를 펼치던 시기에 나타났다.

7. 학생 중심적이고, 구성주의적이고, 불평등에 비판적인 프레이리의 이론과 실천은 모든 교육이 정치라고 주장했다. 모든 교육은 인간 주체를 개발하고, 내용의 이데올로기, 담론의 사회적 관계, 커리큘럼의 학습 과정에 따라 어떤 식으로든 의식을 형성하므로 그 어떤 교육학도 중립적일 수 없다. 현상에 의문을 제기하지 않는 교육학이나 커리큘럼은 현상을 은밀하게 또는 적극적으로 지지하는 것이다.

8. 이러한 학습 과정은 덜 폭력적이고 덜 잔인한 세상을 만들기 위한 교사의 전문가로서의 책임과 상호성의 윤리를 바탕으로 매력적인 도덕적 가치를 제공했다. 인간화와 비인간화에 대한 프레이리의 관심은 책의 맨 첫 장에서부터 등장한다.

9. 마지막으로 이 책의 4장은 비판적 교육자들에게 건네는 조언일 뿐만 아니라 미래의 혁명 지도자들에게 보내는 비범한 편지이다. 4장은 지배를 비난하면서도 권위주의적 독백, 설교, 관념성, 관료주의적 규칙, 프로파간다(프레이리식 교실에서는 허용되지 않는다)에 빠져드는 저항 지도자를 질책한다.

이러한 요점들은 이 작은 책이 이토록 오랫동안 큰 영향을 끼치는 이

---

2) Michel Foucault, *"Society Must Be Defended"*: *Lectures at the Collège de France, 1975-1976,* trans. David Macey, New York: Picador, 2003.

유를 잘 설명한다. 이 책은 교육학 논문이 아니며 프레이리가 자신의 실천과 경험을 바탕으로 성찰한 결과이다. 프레이리는 서문에서 "『페다고지』는 단지 생각과 공부만으로 쓰여진 책이 아니다"라고 말한다. 그의 말에 따르면 이 책은 "구체적인 상황에 뿌리박고 있으며, 교육 활동을 하는 기간 중에 내가 직·간접적으로 관찰한 노동자(농민과 도시 노동자)와 중산층 민중의 반응을 담고 있다"(49쪽).

파울루는 학교나 사회 운동의 비판적 교육은 지적으로 힘들고 정치적으로 위험한 일이라고 여겼다. 내부 교육 프로그램 운동은 파울루가 "현재 집권 중인 권력"이라고 부르던 무시무시한 정권에 맞선다. 학교와 대학에서 교사와 학생들은 매일 스스로를 만들어 나가지만, 외부와 위로부터의 지배에서 벗어나지는 못한다(비판적 교육학이 "한계 행동"인 "한계 상황"이다). 파울루는 특히 민중 운동("아직 집권하지 못한 권력") 내에서 실천할 수 있는 비판적 학습에 관심이 있었지만, 1989년에 노동자당이 상파울루 시정을 담당하게 되자 상파울루 643개 학교를 맡는 교육 담당자로 임명되었다. 파울루가 살며 일하는 내내 이 유명한 책의 본질적인 질문은 항상 남아 있었다. 우리는 어떤 세상에 살고 있는가? 왜 그렇게 되었는가? 우리는 어떤 세상을 원하는가? 이곳에서 그곳으로 어떻게 갈 것인가?

2017년 4월

미국 뉴욕

현대 학자들과의 인터뷰

마리나 아파리치오 바르베란

Marina Aparicio Barberan

스페인 파울루 프레이리 인스티튜트

당신의 배경과 현재 전문 분야를 알려 달라.

나는 정치학자(폼페우파브라Pompeu Fabra 대학 학사)이며, 전공은 공공 사회 정책 분석 및 평가(폼페우파브라–존스홉킨스 대학과 발렌시아 대학 석사 학위)이다. 연구 분야는 정책 분석, 정치 및 선거 행동, 정치 엘리트 및 의회 엘리트 분석이다.

프레이리의 『페다고지』를 어떻게 처음 읽게 되었나?

2006년에 『페다고지』를 처음 읽었다. 나는 펩 아파리시오 과다스(Pep Aparicio Guadas)가 이끄는 자원과 평생교육 센터(Centro de Recursos y Educación Continua, 발렌시아 의회)의 일원이자 협력자였다(1999/2013). 당시 나는 출판 업무를 담당했고 내 전공이나 활동 분야와 관련된 조직 및 교육을 맡았다. 또 정치학 연구와 사회 운동 내 여러 활동도 계속했다.

나는 프레이리의 다른 책들을 약간 읽은 적이 있었지만, 내가 이 책에 얼마나 빠져들었는지 밝히는 것이 더 중요할 것이다……. 프레이리의 분석과 언어, 우리 모두가 매몰되어 있는 빠져 있는 서로 다른 현실을 명확히 밝히는 방식, 그 구체성, 아이디어, 명민함, 일관성은 정말 놀라웠다……. 우리는 『페다고지』, 『질문의 페다고지』(Pedagogy of the Question), 『희망의 교육학』(Pedagogy of Hope) 같은 책들이 세상을 읽고, 글을 쓰는 관점이나 동력을 형성하는 데에, 그리고 이러한 관점을 행동으로 옮기는 데에 중요한 역할을 했다고 말할 수 있다.

프레이리가 오늘날 자신의 이론이 어떻게 이용되는지 본다면 뭐라고 말할까?

복잡한 감정을 느낄 것 같다. 한편으로는 전 세계의 주체성 그리고/또는 의식 고양 과정에 참여한 남녀의 손에서 그의 '유토피아'가, 그의 이론과 실천이, 그의 삶과 행동 방식이 버섯처럼 피어나는 것을 보는 기쁨을 느낄 것이다.

또 한편으로는 대학, 정부, 사회 운동에서 자신의 수많은 개념이 사실상의 순응에 잘못 사용되는 것을 보면서 쓸쓸함을 느낄 것 같다. 또 그가 『페다고지』에 포함시킨 수많은 논의와 분석이 현재까지도 유효하다는 사실에 당혹감을 느낄 것이다.

오늘날 프레이리식 대학은 어떤 모습일까?

프레이리식 대학의 핵심은 이론적·실천적 개입을 위한 방법론적 행동일 텐데, 그것이 깨어난 실천으로 이어져서 대학의 참여적·협동적 문화를 증진시킬 것이다. 즉, 이 대학에서는 또래들의 대화와 계속 이어지는 질문을 통한 깨달음의 과정이 해방 과정 구성으로 이어질 것이다. 그러므로 우리는 민주적이고 유연하고 열려 있는 공동 사회로 나아가기 위해 우리 모두가 내면화하고 있는 동력과 행동, 절차를 파악하여 해체할 것이다. 그러한 공동 사회에서 우리는 '주체'로서 참여하는 분파주의를 극복하고 (억압받는 주체가 아니라) 생각하는 남자, 여자, 어린이가 될 것이다.

학생들이 『페다고지』를 읽고 단 한 가지를 배워 간다면 무엇을 배워야 할까? 한 가지만 고를 수 없다. 나는 대화적 방법과 해방 방법, 정치, 윤리, 교육의 문제-개념을 선택하고 싶다. 또 구체적인 현실의 비판적 분석도 배워야 한다. 그러나 무엇보다도 나는 언어를 읽기 앞서 세상을 읽어야 한다는 주장, 그리고 세상과 언어는 끊임없이 변화하며 우리가 항상 그러한 행동의 주체라는 주장을 선택하고 싶다.

놈 촘스키
Noam Chomsky
미국 매사추세츠공과대학

당신의 배경과 현재 전문 분야를 알려 달라.
언어학, 인지과학, 철학.

프레이리가 오늘날 자신의 이론이 어떻게 이용되는지 본다면 뭐라고 말할까?
현재의 교습-시험 원칙을 보고 전체적으로 경악하리라 생각한다.

오늘날 프레이리식 대학은 어떤 모습일까?

가르침은 빈 그릇에 물을 붓는 것과 같다는 교육 개념(프레이리의 표현을 빌리자면 계몽주의 시대에 이용하던 '저금식 모델')을 거부하고 교수진-학생이 협력하는 환경에서 적극적인 탐색에 학생들을 참여시켜 이해에 다다라야 한다. 과학 교육에서도 그러한 모델이 상당 부분 적합하다.

학생들이 『페다고지』를 읽고 단 한 가지를 배워 간다면 무엇을 배워야 할까?

교육이란 자신을 발견하는 과정, 자기 역량을 개발하고 독립적이고 열린 마음으로 관심과 흥미를 추구하는 과정이며, 이 모든 것이 다른 이들과의 협력 속에서 이뤄져야 한다는 사실을 인식해야 한다.

구스타보 E. 피쉬맨

Gustavo E. Fischman

미국 애리조나 주립대학

당신의 배경과 현재 전문 분야를 알려 달라.

나는 교육정책 교수이자 애리조나 주립대학 메리 루 풀튼 사범대학 지식 동원 계획인 에드엑스체인지(edXchange)의 책임자이다. 교육학이나 연구에 대한 정식 교육을 받은 적은 없고, 1980년대 초부터 아르헨티나에서 민중 교육자로 일했다. 당시 민중 교육은 프레이리식 이상과 밀접한 관련이 있었고, 사회적 해방을 목표로 비권위적인 교육학적 접근법을 이용하는 것을 지향했다.

프레이리의 『페다고지』를 어떻게 처음 읽게 되었나?

내가 『페다고지』에 대해서 처음 들은 말은 그것을 읽으라는 권고가 아니라 무시하라는 명령이었다. 1977년에 나는 부에노스아이레스의 직업학교에서 산업 화학을 공부하는 열여섯 살의 학생이었다. 특별한 정치의식은 없었지만 당시 아르헨티나 사람들이 모두 그랬던 것처럼 우리가 잔인한 독재 정권하에 살고 있다는 의식은 첨예했다. 고등학교 때 교장 선생님이 ——교육부 지침에 따라—— '비도덕적이고 위험한 서적' 목록을 발표하며 그런 책을 소지하기만 해도 '테러에 동조'한다는 증거이며 충분한 퇴학 사유라는 공지를 게시했을 때 얼마나 어리둥절했는지 떠올리면 아직도 화가 난다. 기나긴 '위험' 서적 목록에 교육에 대한 책이 있었기 때문에 호기심이 생겼던 기억이 난다.

7년 뒤인 1984년 9월에 나는 민중 교육단 소속으로 성인 문맹퇴치 부에노스아이레스의 판잣집 동네 성인 문맹퇴치 프로그램에 자원했는데, 당시 파트너가 국제성인교육위원회(ICAE)에서 1985년 연례회의 자원봉사자를 모집 중이라고 알려 주었다. 기조 연설자가 파울루 프레이리였는데, 아르헨티나에서 그의 책이 금지당한 이후 첫 방문이었다. 나는 즉시 회의 조직 팀에 지원했고 『페다고지』 중고 책을 받아서 프레이리적인 모든 방식을 혼자 비공식적으로 배우기 시작했다.

오늘날 프레이리식 대학은 어떤 모습일까?

프레이리식 대학은 단순하되 지나치게 단순해서는 안 된다는 프레이리의 언명에 따라 세 가지 주요 특징을 가져야 한다. 첫째, 자유, 공정함, 비차별, 연대의 원칙에 따라 해방 교육학을 실행하도록 구성되어야 한다. 해방 교육학은 호기심을 자극하고 생기 있고 실제로 이용할 수 있는 가르침, 서비스, 연구 의제와 관련이 있다. 둘째, 학생, 교수진, 행정부가 그 사회만큼 다양하게 구성되어야 한다. 즉, 사회의 다양한 부문과 모든 집단을 위해 봉사해야 하고, 아이디어와 지향이 다양해야 한다는 의미에서의 다양성인데, 이 두 가지는 서로 다르지만 관련이 있다. 셋째, 프레이리식 대학은 민주적이고 참여적인 실험실로 구성될 것이다.

프레이리의 업적이 교육학에 어떻게, 그리고 어느 정도 영향을 끼쳤는지 설명해 달라.

프레이리의 업적이 끼친 가장 큰 영향은 짧은 경험 ── 학교 안에서든 바깥에서든 아이들이나 성인이 나눈 경험 ── 만으로도 민주적 교육을 추구할 가치가 있음을 증명한 것이다. 민주적 교육 경험은 교육자나 학습자로 하여금 스스로에게 더 많은 것을 기대하라고 가르칠 뿐 아니라 개별적·사회적 행동을 평등과 연대라는 목표와 연결시킨다.

라몬 플레차
Ramón Flecha
스페인 바르셀로나 대학

당신의 배경과 현재 전문 분야를 알려 달라.

나는 지적·인간적 우수함을 찾는 과학 연구에 종사 중이며, 여러 가지 사회 분야에서 불평등을 해소하기 위한 행동에 초점을 맞추고 있다. 민족과 소수 집단, 특히 남성성 연구 분야에서의 젠더 문제, 교육, 소득 불평등 극복에 성공한 기관에 특별히 초점을 맞춘 경제학 등이 나의 분야이다. 다시 말해서 불평등 자체의 분석에 흥미를 느낀 적이 한 번도 없는데, 그러한 분석은 불평등을 만들어 낸 사람들에게만 이익이 된다고 생각하기 때문이다. 나는 오히려 불평등을 적극적으로 극복하는 인간 행동 분석에 흥미가 있다. 프레이리 역시 그 부분을 중요하게 여겼던 것이다.

프레이리가 오늘날 자신의 이론이 어떻게 이용되는지 본다면 뭐라고 말할까?
프레이리가 어떻게 생각할지는 모르겠지만 그가 대단한 통찰력을 가지고 있었으며 항상 시대를 앞섰다는 말은 할 수 있다. 프레이리는 『페다고지』로 1969년에 이미 대화적 행동 이론을 발전시켰는데, 사회과학에서는 12년이 지난 1981년이 되어서야 하버마스의 의사소통 행위 이론과 함께 등장한 것이다. 프레이리가 대화적 행동, 또는 대화적 관점이라고 정의한 것이 현재 사회과학에서 경제학, 사회학, 인류학, 정치학의 주요 경향이다. 현재의 사회과학이 1960년대에 프레이리가 예견했던 대화적 관점과 일맥상통하는 것을 보면 프레이리도 만족하리라 생각한다.

프레이리의 업적이 연구에 어떻게, 그리고 어느 정도 영향을 끼쳤는지 설명해 달라.
프레이리의 업적이 연구에 끼친 영향은 아주 긍정적이다. 대화적 관점은 연구 대상과 대화를 나누어야 한다는 사실을 증명했다. 이러한 대화의 의미, 프레이리가 생각한 대화의 의미는 종종 제대로 이해받지 못한다. 해당 연구의 최종 이용자와 진정한 대화를 나누어야 한다. 연구 대상이 하루 8시간 동안 집안 청소를 할 수도 있지만 연구자는 돈을 받고 과학적 지식을 읽으며 연구한다. 불행히도 일부 사람들은 "가서 대상과 대화를 나누라"라는 부분만 이해할 뿐 나머지는 따르지 않고, 프레이리처럼 열심히 노력하지 않고, 최종 이용자와의 대화에서 이용하기 위해 필요한 사회과학 문헌을 읽지 않는다.

프레이리의 업적이 교육학에 어떻게, 그리고 어느 정도 영향을 끼쳤는지 설명해 달라.

솔직히 프레이리의 업적은 전 세계에 인상적인 영향을 끼쳤다. 프레이리는 교육 분야에서 가장 영향력이 큰 학자일 것이다. 문제는 이러한 영향이 항상 현장의 교육자에 가닿는 것은 아니라는 사실이다. 예를 들어 대학에서는 수많은 이들이 프레이리를 따른다고 선언하지만, 학교나 교육 현실이 프레이리의 이론에 맞도록 실제 상황을 바꾸는 일에는 힘쓰지 않는다.

학생들이 『페다고지』를 읽고 단 한 가지를 배워 간다면 무엇을 배워야 할까?

학생들이 대부분의 교육 시스템에서 잊힌 것을 가장 우선시하기 바란다. 바로 모든 아이들에게 교육받을 권리가 있다는 것이다. 모든 아이들의 교육 결과의 개선과는 아주 거리가 먼 이유에 근거하여 여러 가지 결정이 내려진다. 교육학 학생들이 이러한 윤리적·인간적 의무를 받아들이는 것이 무척 중요하다. 이것이야말로 그들이 전문가로서 해야 할 임무이다.

로널드 데이비드 글래스

Ronald David Glass

미국 캘리포니아 대학 산타크루스 캠퍼스

당신의 배경과 현재 전문 분야를 알려 달라.

나는 급진적 교육철학자로, 정의를 위한 투쟁과 관련된 일을 하고 있다. 공정한 캘리포니아를 위한 UC 공동연구센터(UC Center for Collaborative Research for an Equitable California) 의장을 맡고 있다. 우리는 권리를 침해당한 공동체들과 협력하여 경제, 고용, 교육, 주택, 식품 시스템, 공중보건, 환경 문제를 다룬다. 또 사회과학 연구의 윤리적 문제를 조사하는 프로젝트도 이끌고 있다.

프레이리가 오늘날 자신의 이론이 어떻게 이용되는지 본다면 뭐라고 말할까?

나는 정말 영광스럽고 운좋게도 1984년에 파울루 프레이리와 공동 작업을 했다. 당시 그는 한 달 동안 나와 함께 살면서 성인교육개발 프로젝트의 사회정의운동을 함께 했다. 우리는 그의 이론이 여러 나라의 여러 분야에서 어떻게 받아들여지고 있는지 긴 이야기를 나누었다. 프레이리의 이론을 바탕으로 한다고 주장하는 미국의 '비판적 교육학'으로 인해 더욱 인간적인 학교 형태가 확립된 것은 사실이나, 미국의 비판적 교육학은 대부분 그의 급진적 아이디어를 순화시킨 것이라는 점에서 프레이리는 나와 의견이 같았다. 자유의 실천으로서의 교육은 세상을 바꾸고 우리 내면의 자신을 바꾸는 실제적인 노력과 투쟁으로 반드시 이어져야 한다(세계의 억압은 일상생활의 구조와 과정뿐 아니라 우리 내면에도 존재하기 때문이다). 그러나 프레이리는 이론에서든 실천에서든 순수주의자는 아니었다. 그는 어디든 열린 공간을 확보할 수 있는 곳에서 무엇이든 할 수 있는 것을 하려고 노력했다. 그러므로 전 세계의 사람들이 각자의 상황에서 정의를 위한 투쟁을 전진시키기 위해 자신의 이론을 나름의 방식으로 유용하게 사용하는 모습을 보고 기뻐했을 것이다.

오늘날 프레이리식 대학은 어떤 모습일까?

프레이리의 이론에 바탕을 둔 대학은 가장 급박한 사회·경제·정치적 불공정을 해결하도록 조직될 것이다. 그러한 대학은 가장 고통받는 공동체에 무엇이 필요한지에 따라 연구 의제를 정할 것이다. 그리고 지식 요구와 지식 생산의 윤리적·정치적인 차원을 인식할 것이다. 앎의 다양한 양태를 존중할 것이다. 또 학자와 학문 분야와 대학이 억압과 착취의 역사와 이데올로기에 오염되어 있음을 인정할 것이다. 그러한 대학은 전문가 자격을 주는 것보다 호기심을 자극하는 것, 비판적으로 탐구하는 습관, 평생 정의를 위한 투쟁에 헌신하는 것에 더욱 관심을 가질 것이다.

프레이리의 업적이 교육학에 어떻게, 그리고 어느 정도 영향을 끼쳤는지 설명해 달라.

미국에서는 프레이리의 업적이 학교 내 교육학에 한정된 영향을 끼쳤다고 생각한다. 프레이리의 이론은 주로 윤리적이거나 정치적인 지표로, 학생의 배경 경험을 존중하려는 교사의 의도를 보여 주는 것으로 여겨졌다. 보통 『페다고지』 2장, 그리고 은행 저금식 교육과 '대화 또는 문제 제기식 교육'이라는 유명한 대조를 (종종 다소 피상적으로) 실천하는 것이다. 이처럼 순화된 비판적 교육학은 물론 더욱 인간적이고, 학생의 목소리와 관심에 더 많은 여지를 제공하고, 공립 학교의 주요 담론과 교육학적 실천의 기준을 제공한다. 그러나 이는 프레이리의 이론을 무척 한정적으로 실천하는 것이다. 사회정의를 위한 교사모임 등 일부 교사들은 프레이리 이론을 더욱 확고하게 실천하고 교실에서 이루어지는 학습과 공동체를 변화시키려는 대규모 운동을 연결 지을 방법을 찾고 있다. 프레이리의 이론은 교육학 운동 건설에 사용되었고, 특히 라틴아메리카에서 더욱 강력하게 표현되었다.

발레리 킨로크

Valerie Kinloch

미국 피츠버그 대학

당신의 배경과 현재 전문 분야를 알려 달라.

나는 피츠버그 대학 교육대학 학장이고, 동료들과 함께 주요 지역, 국가, 세계 교육 계획에 참여하고 있다. 학장이 되기 전에는 문맹퇴치를 연구하는 교수이자 오하이오 주립대학의 부학장으로 교육의 다양성과 비차별성, 국제 교육 파트너십, 학교 및 공동체 참여에 관한 프로젝트를 조율했다. 나는 학교 안팎에서 실시하는 청년 및 성인의 문맹퇴치 교육과 공동체 참여에 대해 연구한다. 인종, 장소, 문맹퇴치, 다양성에 대한 책을 썼고, 현재 관련 연구 및 참여 프로젝트에서 일하고 있다.

프레이리의 『페다고지』를 어떻게 처음 읽게 되었나?

나는 존슨 C. 스미스 대학 학부에서 영문학을 전공할 때 프레이리의 『페다고지』를 '발견'했다. 친구들이나 교수님들과 함께 흑인 문학, 흑인의 삶, 억압, 언어의 힘과 글을 읽고 쓰는 능력의 힘에 대해서 수없이 많은 대화를 나누었던 기억이 난다. 나는 흑인 작가와 학자들의 다양한 텍스트를 계속해서 읽다가 "언어를 읽고 세상을 읽는다"라는 구절을 보았고, 이 구절의 뜻을 찾다 보니 파울루 프레이리의 이름과 그의 책이 나왔다. 그래서 『페다고지』를 읽었고, 비판적 의식 개념이나 교사와 학생, 세상이 연결되어야 한다는 주장과 사랑에 빠졌다.

오늘날 프레이리식 대학은 어떤 모습일까?

프레이리식 대학은 사람들이 서로 어울리고, 세상에서 일어나는 일들을 분석하고, 억압과 불공정과 싸우는 방법을 찾고, 인종차별과 계급차별, 성차별, 불평등, 자본주의를 해체하는 열린 공간일 것이다. 무엇보다 자유로울 것이다! 모두에게 열려 있어야 한다. 비판적 의식에 대한 입장과 성향, 이데올로기를 정립하고 강화하는 문제를 중심으로 다른 이들과 협력하고, 필요한 사회정치적 변화를 위해 노력하고, 자신의 한계를 넘어 사고할 것이다. 인간적이고 문화적으로 풍성한 학술 공간이 되리라 생각한다.

프레이리의 업적이 연구에 어떻게, 그리고 어느 정도 영향을 끼쳤는지 설명해 달라.

프레이리는 학자들이 교육을 논의할 때 정체성과 지위를 미묘하게 반영해야 하는 복잡한 방식들을 고려하라고 지금까지도 재촉한다. 또 널리 퍼져 있는 불공정함의 문제를 해결하려고 애쓸 때 특히 공동체에서 다른 사람들과 협력하면서 비판적 관점을 취하라고 격려한다. 프레이리는 또한 연구를 일상생활의 범위 ——매일의 현실, 삶, 삶의 조건, 투쟁, 사람들의 희망—— 안에 넣음으로써 우리와 함께 일하고 우리 연구에서 함께/우리 연구에 대해 글을 쓰는 사람들이 쉽게 접근할 수 있게 한다. 그러므로 연구에서 중요한 것은 논문이나 책을 발표하는 것이 아니라 세계를 근본적으로 더 좋은 곳으로 바꾸는 새로운 삶의 방식에 대해 쓰는 것이다.

학생들이 『페다고지』를 읽고 단 한 가지를 배워 간다면 무엇을 배워야 할까?
학생들이 "억압 구조 안에 '통합'"되는 것이 아니라 "[학생들이] '자신을 위한 존재'가 될 수 있도록" 억압 시스템을 근절하기 위해서 우리가 노력해야 한다는 프레이리의 주장을 배우기 바란다(93쪽). 나는 억압 시스템을 변화시켜야 한다는 프레이리의 주장이 모든 시스템에 ——우리가 각자의 상황 안에서 살고 있는 학교, 대학, 정치에—— 해당한다고 믿는다. 또 우리가 세상을 혁신하고 변화시키기 위해서 연대할 필요성도 강조해야 한다.

피터 메이요
Peter Mayo
몰타 대학

당신의 배경과 현재 전문 분야를 알려 달라.
나는 몰타에서 자라 몇 년 동안 파트타임 기자로 일하다가 교육 쪽으로 진로를 바꾸었고, 캐나다 앨버타 대학과 OISE/토론토 대학에서 대학원을 마친 다음 학계로 들어섰다. 교육사회학 전공이고 주로 성인 교육을 다룬다. 공동체 구성원들의 생각을 사로잡아 민중 의식에 뿌리를 내린 문제들을 바탕으로 활동하는 대학의 봉사활동 개발 프로젝트에도 참여하고 있다.

프레이리의 『페다고지』를 어떻게 처음 읽게 되었나?

앨버타의 에드먼튼(Edmonton)에서 대학원 공부를 시작했을 때 『페다고지』를 읽게 되었는데, 나에게는 계시와도 같은 책이었다. 대학원에 오기 전 몰타에서 학생들을 가르치던 때의 상황을 이해하기 위해서 반드시 필요한 요소들과 통찰이 이 책에 대부분 담겨 있는 것 같았다. 하위계층성, 식민 경험의 유산, 상대적 빈곤, (언어 문제를 포함한) 계급 문제, 인종차별 관련 문제(최근과 달리 당시의 몰타는 다민족 사회와 거리가 멀었는데, 우리 학교에 아프리카계 몰타인 학생들이 있었다) 등이 그러한 요소들이었다.

오늘날 프레이리식 대학은 어떤 모습일까?

제도 자체와 제도가 제공하는 교육이 소비재가 아니라 공공재로 인식되는 곳이다. 그곳에서는 지역 공동체에 참여하는 것이 가장 중요하게 여겨질 것이다. 또 프레이리식 대학에서는 배움의 출발점이 학생들의 실존적인 상황이고, 복잡한 주제에서 비롯된 지식을 공동체에서 연구하고 지식이 공동체에서 나온다. 강의 전달 모델 대신 강사와 학생, 공동체 구성원들이 공동으로 연구하면서 '인식론적 호기심'을 자극하는 문제들을 토론하고, 그것이 집단 연구의 목적이 된다.

프레이리의 업적이 연구에 어떻게, 그리고 어느 정도 영향을 끼쳤는지 설명해 달라.

프레이리가 끼친 가장 큰 영향은 참여 실행 연구(Participatory Action Research)라고 알려진 접근법에서 느낄 수 있다. 참여 실행 연구란 공동체 구성원들의 도움을 받아 자신과 주변의 삶에 영향을 끼치는 문제들을 연구하는 집단 연구의 형태이다. 나는 프레이리가 연구의 윤리에 대해서 할 말이 아주 많다고, 연구 의제와 과정을 결정할 때 연구의 대상이 되는 사람들이 어디까지 참여해야 하는지에 대해서 할 말이 아주 많다고 주장하고 싶다. 연구 대상이 전체 연구 과정과 결과를 공동으로 소유하면 이익을 얻을 수 있다. 또한 연구 과정과 결과는 연구 대상의 삶을 개선해야 한다. 이것은 지식과 연구가 중립적이지 않다는 생각의 연장선상에서 연구의 선택과 목적을 긍정하기 위한 노력이다. 간단히 말해서 세상의 해석뿐 아니라 세상의 변화에 우선적으로 기여하기 위한 연구이다.

프레이리의 업적이 교육학에 어떻게, 그리고 어느 정도 영향을 끼쳤는지 설명해 달라.

프레이리 덕분에 많은 사람들이 위계적이고 권위적인 교수 및 학습 방식과 결별하고 더욱 민주적인 접근법, 권위주의로 타락하지 않는 교사의 민주적 권위하에 세워진 접근법을 취하게 되었다. 또한 프레이리 덕분에 교육자들은 교육과 지식의 정치학을 인식하고, 중립성이라는 핑계를 피하게 되었다. 프레이리는 무엇보다도 학습의 집단적 차원을 강조하고 학습자들의 아주 다양한 실존적 상황에서 시작해서 더 고차원적인 학습과 지식으로 나아가야 한다고 주장했다.

피터 맥라렌

Peter McLaren

미국 채프먼 대학

당신의 배경과 현재 전문 분야를 알려 달라.

나는 캐나다에서 높은 범죄율로 유명한 공영주택 지역인 토론토 제인-핀치 코리더에서 초등학교 교사로 일했고, 힘든 노력 끝에 노동계급 이민자들을 성공적으로 가르쳤다는 평판을 얻었다.

그 뒤에는 토론토 대학 교육학 박사 과정에 지원하여 입학을 승인받았고, 초등학교 교사로 일하면서 썼던 일기를 출판했다. 『코리더의 외침』(*Cries of Corridor*)이라는 제목의 책은 1980년에 캐나다에서 베스트셀러가 되었다. 캐나다의 출판 기념 투어를 끝냈을 때 기진맥진한 나는 애석하게도 학생들이 우리 교실에서 겪는 폭력과 소외를 독자들에게 이해시킬 이론적 틀이 없다며 벌써 나 자신을 비판하고 있었다. 진보 및 급진 교육자들은 몇십 년 동안 하나가 되어 얼굴을 찌푸린 채 전국의 교육 개혁을 진지하게 받아들이려는 노력을 거의 하지 않았고, 교육이 자본주의 국가의 비대칭적인 권력 관계와 특권 재생산에서 하는 역할에 진지하게 의문을 제기하려는 노력은 회피했다. 나는 내 책이 자본주의 학교 교육을 더욱 깊이 이해하는 데 별 도움이 되지 않을까 봐 두려웠다. 교육 관료들은 계산된 무관심을 보였고 나는 이론적 무게중심이 아직 잡히지 않기 때문에 이에 대한 방책으로 나는 여러 학문 분야를 넘나들며 책을 읽기 시작했고, 초서와 베어울프, 셰익스피어, 블레이크에게 쏟던 관심을 지식의 사회학, 인류학, 비판 이론, 기호학의 통합에 쏟았다. 나는 시간을 들여서 미셸 푸코, 움베르토 에코, 에르네스토 라클라우(Ernesto Laclau)를 비롯해 캐나다를 찾은 지식인들의 강의를 청강했다. 1984년에 나는 박사학위를 받고 졸업했지만 아직 배워야 할 것이 너무 많은 느낌이었다.

　내 박사 논문은 『의례적 행위로서의 학교 교육』(*Schooling as a Ritual Performance*)이라는 책으로 출판되었고, 정말 신나게도 헨리 지루 교수님이 서문을 써 주었다. 이후 나의 멘토가 된 헨리는 오하이오 마이애미 대학에 동료 교수로 초청해 주었다. 나는 헨리로부터 그의 절친한 친구 도나우두 마세두를 소개받았고, 마세두는 파울루 프레이리와 그의 저작에 대해 많은 것을 가르쳐 주었다. 헨리는 1985년에 파울루 프레이리와 만나는 자리를 마련해 주었는데, 파울루가 내 책을 이미 알고 있었기 때문에 나는 깜짝 놀랐다, 아니 충격을 받았다. 파울루는 나를 '지적 사촌'이라고 부르며 교육학 가족의 일원이라고 말해 주었다. 그 후 몇 년 동안 파울루는 고맙게도 내 책 두 권의 서문을 써 주었고 또 한 권의 추천사를 써 주었다. 그 후 그는 세상을 떠날 때까지 나에게, 그리고 북아메리카의 상황에서——나중에는 라틴아메리카와 아시아의 상황에서——비판적 페다고지를 개발하는 내 프로젝트에 진심 어린 따뜻함을 보여 주었다.

프레이리의 『페다고지』를 어떻게 처음 읽게 되었나?

토론토에서 박사 학위를 밟을 때 『페다고지』를 읽었다. 필수 독서 목록에는 없었지만 좌파 친구들이 꼭 읽어야 하는 책이라고 말했기 때문에 당시 읽고 있던 교육자와 사회 및 정치 이론가들의 책과 함께 『페다고지』를 읽었다. 파울루의 저작은 내가 학생으로서, 또 교사로서 겪은 경험과 밀접하게 관련이 있었기 때문에 무척 눈에 띄었다. 그의 책 덕분에 나는 프락시스를 더욱 잘 이해할 수 있었고, 또 사회적 투쟁에 참여한 다음 이론적·철학적 작업으로 돌아와서 생각을 분명히 하고 투쟁 참여 경험을 더욱 깊이 이해해야 한다는 필요성을 깨달았다.

프레이리가 오늘날 자신의 이론이 어떻게 이용되는지 본다면 뭐라고 말할까?
파울루는 무척 겸손한 태도로 자신의 업적이 이토록 많은 분야에 강력한
영향을 끼쳐 왔음에 감사할 것이다. 또 그의 저작은 현재 널리 퍼져 있는
사회적·정치적 기억 상실에, 그리고 모든 사회의 시초에 존재했던 폭력
의 의도적 망각에 경종을 울렸는데, 이에 대해서도 감사할 것이다. 그러
나 프레이리식이라고 주장하지만 그의 이론을 순화하여 자본주의를 비
판하고 사회주의적이라 말할 수 있는 급진적인 정치를 제거한 접근법에
대해서는 비판적일 것이다.

오늘날 프레이리식 대학은 어떤 모습일까?
북아메리카의 상황에서 프레이리식 대학의 중심 의제는 경제적 불평등
과 성적 지향, 나이, 종, 젠더, 백인 우월주의, 권력의 식민성과 관련된 사
회적 억압 관계를 해소하는 것일 텐데, 각각 방식은 다르지만 모두 자본
의 불평등한 소유와 자본주의 가치 생산, 착취, 소외, 그에 따른 추상화 논
리와 관련된 문제들이다. 신고전주의 경제학의 개념 모델 내에서 더 높
은 성장률을 달성하는 것으로는 자본의 불평등한 소유 문제를 해결할 수
없다. 사회주의 대안을 통해 자본주의를 초월하는 것만이 해결 방법이다.
프레이리식 대학의 핵심은 공적 부문 재건, 직장의 민주화, 직접적인 참
여 민주주의 모델을 본뜬 공동 위원회 설립, 인종과 계급과 젠더를 둘러
싼 반목의 해결, 사적 소유를 초월하는 혁신적인 비판적 휴머니즘의 창조
이다. 비판적 휴머니즘은 또한 전 세계 서민의 진정한 이익을 위해 노력
하겠다고 결심하고 자유롭게 연대하는 노동자와 학습자 공동체를 설립

하기 위해 애쓸 것이다.

프레이리의 업적이 연구에 어떻게, 그리고 어느 정도 영향을 끼쳤는지 설명해 달라.

프레이리의 업적은 비판적 교육학의 기원과 지금도 진행 중인 발전에 놀라울 만큼 중요한 영향을 끼쳤다. 비판적 교육학은 프레이리의 저작에 의해서, 더욱 일반적으로는 프락시스를 강조하는 비판적 사회 이론에 의해서 구성된다. 비판적 교육학은 최근에 그 범위를 확장시켜 혁명적인 비판적 교육학도 포함하게 되었는데, 이는 프락시스 철학을 통해 마르크스주의적 인식론이라는 프레이리 이론의 뿌리를 회복하려는 시도이다. 프락시스 철학은 주로 마르크스, 헤겔과 휴머니스트 철학자들의 연구를 지침 삼아 발전했다. 프레이리의 업적은 신학, 문맹퇴치, 작문 연구, 문학 연구, 응용 언어학, 사회학, 인류학, 정치 철학에서 존재감을 드러내 왔다. 그의 업적이 수많은 연구 분야를 가로지르며 풍성하게 만들었다는 사실은 희망과 자아와 사회 변혁의 진정한 탈식민적 교육학을 위한 초학문적 역량을 잘 보여 주는 증거이다.

학생들이 『페다고지』를 읽고 단 한 가지를 배워 간다면 무엇을 배워야 할까?

파울루 프레이리를 읽으면서 단 한 가지만 배울 수는 없다. 학생들은 일상생활에도 항상 교육학적 차원이 존재하며, 교육학적 차원이란 곧 가난한 자, 궁핍한 자, 빼앗긴 자에 대한 의무를 상기시키고, 우리의 존재론과 인식론을 명확히 밝히고, 불필요한 소외와 인간 고통으로부터 자유로운 더 나은 세상을 만들겠다는 약속을 상기시키는 정치적 차원임을 깨닫게 될 것이다.

마고 오카자와-레이

Margo Okazawa-Rey

미국 샌프란시스코 주립대학 및 필딩 대학원

당신의 배경과 현재 전문 분야를 알려 달라.

내가 주로 일하는 분야——가르치고, 연구하고, 활동하는 분야——는 군국주의, 무장 분쟁, 여성에 대한 폭력이다. 나는 군국주의, 경제적 세계화, 한국의 미군 기지 근처에 살면서 일하는 여성들에게 끼치는 영향의 관계를 연구해 왔다. 나는 나이저 삼각주, 가나, 시에라리온, 라이베리아에서 여성 활동가들과 함께 페미니즘 활동 연구 방법에 대한 교육을 실시했다. 나는 공동체에서 민중 교육을 이용하여 반인종차별 및 다문화 워크숍을 실시하는데, 학부와 대학원 과정에서도 같은 방법을 쓴다.

프레이리의 『페다고지』를 어떻게 처음 읽게 되었나?

1970년대 말에 미국 보스턴의 소규모 페미니즘 활동가 단체는 『페다고지』를 함께 읽으며 학습 중이었다. 우리는 "개인적인 것이 정치적인 것이다"라는 페미니즘 구호를 이해하고, 실천하고, 가르칠 근본적인 방법을 개발하려고 애쓰고 있었다. 그러므로 프레이리에게서 배운 아이디어를 이용하는 것보다 더 좋은 방법은 없었다. 그때까지 우리는 페미니즘 의식 고양 단체의 기반이 프레이리의 책이라는 사실을, 혹은 적어도 미처 알지 못한 채 관련되어 있었다는 사실을 깨닫지 못했다. 프레이리의 글 자체는 과장이 많았고, 우리는 가끔 "그"라는 남성우월주의적 언어의 도전을 받았다. 그럼에도 불구하고 우리는 프레이리를 계속 공부했고, 아주 큰 도움이 되었다.

프레이리가 오늘날 자신의 이론이 어떻게 이용되는지 본다면 뭐라고 말할까?

나는 1980년대에 프레이리를 직접 만나는 영광을 누렸는데, 꾸밈없고 단순한 모습에 무척 놀랐다. 그러므로 프레이리는 전 세계의 수많은 교육자들이 자신의 저작을 광범위하게 이용하는 모습을 보고 기분 좋은 놀라움을 느낄 것이다. 또 '학생의 경험으로부터 시작하라' ——'언어를 읽기 위해 세상을 읽는다' ——와 같은 핵심 아이디어가 '학습자 중심' 같은 기술관료적 개념으로 왜곡되고 절하된 것을 보면 크게 낙담하고 심각하게 우려할 것이다. '학습자 중심'이라는 말은 "너희 학생들은 너희가 배우는 것에 대해 어느 정도의 발언권을 가질 수 있지만 커리큘럼은 여전히 우리 교사들이 통제한다"라는 뜻이 되었다. 어쩌면 더 중요한 것은, 프레이리가 꾸준히 이야기하고 또 이야기했던 해방이라는 교육 목적은 한쪽 옆으로 치워지고 초등, 중등, 고등 공공교육에서 더욱 기계화된 학습 및 교습 상황이 중요해졌다는 사실일지도 모른다.

프레이리는 자신이 처음 시작했던 곳과 비슷한 지역들, 문맹이든 문맹이 아니든 농민과 노동자들이 모여서 자신들을 억압하고 주변화하는 상황을 분석하고, 이해하고, 변화시키는 법을 배우는 곳 ——미국 같은 '선진국'을 포함하여 전 세계의 시골 지역 ——에서 자신이 하던 일이 이어지는 광경을 보면 진심으로 기뻐할 것이다.

오늘날 프레이리식 대학은 어떤 모습일까?

'프레이리식 대학'이라는 말이 오늘날에는 모순어법이다. 이름을 어떻게 바꾸든 대부분의 대학을 집어삼킨 보수주의와 신자유주의 세력이 현재와 똑같은 해악을 끼칠 것이다. 프레이리의 업적을 충실하게 적용하고 발전시킬 수 있는 가장 급진적인 교육 환경은 비공식적 환경일 텐데, 나는 그것을 '자유 공간들'이라고 부른다. 여기에는 실천적 운동도 포함된다. 그리고 대학과 같은 공식적인 환경에서 우리는 서로를 가르치면서 우리 삶을 너무나도 끔찍하고 힘들게 만드는 물질적·사회적 조건을 마주할 수 있고, 우리의 공동 운명, 억압자와 피억압자, 지배자와 종속자, 목소리를 내는 자와 침묵을 지키는 자, 침묵을 강요당하는 자를 알아볼 수 있다.

프레이리의 업적이 연구에 어떻게, 그리고 어느 정도 영향을 끼쳤는지 설명해 달라.

내가 가장 익숙한 페미니즘적·탈식민적 해방 방법론의 뿌리는 프레이리 이론 , 페미니즘, 토착적인 인식론과 연구 방법이다. 내 경험에 따르면 파울루 프레이리의 이론은 두 가지 방법론 모두에 창의적이고 설득력 있게 적용되었다.

1970년 영어판 초판 머리말

리처드 숄

브라질의 교육자 파울루 프레이리의 사상과 저작은 다년간에 걸쳐 브라질 북동부로부터 라틴아메리카 대륙 전체로 퍼져나갔으며, 교육 현장만이 아니라 국가 발전을 위한 전반적인 노력에도 심대한 영향을 미쳤다. 라틴아메리카의 빈민 대중이 전통적인 무기력에서 깨어 일어나 조국의 발전에 주체로서 참여하려 나선 바로 그 무렵에 파울루 프레이리는 문맹자들을 가르치는 방법을 완성함으로써 그 발전 과정에 특별한 방식으로 기여한다. 실제로 글을 배우고 익히는 과정에서 대중은 새로이 자각하며, 자신들이 처한 사회적 상황을 비판적인 시각으로 바라보면서 그동안 참여의 기회를 거부해 왔던 사회를 변화시키는 데 앞장서기 시작한다. 교육은 이제 전복적인 힘이 된다.

이 나라[미국을 가리킨다—옮긴이]에서 현재 파울루 프레이리의 저작에 관한 관심이 점점 커지고는 있지만, 지금까지는 주로 제3세계 문맹자들을 교육하기 위한 책으로만 알고 있었다. 그러나 프레이리의 책을 꼼꼼히 읽어 보면 그의 방법론과 교육철학이 라틴아메리카의 소외된 사람들뿐 아니라 우리에게도 대단히 소중하다는 점을 알 수 있을 것이다. 자유로운 주체가 되어 사회 변혁에 참여하기 위한 그들의 투쟁은 여러 가지 면에서 이 나라의 흑인들과 멕시코계 미국인들, 나아가 중산층 젊은이들의 투쟁과 닮은 데가 있다. 또한 세계를 발전시키기 위한 그 투쟁의 예리함과 강도는 우리에게 우리 자신의 상황에 대처하는 새로운 통찰력, 새로운 모델, 새로운 희망을 전해 준다. 그런 이유 때문에 나는 『페다고지』 영어판의 발간을 일대 사건이라고 생각한다.

파울루 프레이리의 사상은 주변의 피억압자들이 겪고 있는 커다란 재난과 고통에 대한 창조적 정신과 섬세한 양심의 대응을 나타낸다. 제3세계의 가장 극심한 빈곤과 저개발 상태의 중심지들 가운데 하나인 헤시피에서 1921년에 태어난 프레이리는 곧 그 현실과 직접적으로 맞닥뜨려야 했다. 1929년에 터진 미국의 경제공황이 브라질에까지 영향을 미치기 시작하자, 불안정한 중산층이었던 프레이리의 집안은 무너졌고, 그는 결국 '대지의 저주받은 자'의 아픔을 공유할 수밖에 없게 되었다. 그로 인해 어린 시절 그는 혹심한 굶주림의 고통을 겪었고 영양실조로 학교에서 쓰러지기까지 했다. 그러나 그 고통은 또한 열한 살의 어린 그에게, 앞으로 평생 동안 굶주림에 맞서 싸울 것이며 다른 아이들에게는 자신이 겪고 있는 고통을 겪지 않도록 하겠다는 각오를 다지게 하는 계기가 되기도 했다.

가난한 자의 아픔을 일찍부터 겪음으로써 그는 그 자신이 빼앗긴 자의 '침묵의 문화'라고 부른 것의 정체를 알게 되었다. 그는 점차 빈민의 무지와 무기력이 경제적·사회적·정치적 지배 상황과 가부장제의 직접적인 산물이며 빈민은 그 희생자라는 사실을 자각하기에 이르렀다. 그런데도 빈민은 구체적인 현실을 알고 거기에 대응하도록 자극과 교육을 받는 게 아니라, 비판적 인식과 대응이 사실상 불가능한 상황에 빠져 있었다. 그가 보기에 교육 제도 전체는 그 침묵의 문화를 유지하기 위한 주요 도구에 불과했다.

　지극히 실존적인 방식으로 그 문제에 직면한 프레이리는 교육 분야에 관심을 돌리고 천착하기 시작했다. 이후 오랫동안 그는 연구와 성찰의 과정을 거쳐 완전히 새롭고 창조적인 교육철학을 개발해냈다. 인간을 해방시키고 새로운 세상을 창조하기 위한 투쟁에 직접 참여하면서 그는 처한 상황과 철학적 입장이 다른 여러 사람들의 사상과 경험을 접할 수 있었다. 그의 말에 따르면 그는 "사르트르와 무니에, 에리히 프롬과 루이 알튀세르, 오르테가 이 가세트와 마오쩌둥, 마틴 루터 킹과 체 게바라, 우나무노와 마르쿠제" 등 수많은 사상가들을 접했다고 한다. 그는 이들의 통찰력을 활용하여 라틴아메리카의 구체적 현실에 적용하기 위한 자신만의 독창적인 교육 이론을 정립할 수 있었다.

　교육철학에 관한 그의 생각은 1959년 헤시피 대학교의 박사학위 논문에서 처음 발표되었으며, 이후 그 대학의 역사학·교육철학 교수로 재직하면서 저술한 책들과 헤시피의 문맹자들을 가르치는 실험을 통해 더욱 구체화되었다. 그가 개발한 방법론은 브라질 북동부 전역에서 가톨릭교도를 비롯한 사람들이 전개한 문맹퇴치 사업에서 폭넓게 활용되었다. 그러나 그의 교육 방법론은 기존 질서에 대한 위협으로 간주되어 프레이리는 1964년 군부쿠데타 직후 투옥되고 말았다. 7년 뒤에 석방된 프레이리는 나라를 떠나라는 압력을 받고 칠레로 가서 5년 동안 UNESCO(국제연합 교육과학문화기구)와 함께 일했으며, 칠레농업개혁기구의 성인교육 사업에도 참여했다. 이후 그는 하버드 대학교의 교육대학원에서 자문위원으로 활동하는 한편, 농촌과 도시 지역에서 새로운 교육 실험을 하는 단체들과 긴밀한 유대를 맺고 일했다. 현재 그는 제네바에 본부를 둔 세계교회협의회(WCC)의 교육부에서 특별자문위원으로 일하고 있다[프레이리는 1997년에 사망했지만, 이 글은 1970년에 간행된 『페다고지』 영어판의 머리말로 쓰여졌다 — 옮긴이].

그동안 프레이리는 포르투갈어와 에스파냐어로 많은 글을 썼으며, 첫 저서인 『해방 실천으로서의 교육』은 1967년 브라질에서 출간되었다. 그의 최신작이자 가장 완숙한 저작인 『페다고지』는 미국에서 처음으로 출간된 그의 책이다.

이 짧은 서문에서, 저자가 길게 서술한 책의 내용을 불과 몇 문단으로 요약하는 것은 불가능하다. 또한 그것은 그의 사상이 지닌 풍부함과 깊이, 복합성을 손상시키는 짓이 될 것이다. 그러나 이 자리를 빌려 나 자신의 소감, 즉 내가 왜 파울루 프레이리의 사상과 접촉한 것을 짜릿한 흥분으로 여겼는지를 밝혀두는 것도 나름대로 소용이 될 듯싶다. 나는 오늘날 학술권에서 나온 지적 성과들이 대부분 추상적이고 내용이 빈약한 데 대해 실망을 금치 못하고 있다. 따라서 철저히 역사적인 맥락에 따르면서 새로운 사회 질서를 창조하려는 투쟁 속에서 이론과 프락시스의 새로운 통일을 꾀하는 성찰 과정을 보고 흥분하지 않을 수 없었다. 또한 나는 파울루 프레이리 같은 뛰어난 인물이 지성계의 인도주의적 소명을 재발견하고, 사상의 힘으로써 사회적으로 용인된 한계를 뛰어넘어 새 미래로 향하는 길을 열어젖히는 것에 큰 감명을 받았다.

프레이리가 그런 일을 할 수 있었던 것은 그가 다음과 같은 기본 전제하에서 활동했기 때문이다. 그 전제란 바로, 인간의 존재론적 소명(프레이리의 용어)은 세계 내에서 활동하면서 그 세계를 변화시키는 주체가 되는 데 있으며, 그 과정에서 개인적으로나 집단적으로나 더 완전하고 풍요로운 삶의 새로운 가능성들을 끊임없이 추구하는 데 있다는 사실이다. 그가 말하는 세계란 정태적이고 닫힌 질서도 아니고, 인간이 그저 수용하고 적응해야만 하는 주어진 현실도 아니다. 그것은 노력하고 해결해야 하는 문제와도 같다. 세계는 인간이 역사를 창조하는 데 사용하는 재료이며, 특정한 시간과 장소의 비인간적인 요소들을 극복하고 질적으로 새로운 것을 창조해 낼 때만 풀 수 있는 과제다. 프레이리가 보기에 그러한 당면의 과제를 수행하기 위한 자원은 우리 서구 세계의 선진 기술이 제공하지만, 우리에게 현재의 질서를 부정하고 역사가 끝나지 않았음을 보여주는 사회적 전망은 주로 제3세계 민중의 고통과 투쟁으로부터 나온다.

그와 더불어 프레이리는, 모든 인간은 '무지'하든, '침묵의 문화'에 젖어 있든 간에 상관없이 대화를 통해 타인들과 접촉하는 과정에서 비판적으로 세계를 바라볼 수 있게 된다는 신념을 가지고 있다(이 신념은 현재 폭넓은 경험을 통해 지지되고 있다). 그러한 접촉을 위한 적절한 수단이 갖춰지면 각 개인은 점차 개인적·사회적 현실과 그 안의 모순을 인식할 수 있게 되며, 그러한 현실 인식의 자각과 함께 비판적 대처 능력이 생기게 된다. 이 과정에서 기존의 가부장적인 교사-학생 관계가 극복된다. 농민은 바깥에서 온 '교사'보다 이웃들끼리 이 과정을 더 효과적으로 수행할 수 있다. "사람들은 세계라는 매개체를 통해 서로를 교육한다."

그러는 가운데 말은 새로운 힘을 얻는다. 이제 말은 더 이상 추상이거나 마술이 아니라 사람들이 주변의 것들에 이름을 붙이면서 자기 자신과 자신의 잠재력을 발견하는 수단이 된다. 프레이리가 말했듯이 각 개인은 자신의 언어를 말하고 세계를 이름짓는 권리를 되찾는 것이다.

문맹의 농민은 이러한 종류의 교육 경험에 참여할 때 자신을 새로이 자각하고, 새로운 존엄성을 획득하며, 새로운 희망에 부풀게 된다. 몇 시간 동안 교육을 받은 뒤 농민들이 그러한 자각을 놀라운 말로 표현하는 경우는 흔히 볼 수 있다. "이제 나는 내가 한 인간이며 교육받은 인간임을 깨달았다." "그동안 우리는 눈이 멀어 있다가 이제서야 눈이 트였다." "그 전까지 말은 내게 무의미했지만, 이제는 말이 내게 이야기하고 내가 말을 이야기할 수 있다." "이제 우리는 더 이상 협동농장에서 쓸모없는 사람으로 살지 않을 것이다." 글을 배우는 과정에서 이런 일이 일어날 때 농민들은 문화의 창조자가 되며, 그들의 모든 작업은 창조적인 것이 될 수 있다. "나는 일하며, 일함으로써 세계를 변혁한다." 완전히 주변부화된 사람들이 오히려 급진적인 변혁을 꾀할 수 있듯이, 농민들은 더 이상 단순한 대상에 머물려 하지 않고 주변에서 일어나는 변화에 적극적으로 대처한다. 지금까지 자신들을 억압해 왔던 사회구조를 변화시키는 투쟁에 직접 참여하고자 하는 것이다. 이런 이유에서 국가 발전을 연구하는 한 유명한 브라질 학자는 최근에 그런 종류의 민중 교육사업이 사회적 변화와 발전의 새로운 요소가 된다고 단언한 바 있다. "제3세계를 이끌 새로운 도구, 그 도구를 이용해서 제3세계는 전통적인 구조를 타파하고 근대화로 접어들 수 있다."

언뜻 보기에 라틴아메리카를 무대로 한 파울루 프레이리의 문맹퇴치 교습법은 지금 여기 미국에서 우리가 처한 상황과는 거리가 있는 듯하다. 따라서 그 방법을 그대로 적용하자는 것은 터무니없는 주장일 것이다. 그러나 두 가지 상황 사이에는 간과할 수 없는 유사점이 있다. 우리의 선진 기술 사회는 우리 대부분을 급속히 대상으로 전락시키고 있으며, 우리를 사회 체계의 논리에 섬세하게 짜맞춰가고 있다. 정도의 차이는 있겠지만 우리 역시 또 다른 '침묵의 문화' 속에 침잠해 있는 것이다.

역설적이지만, 우리를 그런 지경으로 몰고 가는 그 테크놀로지는 동시에 작금의 사태를 새로이 인식할 수 있게 해주기도 한다. 특히 젊은이들 사이에서는 낡고 권위적인 개념들을 침식시키는 새로운 매체들이 생거나 새로운 유대감을 예리하게 자각케 하는 길을 열어주고 있다. 젊은 세대는 자신의 언어로 말할 수 있는 권리를 빼앗겼다는 사실을 인식하고 있으며, 그것을 되찾는 노력이 무엇보다 중요하다는 점을 잘 알고 있다. 또한 그들은 유치원에서 대학까지 이르는 오늘날의 교육 체계가 그들에게는 오히려 적이라는 사실을 깨닫고 있다.

교육 과정에서 중립적인 것이란 없다. 교육은 젊은 세대를 기존 체계의 논리에 통합시키고 따르도록 만드는 도구로 기능하거나, 그렇지 않으면 '자유의 실천'으로서 현실에 대해 비판적이고 창조적으로 대응하고 세계의 변혁에 참여하는 방법을 발견하기 위한 수단으로 기능할 뿐이다. 후자의 과정을 촉진시키는 교육 방법론의 개발은 불가피하게 우리 사회 내에 긴장과 갈등을 유발할 것이다. 그러나 그것은 또한 새로운 인간 형성에 기여할 것이며, 서구 역사에 새 시대를 열어 줄 것이다. 그 과제에 전념하면서 실험을 위한 개념과 도구를 모색하고 있는 사람들에게 파울루 프레이리의 사상은 앞으로도 중대한 기여를 하게 될 것이다.